홍성암의 생명소설

영진리 마을의 개

홍성암

제이앤씨
Publishing Corporation

홍성암의 생명소설

영진리
마을의 개

홍성암의 생명소설
영진리 마을의 개

초판1쇄 인쇄 · 2008년 2월 11일
초판1쇄 발행 · 2008년 2월 17일

지은이 · 홍성암

발행한곳 · 제이앤씨
전자우편 · jncbook@hanmail.net
홈페이지 · www.jncbook.co.kr
대표전화 · 02) 992-3253
팩시밀리 · 02) 991-1285

주소 · 서울 도봉구 창동 624-1 현대홈시티 102-1206
등록 · 제7-220호

ISBN · 978-89-5668-570-0 13710

정가 12,000원

● 파본은 교환해 드립니다.

· · 문학이야 말로 내게는 종교요 도덕이고 삶의 보람이다 · ·

작가의
말……

　이번 단편집에 "생명소설"이란 표제를 붙이기로 했다. 소설이 인간 삶의 이야기고 그런 점에서 생명과 관계없는 소설이 어디 있을 것인가 마는 근래의 세상인심이 지나치게 목표 지향적이고 또는 경제적 원리에 의해서 재물 지향적인 것을 감안하여 생명의 존귀함에 가급적 초점을 맞추려고 한 것이다.

　모든 예술은 인간의 삶을 값지게 하기 위한 것이다. 사람이 먹는 것만이 전부가 아니다 라고 한 것은 이미 성경에 지적되었다. 즉 인간은 "빵만으로 살 수 있는 것이 아니요 하느님의 말씀으로 산다" 는 말이 그것이다. 여기서 하느님의 말씀이란 진실, 또는 진리를 일컫는 것이겠지만 그런 진리란 것도 기실 어렵고 희귀한 종류가 아니고 우리 일상생활의 영역 속에서 발견되는 종류고 사색되는 종류라고 보아야 한다.

　그런 점에서 이들 작품에서 다루고 있는 생명의 문제는 삶의 가치문제에 귀결되는 것이기도 하다. 소설이 지니는 중요한 기능이 삶의 성찰이다. 지금껏 살아온 우리의 삶의 방법에 대해서 우리는 때때로 사색해 볼 필요가 있다. 아무리 열심히 살아도 잘못 살았다면 그 노고가 다 부질 없는 것이기 때문이다.

　인생은 일회적이고 그렇기 때문에 같은 시기에 두 개의 길을 선택할 수 없다. 선택이 잘못 되었다고 깨닫게 되어도 과거로 다시 돌아갈 수도 없다. 소설이 지니는 체험적 깨달음은 인생에 대한 우리의 과오를 줄이는데 매우 유용하다. 그런 점에서 소설의 중요성은 크게 강조 되어야 한다.

　문학이야 말로 내게는 종교요 도덕이고 삶의 보람이다.

그런 인식의 틀 속에서 지금껏 살아 왔다.

문학의 생명력은 독자의 독서를 통하여 확장된다. 다양한 독자의 다양한 방법론 속에서 문학은 다양한 생명을 부여 받게 된다. 독자의 참여야 말로 능력 있는 작가를 길러내는 지름길이다. 많은 독자들의 참여를 기대한다.

2008.

지은이 씀

차례

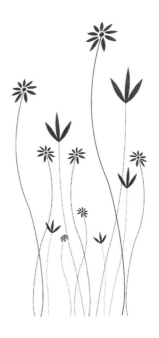

시냇가에 떨어진 두개의 원자탄

· 1 ·

철이의 고향은 3·8선이 가까운 바닷가 마을이다. 작은 포구에
는 몇 척의 고깃배가 있었고 고기잡이 다니는 어부들과 농사를
짓는 농부들이 뒤섞여 살았다. 어부들은 대체로 포구 가까운 아랫
마을에 살았고 농부들은 포구에서 조금 떨어진 윗마을에 살았다.
철이의 아버지는 농부였다.

어촌 마을 아이들과 농촌 마을 아이들이 함께 모여서 노는 곳은
바다와 개울이 마주치는 갯목의 모랫벌이었다. 아이들은 함께 모
이면 으레 전쟁놀이였다. 전쟁의 뒤숭숭한 소문을 늘 듣고 자라서
였던 것 같다. 전쟁놀이는 씩씩하고 신나는 놀이다. 철이와 같은
또래의 조무래기들은 으레 자기 키 만한 막대로 된 총을 메고 있
었다.

"땅, 땅, 땅 땅 땅"

그 날도 아이들은 서로를 향해서 총을 쏘았다.

"너는 죽었다."

"내가 왜 죽어?"

"총을 맞았으니까 죽었지."

"그래도 난 죽지 않았다."

총 맞은 아이가 그렇게 우겼다. 총을 쏜 아이가 화를 냈다.

"총을 맞으면 누구든 죽는 거여."

"죽는 게 뭔데?"

총을 맞은 아이가 그렇게 묻자 총을 쏜 아이가 말문이 막혔다. 죽는 게 뭘까? 그러나 그런 의문은 금방 잊고 말았다. 다른 아이가 하늘을 쳐다보며 소리를 쳤기 때문이다.

"비행기다. 비행기야!"

모두들 하늘을 쳐다보았다. 뭉게구름이 떠 있는 하늘 높이 은빛 날개를 펼친 비행기가 지나가고 있었다.

"와. 비 29다."

"그래 비 29여."

아이들은 모두 비 29를 알고 있었다. 은빛 날개를 가진 비행기 는 모두 비 29다. 한적한 시골 마을엔 비 29 외엔 지나가는 비행기 가 없었다.

"와. 굉장히 높다."

"그럼, 굉장히 빠르지."

"미국 비행기다."

"피, 그걸 누가 몰라."

아이들은 모두 알고 있었다. 하늘 높이 날아가는 비행기는 모두 비 29다. 그리고 그건 미국 비행기다. 일본 비행기는 본적이 없다. 어른들이 말했다.

"엄청 무서운 비행기다. 원자탄을 싣고 다닌다."

비 29는 모두 원자탄을 싣고 다닌다고 했다. 원자탄 한 방이면 온 나라가 폭삭 무너진다고 했다. 그래서 일본도 곧 망할 거라고 했다. 원자탄을 두 방이나 맞았기 때문이라고 했다.

"와. 원자탄이다."

한 아이가 소리를 질렀다. 아이들은 놀라서 쳐다보았다. 비 29 의 꽁무니에서 은빛 나는 원자탄이 떨어지고 있었다. 하나만도 아니고 둘이나 되었다. 이제 나라가 폭삭 망하게 되었다.

"도망가자."

한 아이가 그렇게 소리쳤다. 그래서 모두들 도망치기 시작했다. 어디로 도망쳐야 할 것인지 알지 못했기 때문에 먼저 소리친 아이의 꽁무니를 따르기 시작했다. 먼저 소리친 아이가 개울의 다리 밑으로 들어가 숨었다. 그래서 모두들 개울의 나무다리 밑으로 들어갔다. 먼저 숨은 아이가 다리 밑에서 목을 내밀고 하늘을 쳐다보았다. 아이들도 모두 하늘을 쳐다보았다. 그러자 은빛 원자탄이 아이들을 향해서 떨어지고 있었다. 둥근 모양이었다. 천천히 떨어졌다. 마음이 조마조마했다. 하필 그놈의 원자탄이 아이들의 머리를 향해서 떨어지고 있었기 때문이다. 한 방만으로도 나라가 폭삭 망한다는 데 두 개나 떨어지고 있었다.

"우리 모두 죽었다."

한 아이가 그렇게 소리쳤다.

"죽는 게 뭔데?"

아까처럼 한 아이가 물었다. 아무도 대답하지 못했다. 죽는 게 뭘까? 무엇이든 두려운 건 분명했다. 그런데 어떻게 두려운 걸까? 그러나 그런 의문을 길게 가질 사이가 없었다. 원자탄이 그들 옆으로 떨어지고 있었기 때문이다. 둥글고 묵직한 모양의 원자탄이 점점 커지더니 마침내 그들이 숨은 나무다리 옆의 개울에 철썩 떨어졌다. 하나도 아니고 둘이나 잇달아 떨어졌다. 아이들은 모두 머리를 물 속으로 처박았다. 그리고 원자탄 터지는 소리를 기다렸다. 엄청난 폭발음이 귀청을 찢을 거라고 생각했다. 한참을 기다려도 폭발음 소리는 들리지 않았다.

"와. 불발탄인 모양이다."

한 아이가 소리쳤다. 물 속에 머리를 숨겼던 아이들이 하나 둘 머리를 쳐들었다. 그리고 두려움에 떨면서 원자탄을 보았다. 두 개의 원자탄이 얕은 개울 바닥에 처박혀 있었다. 아직 터지지는 않았다. 그러나 금방 터질 것만 같았다.

"터지기 전에 달아나자."

다른 아이가 그렇게 소리를 질렀다. 그래서 아이들은 후닥닥 달아나기 시작했다. 마을 쪽을 향해서 뛰었다. 원자탄이 터지기 전에 한 걸음이라도 더 멀리 달아나야 했다. 달음박질이 서툴러 뒤떨어진 아이들은 울면서 달렸다.

"엄마야. 원자탄이 터진다."

마을 입구에 다다랐을 때 어른들이 달려오기 시작했다.

"얘들아, 비행기에서 떨어진 게. 뭐든?"

"원자탄"

"어떻게 생겼든?"

"원자탄 같게 생겼어."

어른들은 아이들 대답에 더 들을 게 없다고 생각했는지 냇가로 달려갔다. 도망치던 아이들도 어른들의 뒤를 따라 다시 냇가로 달렸다. 그러면서도 조마조마했다. 불발탄 원자탄이 언제 터질지 알 수 없었기 때문이다.

냇가에 이르니 먼저 달려온 마을 어른들이 원자탄의 둘레를 빙 빙 돌았다. 이게 뭘까? 모두들 궁금한 낯빛으로 원자탄의 둘레를 돌았다. 어른 중에 누군가가 말했다.

"이게 뭘까? 드럼통 같이 생겼는데."

좀더 용기 있는 어른이 원자탄을 발로 툭툭 건들었다.

"폭탄은 아니야. 속이 비었는걸."

"정말, 속이 비었어."

그제야 사람들은 모래밭에 반쯤 파묻힌 물건을 제대로 바로잡 아 보았다.

"이게 바로 비행기 연료 탱크인 모양이군."

"연료 탱크가 뭔데?"

"비행기 기름 탱크지. 기름이 다 떨어지면 쓸모가 없으니까 그냥 버리는 거야."

"왜, 버리지? 다시 기름을 채우면 될 텐데."

"그러게 말야, 왜 버리지?"

대답이 궁해진 어른이 벌컥 화를 냈다.

"알게 뭐야."

그래서 아무도 더 이상 묻지 못했다. 아무튼 그게 원자탄은 아닌 모양이었다. 하지만 그게 원자탄이 아니란 것을 확실히 아는 사람은 없었다. 사람들은 그래서 아이들과 마찬가지로 은빛 물체의 둘레를 돌고 또 돌았다.

· 2 ·

해방이 되었다고 한다. 사람들이 몰려 다녔다. 면사무소가 있는 큰길에는 태극기를 든 사람들로 물결쳤다. 학교 운동장에서는 해방을 기념하는 기념식이 열렸다. 기념식의 끝에는 만세 삼창이 있었다. 만세, 만세, 만세, 만세 삼창을 부르며 모두 좋아했다.

마을마다 솔문을 세웠다. 사람들이 제일 많이 지나치는 거리에다 축구 골대 같은 막대 문을 세웠다. 그 막대를 짚으로 감싸고

솔가지를 꺾어다 촘촘히 꽂았다. 그걸 솔문이라고 했다. 그 솔문에다 태극기를 가득 꽂았다. 아이들은 솔문 둘레를 빙빙 돌았다. 향긋한 송진냄새가 좋았다. 바람에 펄럭이는 태극기의 모습도 보기에 좋았다.

학교에 다니는 큰 형들이 막대를 하나씩 주었다. 그게 총이라고 했다.

"해방된 조국을 우리 손으로 지켜야 한다."

큰 형들은 총을 메는 법도 가르쳐 주었다. 막대기에 새끼줄이 묶여 있어서 어깨에 멜 수 있었다. 전에 제멋대로 하던 총싸움과는 달랐다. 훈련이란 것을 받아야 했다. 제일 큰 형이 구령을 불렀다.

"차렷, 열중 쉬엇. 차렷, 앞으로 갓."

큰 형들은 몸 동작을 가르쳐 주었다. 아이들은 구령과는 달리 제멋대로 움직였다.

"우향 우, 좌향 좌. 우로 돌아 갓. 좌로 돌아 갓"

아이들은 여전히 제멋 대로였다. 큰 형들이 화를 냈다.

"너희들, 밥 먹는 손이 어느 쪽이냐? 그래 그게 오른 쪽이야. 우로 갓 하면 그쪽으로 도는 거야."

그렇게 열심히 설명해도 조무래기 아이들은 금방 잊어버렸다. 설명을 길게 할 수록 엉망이 되곤 했다.

"넌 왜 그쪽으로 돌아. 넌 그쪽 손으로 밥 먹냐?"

"그럼. 어느 쪽 손으로 밥 먹어?"

지적을 당한 아이가 울상이 되었다.

"이런. 넌 왼 손잡이로구나. 그럼 넌 밥 안 먹는 손 쪽으로 돌아라."

그렇게 설명하자 아이들은 어느 쪽이 밥 먹는 손 쪽인지도 잊어버리고 말았다. 그래서 돌고 싶은 대로 돌았다.

"그렇게 가르쳐도 모르니. 이놈들. 너희들은 돌대가리다."

큰 형들이 화를 냈다.

"그렇게 몰라서야 어떻게 일본 놈들과 싸울 거냐?"

"일본 놈들이 모두 물러갔다면서?"

"임마. 물러가긴? 일본 놈들이 어떤 놈들인데. 금방 다시 돌아온단 말이다."

아이들은 일본 놈들이 어떻게 금방 다시 돌아오는지 알지 못했다.

초등학교에 들어가서도 전쟁놀이는 계속 되었다. 언제부터인가? 전쟁놀이 상대는 일본놈 대신 공산군으로 바뀌었다. 아이들은 좀더 그럴 듯하게 생긴 막대를 골라 총으로 사용했다. 그리고 실탄을 쏜다며 흙덩이를 집어 던지기도 했다. 패를 나누어서 공격하고 후퇴하는 연습도 했다. 주로 아랫동네 윗동네로 나뉘어서 훈련했다. 상급학년을 중심으로 대장, 부대장, 분대장이 있었다. 저학년 아이들은 졸병이 되었다. 이제는 학교에 다니지 않는 아이들은 축에 끼워주지 않았다.

윗동네 대장과 아랫동네 대장이 싸움 날을 정했다. 싸움의 규칙도 정했다. 달밤이어야 한다. 그래야 누가 적인지 아군인지를 구별할 수 있기 때문이다. 먼저 상대방의 이름을 부르며 '손 들엇'

하면 손을 들어야 한다. 먼저 발견하는 쪽이 이긴다. 늦은 쪽이 포로가 된다. 포로가 되면 절대 반항할 수 없다. 포로는 시체나 같기 때문이다. 전쟁놀이는 상대편 사령부에 있는 태극기를 뺏는 쪽이 이긴다. 사령부의 위치는 아랫동네는 연지봉 보리밭 속이고 윗동네는 모산봉 솔숲이다. 그곳 어딘가에 깃발이 꽂혀 있어야 한다.

보름날이 되었다. 윗동네 아랫동네 아이들이 전투를 하는 날이다. 모두들 사령부에 모였다. 윗동네 아이들은 모산봉에 모였다. 총대장이 작전지시를 했다. 우선 패를 나누었다. 적진을 공격하는 부대와 중간에서 적을 막는 부대, 그리고 사령부를 지키는 부대의 셋으로 나누었다. 아이를 포함한 조무래기들은 공격부대에 속했다. 적의 사령부로 공격하자면 포로로 넘겨줄 병력이 필요했다. 적들이 포로에 눈을 돌리는 사이에 부대장이 거느리는 진짜 공격부대가 적의 사령부로 곧바로 쳐들어가도록 작전이 세워졌다. 그러니 조무래기들은 포로용이다. 총대장의 작전은 그런 것인데 막상 공격을 개시하자 조무래기의 분대장은 다르게 지시를 했다.

"절대로 포로가 되면 안 된다. 포로가 되면 끝장이다."

"어떻게 하면 되는데."

"내가 시키는 대로하면 돼."

윗동네 조무래기들은 분대장의 지시대로 개울을 따라 연지봉 쪽으로 나아갔다. 5월이라 춥지는 않았다. 그러나 마음이 으스스했다. 정말 전쟁터로 나가는 것 같았다. 연지봉이 저만치 보이자

풀밭에 버석거리는 소리가 나기 시작했다.

"누구! 서라!"

"영철이. 넌 우리의 포로다."

"뭐얏. 내가 먼저 서라고 했는데."

양쪽에서 서로 상대방을 포로로 잡았다고 다투는 소리가 들렸다. 조무래기를 거느린 분대장은 다투는 그들을 비켜서 연지봉 보리밭 깊숙이 숨어들었다. 사방에서 버석대는 소리가 들렸다.

"꼼짝 말고 엎드려 있어라. 숨도 쉬지 말고."

분대장의 지시가 입속말로 전달되었다. 조무래기들은 숨도 쉬지 않았다. 윗동네 공격진들은 보리밭을 뭉개며 다녔다.

"사령부가 여기라고 해 놓고 아무 것도 없잖아."

"태극기를 깃대에 꽂아 두기로 했는데 말야."

그렇게 투덜거리는데 아랫동네 아이들이 고함을 질렀다.

"수남이. 너 죽었다. 넌 포로다."

수남이는 공격의 주력부대를 거느린 윗동네의 부대장이다. 그가 화를 내었다.

"너희들은 사령부도 없잖아. 보리밭 속에 사령부를 두기로 해 놓고 말야."

"없긴 왜 없어?"

"태극기를 깃대에 꽂아 놓기로 했는데, 어디 있냔 말야."

"어디 있든. 넌 포로야. 포로가 말이 많아."

"너희들이 뻥을 치니까 그렇지."

"뻥은 무슨 뻥이야."

"그럼 너희 대장 나오라고 해. 뻥인지 아닌지 확인하자고."

옥신각신 하는 중에 아랫동네 대장이 나타났다.

"인철이, 너희 사령부가 어디 있어?"

"어디 있던?"

"태극기를 꽂아두기로 해놓고, 태극기가 어디 있느냐고?"

"어디 있긴, 여기 있지."

인철이의 머리에 태극기가 꽂혀 있었다.

"순 엉터리다. 그렇게 태극기를 머리에 꽂고 숨어다니면 어떻게 찾느냐고?"

"그야, 우리 맘이지."

"사령부가 한 곳에 고정되어 있어야지. 그건 규칙 위반이야."

"규칙이야 정할 탓이지. 아무튼 넌 포로니까 얌전히 있으라고."

그들이 그렇게 옥신각신하는 중에 분대장이 조무래기를 데리고 그들 앞으로 뛰어나갔다.

"김인철. 너는 우리의 포로다."

"뭐야. 너희들은 뭐야."

"우리도 공격부대다."

"이런. 순 조무래기들이잖아."

"조무래기도 군대는 군대지. 어서, 손들어."

분대장이 인철의 머리에 꽂힌 태극기를 얼른 잡아채었다.

"와, 우리가 이겼다."

조무래기들이 만세를 불렀다.

"만세, 만세, 대한민국 만세."

그러나 만세 삼창이 끝나기도 전에 보리밭 주인이 불쑥 나타났다.

"이놈들, 남의 보리값 물어내라. 이놈들"

보리밭 주인이 막대를 들고 닥치는 대로 후려갈겼다. 아이쿠, 어이쿠, 비명소리가 사방에서 들렸다. 전쟁놀이고 뭐고, 태극기고 뭐고, 다 팽개치고 걸음아 날 살려라. 모두들 후닥닥 달아나기 바빴다.

· 3 ·

소문으로만 듣던 전쟁이 진짜로 일어났다.

북쪽 하늘에서 천둥이 치듯 대포소리가 들려 왔다. 그러자 피난민들이 밀려들기 시작했다. 3 · 8선이 가까운 곳이라 전쟁의 영향도 그만큼 빨랐다. 마을 사람들은 그냥 더 버티나 어쩌나 하고 의논했다. 피난 짐을 싸야 한다는 사람도 있고 며칠 더 기다려 보자는 사람도 있었다. 대포소리가 아주 가까워지기 시작했다. 그제야 마을 사람들은 짐봇다리를 챙기기 시작했다.

"개울 건너쯤에서 하룻밤 머물면 되겠지."

마을 사람들은 그렇게 생각했다. 그래서 먹을 양식은 하나도 챙기지 않고 하룻밤 덮고 잘 헌 이불만 챙겼다. 개울 건너 솔숲에 잠시 머물자면 덮을 이불이 필요할 것이라고 생각했다. 6월 하순이긴 했지만 밤 공기는 아직 쌀쌀했다. 모래 구릉이나 솔숲 묘등에서 하룻밤 자고 나면 대포소리도 멈추고 전쟁도 끝날 것이라고 생각했다. 그동안 늘 전쟁의 소문만 있었지 실제로 전쟁이 일어나지는 않았기 때문이다.

피난민들은 줄지어 지나갔지만 마을 사람들은 피난민 행렬이 끝난 다음에야 마지못해 그들의 뒤를 따랐다. 한낮에 마지못해 떠난 피난이라 개울을 건너자 발길이 떨어지지 않았다. 그래서 마을 사람들은 개울가 모래 둔덕에 옹기종기 모여 앉아 앞으로 어쩔 것인가 하고 다시 의논하기 시작했다.

그때 하늘에 비행기 한 대가 나타났다. 예전의 비 29만큼 크지는 않았다. 꽁무니에 구름을 매달만큼 높이 뜨지도 않았다. 비행기는 한 차례 빙 돌더니 은빛 나는 물체 하나를 떨어뜨렸다. 마을 사람들은 예전의 비행기처럼 연료탱크인 모양이라고 무심코 생각했다.

비행기가 떨어뜨린 물건이 점점 다가오더니 피난민들의 머리 위로 떨어졌다. 갑자기 번쩍 하는 불빛과 더불어 폭발음이 일어났다. 폭탄이 터지자 많은 사람이 피를 흘리며 쓰러졌다. 팔다리가 잘리고 살점이 흩어졌다. 온통 피바다였다. 가족들이 땅을 치며 통곡했다. 멀뚱히 구경하던 피난민들이 매우 놀라서 뒤늦게 머리를 모랫바닥에 처박았다. 비행기는 그런 피난민들의 모양을 한 번 둘러보고는 멀리 사라지고 말았다.

어느 쪽 비행기인지도 알지 못했다. 한가한 한낮에 장난처럼 떨어뜨린 폭탄에 십여 명이 넘는 사람이 죽었다. 철이의 친구인 인규의 아버지도, 영섭의 어머니도. 마을 사람들은 모두 넋이 빠져서 도망갈 엄두도 내지 못했다. 그러는 동안 밤이 되었다. 솔숲 사이로 총탄이 날아다녔다. 도깨비불처럼 파란 불꽃이 밤하늘을 오르내렸다. 그러나 몇 시간 지나지 않아서 모두 잠잠해 지고 말았다.

아침이 되니 공산군들이 이미 남쪽 멀리까지 내려갔다고 했다. 더 이상 피난 갈 엄두도 내지 못했다. 젊은 남자들 몇 명은 산속으로 숨어들어서 곧장 남쪽으로 갔다. 그러나 대부분은 다시 개울을 건너 예전의 집으로 돌아왔다.

별로 변한 것은 없었다. 농사꾼들은 농사를 짓고 어부들은 배를 탔다. 모두가 예전 그대로였다. 학교에서 연락이 왔다. 학생들은 학교로 나갔다. 교장선생님만 보이지 않았다. 예전의 담임선생이 학생들을 가르쳤다. 교과서도 변하지 않았다.

"영희야, 순이야, 학교 가자. 바둑이도 같이 가자."

학생들은 전에 배우던 것을 그대로 배웠다. 다만 노래시간이 되면 씩씩한 군가를 덧붙여 가르쳤다.

"장백산 줄기. … 김일성장군"

그런 노랫말이 있는 노래였다. 인민군 노래였다. 매우 씩씩한 노래여서 모두 힘차게 불렀다.

어느 날인가 동해바다에 큰 군함이 보였다. 아이들이 소리를 질렀다.

"야, 크다. 저 배는 우리 거다."

"아니다. 우리 거다."

조무래기들은 제각기 자기 거라고 했다. 그때 조무래기의 대장 격인 철이가 말했다.

"내가 제일 먼저 봤다. 그러니 우리 배다."

철이의 조리 있는 말에 다른 아이들은 반격하지 못했다. 그때 지나가던 덕제 아버지가 아이들을 보고 호통쳤다.

"이놈들, 그런 말하면 안 된다."

아이들은 왜 그런 말하면 안 되는지 알지 못했다. 조무래기의 대장격인 철이가 항의했다.

"내가 제일 먼저 보았는데요. 그러니까 우리 배지요."

"허, 그놈. 그런 말하면 안된대두."

덕제 아버지는 마을의 인민위원장이다. 그래서 모두들 무서워 한다. 철이는 더 이상 우길 수 없었다.

그런데 다음 날 철이의 아버지가 내무서에 잡혀갔다. 철이가 미국 배를 자기 배라고 했기 때문이란다. 인민 위원장이 내무서에 고발했다고 한다. 철이의 아버지는 이틀 동안이나 고문을 당했다. 아버지가 철이를 보고 야단쳤다.

"다시는 우리 배라고 하지 마라."

아버지가 내무서에 잡혀가서 고생당한 일을 알게 된 철이의 누나들은 매우 화를 냈다. 아이들의 말장난도 죄가 되느냐고 했다. 아이들 말장난 때문에 어른이 잡혀가는 것은 억울한 일이라고 했다. 철이의 누나들이 골방에 숨어서 김일성 장군의 노랫말을 바꾸어 불렀다.

"장백산 줄기 … 김일 똥장군"

똥장군이란 말이 재미있어서 철이는 마을 아이들에게 누나들이 부르는 방법대로 가르쳐 주었다. 아이들도 모두 좋아했다. 철이는 조무래기들과 더불어 노래를 불렀다. 뽕나무에 올라가서 나뭇가지를 흔들어대며 신나게 노래를 불렀다.

"장백산 줄기 … 김일 똥장군"

그러나 그게 또 소문이 나서 철이의 아버지가 다시 내무서에 잡혀갔다. 이번에는 일주일이나 넘게 고문을 당했다. 철이는 그제야 김일성이 무서운 인물이란 걸 알게 되었다.

바다에서 싸움이 벌어졌다. 바다에 뜬 미국 군함이 북쪽의 배를 향해서 포를 쏘았다. 그러자 북쪽의 배들도 포를 쏘기 시작했다. 아이들은 뒷동산에 올라가서 싸움 구경을 했다. 어른들이 방공호 속에 들어가라고 야단쳤지만 아이들은 그 좋은 구경을 놓칠 수 없었다. 어른들도 마찬가지였다. 그래서 나중에는 어른 아이 모두 들 함께 서서 싸움 구경을 했다.

미국 군함은 한 척이지만 매우 컸다. 북쪽의 군함은 여러 척이지만 별로 크지 않았다. 시간이 지 날수록 북쪽의 배들이 하나 둘 침몰하기 시작했다. 미국 군함의 대포가 더 정확한 모양이다.

북쪽의 배들이 폭발하면서 불꽃이 치솟았다. 싸움 구경을 하던 어른들이 수군거렸다. 국군이 인천 상륙작전에 성공해서 곧 이곳에도 국군이 들어 올 것이라고.

그런 며칠 후에 진짜로 국군이 들어왔다. 마을 사람들은 태극기를 흔들며 국군을 환영했다. 공산군이 마을을 지배한 것은 꼭 백일동안이었다. 그래서 백일천하라고 했다. 마을 사람들의 얼굴이 환해졌다. 이제 그 지긋지긋한 전쟁이 끝날 것이라고 했다.

그러나 뜻밖의 일이 벌어졌다. 국군의 진격 속도가 너무 빨라서 미처 도망가지 못한 공산군들이 산속에 숨었다가 마을을 덮친 것이다. 한두 명이 아니었다. 수만 명, 아니 수십 만 명이었다. 마을 사람들은 공산군의 습격을 피해서 먼저 진격한 국군을 따라 북쪽으로 피난을 가야했다.

마을 사람들은 피난 경험이 없어서 갈팡질팡했다. 철이의 가족도 마찬가지였다. 그렇게 갈팡질팡하다가 도망치는 공산군들의 행렬과 뒤섞이고 말았다. 피난민들의 피난 속도보다 공산군들의 행군 속도가 더 빨랐던 것이다. 공산군의 행렬은 굉장했다. 총도 제대로 갖추지 못한 공산군들이 그들의 옆을 지나치고 또 지나쳐 갔다.

한낮쯤 되었을 거다. 바다 쪽에서 새까만 비행기들이 날아왔다. 처음엔 그게 큰 날개를 가진 새들인 줄 알았다. 가까워지면서 그것이 비행기란 것을 알게 되었다. 철이는 비행기를 하나, 둘, 셋 하며 헤아려 보았다. 열 세대였다. 비행기가 나타나자 그 많던 공산군들이 흔적도 없이 사라졌다. 모두 숲속에 몸을 감춘 것이다.

열 세대의 검은 비행기가 편대 비행을 하며 폭탄을 떨어뜨렸다. 폭탄이 폭발하는 소리가 온 산과 들을 뒤흔들었다. 공산군이 가득 숨은 기차 굴 앞에도 폭탄이 떨어졌다. 굴 입구가 폭삭 무너졌다. 길가의 초가집에도 폭탄을 떨어뜨렸다. 그러자 초가집은 흔적도 없이 날아가고 그 자리에 큰 물웅덩이가 푹 파였다. 비행기의 조종사들은 공산군이 숨을만한 곳이면 어디든 폭탄을 명중 시켰다.

피난민들은 숨을 곳이 없었다. 숲에도 공산군이 득실거리고, 후미진 물도랑에도 공산군이 모두 차지하고 있었다. 그래서 폭탄이 옆에서 막 떨어지는 데도 무작정 걸어야 했다. 불독같이 사납게 생긴 비행기가 이번에는 기관포를 쏘아대기 시작했다. 기관포의 탄피들이 발 밑에 뚝뚝 떨어졌다. 반짝반짝 윤이 났다. 탄피들이 내려 쬐는 햇살에 반짝이고 있었다. 철이는 그 탄피가 욕심났다. 아이들에게 자랑하고 싶었다. 그래서 모랫바닥을 헤매며 탄피들을 줍기 시작했다. 탄피는 화끈화끈 뜨거워서 손을 델 정도였다. 한 참만에 아이가 없어진 것을 안 아버지가 철이의 목덜미를 잡아서야 겨우 정신이 돌아왔다.

"여기저기 사람들이 죽어 가는데 탄피가 다 뭐냐?"

아버지는 그렇게 야단쳤다. 그러나 철이가 양복주머니마다 불룩하게 쑤셔 넣은 탄피들을 버리라고 하지는 않았다.

비행기들은 곡예를 하듯 피난민들을 비켜가며 기관포를 쏘아댔다. 그러다가 이따금씩 폭탄을 떨어뜨렸다. 한 번에 대여섯 개의 폭탄이 줄줄이 떨어지기도 했다. 폭탄 터지는 소리가 대단했다. 귀청이 찢겨 나가는 것 같았다. 폭탄 파편이 소낙비처럼 쏟아졌다. 소달구지에 숨었던 공산군들이 피를 흘리며 쓸어졌다. 달구지를 끌던 소도 배창자를 흘리며 쓸어졌다. 피가 물도랑처럼 흘렀다.

한번은 폭탄이 철이의 머리 바로 위로 떨어지기 시작했다. 하나가 아니고 여러 개가 줄줄이었다. 철이는 놀라서 냅다 뛰었다. 얼마큼 뛰다가 물도랑의 배수구가 보이자 그리로 들어가 숨었다. 가슴이 벌렁벌렁 뛰었다. 얼마나 그러고 있었을까.

철이를 찾는 아버지의 목소리가 들려왔다.

"철아, 철아, 어디 있냐?"

어머니의 울먹이는 목소리도 들려왔다.

"철아, 철아, 대답해라."

철이는 그제야 목을 내밀었다. 철이를 발견한 누나들이 야단을 쳤다.

"너만 살자고 혼자 도망가니?"

"폭탄이 내 머리 위로 떨어지던 걸."

"네 머리 위로만? 조종사들이 다 알아서 쏘는 거야."

"그만해 둬라. 놀라서 그런 것을."

아버지가 철이를 변호했다.

"맨날 전쟁놀이만 좋아하더니. 진짜 전쟁을 만나니 어떻든?"

누나들이 계속 몰아댔다. 없어진 철이를 찾느라고 퍽도 애를 쓴 터라 화가 풀리지 않는 모양이었다. 갑자기 아이가 없어져서 폭탄 파편에 죽은 모양이라고 까지 생각했다는 것이다.

비행기는 여전히 기관포를 쏘아대고 폭탄을 떨어뜨렸다. 피난민들은 비행기를 향해서 손을 흔들었다. 살려달라는 신호였다. 하느님이 따로 있는 게 아니었다. 그때엔 조종사야말로 하느님이었다. 비행기를 향하여 손을 흔들며 걷고 있는데 갑자기 으슥한 구석에서 공산군 군관복 차림의 사내가 불쑥 튀어나왔다.

"야 - 이 반동새끼들아!"

그는 그렇게 소리쳤다. 피난민들은 놀라서 멈추어 섰다.

"미 제국주의 비행기에다 손을 흔든 작자들은 모두 나오라이."

그는 따발총을 겨누며 호통쳤다. 한쪽 다리를 절고 있었다. 악에 받친 듯, 눈알이 번들거렸다. 아무도 나서는 이가 없자 그가 지명을 했다.

"너, 너, 그리고 너도. 이리 나와."

지명을 받은 사람들이 벌벌 떨며 나왔다. 철이의 아버지도 지명을 받았다. 공산군 군관이 그들을 이끌고 숲속 후미진 곳으로 사라졌다. 이윽고 따발총 소리가 드르륵 울렸다. 하늘이 무너지는 소리 같았다.

철이는 그 때 아버지를 잃었다. 비행기조종사들이 종일토록 아슬아슬 비켜가며 지켜주던 생명이었는데, 그 비행기를 향하여 손을 흔들었다는 이유만으로 아버지는 죽음을 당해야 했다. 공습의 맹렬함에 놀라서 얼결에 손을 흔들었을 뿐인데도, 공산군 군관놈은 본보기를 보인다며 드르륵 따발총을 갈겨댔다.

피난민들은 서둘러 그 자리를 떠났지만 가족을 잃은 피난민들은 그 자리를 떠날 수 없었다. 모두 어찌했으면 좋을지 몰라 발만 동동 굴렀다. 그런 중에도 경험이 많은 나이 든 사람이 이것저것 도와주어서 가족들은 죽은 시체를 가매장하고 해질 녘에야 길을 떠났다. 눈물이 앞을 가려서 제대로 걸을 수 없었다.

날이 어둑해지면서 비행기의 공습도 멎었다. 다시 공산군들이 나타났다. 세 사람 네 사람 흩어져서 제멋대로 걸었다. 다리를 절룩거리는 사람, 팔을 붕대로 감은 사람, 들것에 들려 가는 사람도 있었다.

산모롱이를 돌자 저만치 낯선 지프가 보였다. 국군이었다. 정장 군복에 철모를 쓴 모습이었다. 피난민들은 국군을 보자 기뻐서 소리를 질렀다. 왈칵 울음을 터뜨리는 사람도 있었다. 군인들이 서 있는 토치카를 지날 때였다. 철이는 그들 중의 한 병사를 보고 물었다.

"아저씨, 저기 길 모롱이에 인민군들이 보이잖아요? 왜 저들을 쏘지 않나요?"

철이의 물음에 그 병사는 빙그레 미소를 지으며 말했다.

"그들은 총이 없잖니? 총을 갖지 않는 자는 쏘지 않는단다."

철이가 목청을 높였다.

"그들이 아버지를 죽였어요. 비행기를 향해서 손을 흔들었다고요."

병사가 물었다.

"그놈은 총을 가졌겠지?"

철이가 머리를 끄덕이자 그 병사는 철이의 머리를 쓰다듬으며 말했다.

"아가야. 그놈은 틀림없이 죽게 될 게다. 총을 가진 자는 모두 죽게 만들 테니까."

그 병사는 그러고도 마음이 안 좋았던지 주섬주섬 주머니를 뒤져서 건빵 한 줌을 꺼내서는 철이의 손에 꼭 쥐어주었다. 철이가 그를 떠나려는데 그 병사가 다짐을 주듯 다시 말했다.

"아가야. 그놈을 꼭 찾아서 반드시 죽여 줄 테다. 알겠지?"

그러나 철이는 그것이 거짓말임을 알고 있었다. 공습의 터널을 뚫고 나오면서 철이는 더 이상 어린아이가 아니었다. 널뛰듯 껑충 나이를 먹고 말았던 것이다. 보통 사람들이 평생동안 겪어도 겪지 못할 경험을 그 짧은 순간에 모두 겪고 말았던 것이다.

전쟁은 그렇게 철이의 옆을 지나갔다. 전쟁놀이와는 전혀 다른 진짜 전쟁이 말이다. (*)

황소의 반란

바우재에서 제일 부자는 아마도 돌뿔네일 것이다. 부자인 최씨
네를 왜 돌뿔네라고 부르는지 아는 사람은 아무도 없다. 언제부턴
가 누군가에 의해서 그렇게 불려지기 시작했다. 그런 별명을 들
을 때면 그 말의 의미를 모르면서도 최씨에게 썩 어울리는 것 같
은 생각이 들곤 한다. 최씨는 인색하고 옹고집쟁이로 소문이 나
있었던 것이다.

최씨는 본래 타관내기이지만 이곳으로 장가와서 자수성가한 사
람이다. 처음엔 머슴살이를 했다고 한다. 그러다 주인의 마음에
들어 그 집 막내딸과 결혼하게 되고 그리하여 바우재에 정착하게
된 것이다.

그는 악착 같이 일했다. 돈이 될만한 일은 무엇이든 했다. 하천
부지를 개간해서 논으로 만들고 국유림 산기슭을 개간해서 밭으

로 만들었다. 그리고는 그게 자기 것이라고 우겼다. 나라 땅은 개간한 자가 임자라는 것이다.

그는 아내가 아이를 갖는 것도 극력 반대했다. 의사가 없는 시골이라 낙태수술이 쉽지 않은데도 기어코 낙태를 시켰다. 그리고 그 후유증으로 아이를 배지 못하게 되어도 오히려 다행이라고 생각했다. 자식새끼란 그저 재물만 축내는 애물단지라는 것이다. 그래서 아이가 없었다. 그러니 돈 들어갈 일도 없었다. 학비도 들지 않았고 용돈도 들지 않았다. 마치 재물을 모으는 재미로만 사는 인간 같았다. 그렇게 악착을 떠니 재물이 늘기 시작했다. 그래서 이제는 바우재에서 제일 부자란 말까지 듣게 된 것이다.

돌뿔네는 소를 두 마리 길렀다. 하나는 암소고 다른 하나는 황소였다. 암소는 여러 차례 새끼를 낳았다. 그러다 지난해에 도살장에 팔려갔다. 더 이상 새끼를 배지 못하고 늙어서 일도 하지 못했기 때문이다. 사실 황소도 늙기는 마찬가지다. 그러나 기운이 좋아서 그런 대로 버티는 형편이었다. 그런데 이 황소가 때때로 옹고집을 부렸다. 멀쩡히 하던 일을 중도에 뚝 그치고 먼 산만 바라보는 것이다. 고집쟁이 최씨가 고삐로 무섭게 후려쳐도 그저 꿈쩍 않았다. 최씨는 어이가 없었다. 이놈의 황소가 무슨 심보가 되어 이처럼 때때로 골탕을 먹이는가 싶어서였다. 십여 년 넘게 키워 온 황소였다. 일 잘하기로 소문난 황소였다. 그런데 근래에 들어 갑자기 이렇게 말썽을 부리는 일이 잦았다.

"이제 그놈도 일하기에 지친 모양이지"

그 꼴을 본 마을 사람들이 농담하듯 말했다. 그들은 최씨가 듣지 않게 쑥덕거리기도 했다.

"그놈도 옹고집쟁이 주인 닮아가는 모양이다."

더러는 황소를 동정하는 사람도 있었다.

"그만큼 부려먹었으면 됐지. 좀 쉬게 하소. 그것도 생명이오."

"허, 농촌 소가 일하지 않으면 뭘 하누"

"요즈음 누가 소를 부려요. 모두 경운기를 사용하지."

"돈이 넘쳐나는 놈들이야 그러고도 남지. 나는 돈이 없네."

최씨는 그렇게 딱 잡아떼었다. 돈 들어갈 일이면 무엇이든 이런 식이었다. 마을 사람도 최씨의 그런 성미를 잘 알아서 달래듯 말하기도 했다.

"돈이 아까워서 구입하지 못하는 심정이야 알지만, 그렇다면 빌리기라도 해요. 하루만 빌려도 소 열 마리 몫을 너끈히 해치울 텐 데요."

"황소는 어디에 쓰고?"

돌뿔네 최씨의 대꾸였다.

황소는 개울가에서 한가롭게 풀을 뜯고 있는 젖소의 무리들을 멀뚱히 바라보기도 했다. 젖소들은 일을 몰랐다. 그렇게 풀이나 뜯으면 되었다. 목장에는 항상 풀이 넘쳤다. 그리고 여러 종류의 사료도 넘쳤다. 매일 빈둥거리고도 먹을 양식은 얼마든지 있었다.

요즈음은 농우들도 일하는 경우가 많지 않았다. 마을에는 종축장에서 분양한 농우들이 여러 마리나 있었다. 그들 분양 소들은 귀에다 번호표를 달았다. 대부분 씨받이용이라 잘 먹여서 투실투실했다. 그 소들은 종축장에서 대주는 사료를 배불리 먹고 밤이나 낮이나 잠만 잤다.

그런 것들을 지척에서 본 황소가 아무래도 마음이 불편한 모양이었다. 잘하던 일도 때로는 중도에서 딱 멈추고 최씨의 애를 태우는 것이다.

"이놈아. 사람이고 짐승이고 일을 해야 밥이 입으로 넘어가는 게여. 네놈이 언제까지 버티나 보자."

최씨는 황소의 코뚜레를 잡고 험하게 잡아끌지만 황소고집이란 말도 있듯이 이놈의 고집이 워낙 억세니 최씨로서도 더 이상 어쩌지 못했다.

"일하지 않으면 먹지도 말아야 하는 거여."

최씨는 분을 참지 못해 황소를 굶기기로 했다. 그렇게 며칠을 굶기자 굶은 황소가 주인을 쳐다보는 눈길이 매우 불량했다.

"허, 짐승은 오래 기르는 게 아니란 말이 조금도 그르지 않아. 이놈도 조만간 도살장으로 보내야 할까 보아."

최씨는 그렇게 투덜거렸다. 최씨는 일하지 않는 벌로 며칠을 굶긴 황소를 끌고 다시 밭으로 나갔다. 제 때에 밭갈이를 못해서 답답한 것은 황소가 아니라 최씨였다. 그래서 짚여물을 먹이고는 살살 달래가며 밭을 갈기 시작했다. 그렇게 얼마를 일하고 있는데 경운기 소리가 탈탈 들려왔다. 옆집의 박가였다.

"밭 갈러 왔나?"

"예."

"경운기는 어디서 났어?"

"어디서 나긴 요. 어제 할부로 한 대 샀지요."

"돈이 어디에 있어서."

"돈을 한 푼도 안내고도 할부로 주데요."

"그게 다 빚이지."

"하지만 이놈이 있어야 제대로 농사를 짓지요."

"그런 것 없어도 예전엔 잘만 지었네."

"그거야 예전 얘기고요."

그렇게 말하면서 박가는 경운기를 몰기 시작했다. 최씨네 옆의 밭이었다. 순식간에 흙더미가 파헤쳐지고 밭은 시원스럽게 갈렸다.

최씨는 속이 좀 상했지만 어쩔 수 없었다. 이랴. 낄낄. 하며 황소의 엉덩이에 더욱 심하게 채찍질을 하며 밭을 갈기 시작했다. 그러다 쟁기날이 돌멩이에 걸린 모양이었다. 황소가 힘을 주어도 쟁기가 나가지 않았다. 하천부지를 개간한 터라 아직도 치워지지 못한 바윗돌이 더러 있었다. 쟁기를 들어서 자리를 옮겨 주어야 할 일이지만 경운기의 탈탈탈 소리에 그만 짜증이 난 최씨는 황소가 게으름을 부리는 것 만 같았다. 그래서 더욱 거세게 채찍질하며 황소를 다그쳤다. 바윗돌을 뽑아 내려고 힘을 불끈불끈 써대던 황소가 그만 지쳤는지 다시 맥을 놓았다.

"허, 이놈 봐라. 그렇게 굶겼으면 정신을 차려야지. 요만 바윗돌에도 맥을 놓아."

최씨가 팔에 힘을 주고 거칠게 황소를 몰아부쳤다. 그러나 한 번 맥을 놓아 버린 황소는 더 이상 힘을 쓰려고 하지 않았다. 다시 옹고집을 부리기 시작한 것이다. 탈탈탈, 경운기를 몰던 박가가 그들의 끙끙거리는 모습을 보았던지 경운기를 멈추었다.

"이제 그 황소도 예전 기운이 아닌 모양이네요."

"아직 끄떡없네."

"하긴 요즈음은 황소도 꾀를 부린다고 하데요."

"그래. 세월이 약아지니, 짐승도 약아지는 모양이야."

"돈 있겠다. 경운기 한 대 사세요."

"일없어. 나는 내 식으로 할 테니까."

"내 식 네 식이 어디 있어요? 편리한대로 해야지요."

"나는 내 식으로 해야 편하단 밖에,"

최씨가 벌컥 화를 내었다. 가난뱅이 주제에. 최씨는 그렇게 속으로 중얼거렸다. 네놈이 그 모양이니 평생 가난을 면치 못하지. 네놈 주제에 경운기가 다 뭐여. 최씨는 그렇게 내뱉고 싶었지만 꿀꺽 참았다. 요즈음 젊은 놈들은 어른의 말을 개똥으로 여기는 판이란 것을 잘 알고 있었다.

박가는 젠장할 영감쟁이 같으니라고. 하고 속으로 욕질을 해댔다. 죽을 때 돈을 싸들고 갈 것인가고 투덜거렸다. 그 동안 벌었으면 됐지. 좀 쓰기도 해야지. 자식도 없는데. 돈이 없으면 모를까? 있는 돈 헐어서 경운기 하나 사면 좀 좋을까? 늙은 소가 힘에 부쳐 하는걸 뻔히 알면서도 공연히 채찍질하며 황소만 못살게 구니. 전생에 무슨 원수진 일이라도 있었던가? 혼자 잘 먹고 잘 살다 잘 뒈져라. 박가는 그렇게 투덜거리며 경운기를 다시 몰기 시작했다.

최씨는 경운기가 탈탈거리며 멀어져 가는 모습을 흘낏 지켜보았다. 벌써 넓은 밭 하나를 다 갈아엎고 그 옆의 봉기네 밭을 갈고 있었다. 품을 받고 갈아주기로 한 모양이었다. 그것을 보니 더욱 심화가 치솟았다. 이놈의 황소 어디 당해 봐라. 하는 심정이었다. 그는 쟁기를 떼어내고 황소의 코뚜레를 바짝 바투 잡았다. 그리고 옆에 놓인 지게 작대기로 황소를 두들기기 시작했다.

"매에는 장사 없단다. 네 놈이 얼마나 버티나 보자."

지게작대기가 소의 머리통과 얼굴을 난타했다. 이놈이 이러다 죽으면 도살장까지 보낼 것도 없었다. 이웃들과 고기를 나누어 가지면 그만이었다. 늙은 놈. 그만큼 위해 주었으면 됐지. 감히 태업이야.

박가가 봉기네 밭을 갈다가 문득 돌아보니 최씨가 황소의 코뚜레를 잡고 미친 듯이 지게작대기를 휘둘렀다. 저 노인이 돌았나. 그런 생각도 들었다. 가서 말려주나 어쩌나 하는 생각도 했다. 하지만 주인이 자기 소를 두들기는데 말려준다는 것도 좀 이상했다. 그러나 제정신이 아닌 사람의 경우는 몇 마디 말로 마음을 진정시켜 줄 수는 있겠다 싶은 생각도 들었다. 그래서 경운기를 세우고 최씨에게로 몇 걸음 옮겨놓던 차였다.

믿을 수 없는 일은 바로 그때 일어났다. 눈만 껌벅이며 계속 매를 맞던 황소가 갑자기 코뚜레를 잡아채더니 최씨의 가슴팍을 향해서 돌진했다. 그리고 뿔로 최씨의 가슴을 거칠게 치받았다. 최씨의 몸이 허공 중에 붕 떠올랐다. 몸이 붕 떴던 최씨의 몸이 밭 가운데 털썩 떨어졌다. 그런데 이게 웬 일인가. 황소는 다시 무서운 기세로 달려들었다. 최씨가 이미 반쯤 얼이 빠져서 손을 허우적거리는데 황소의 뿔이 최씨의 몸을 다시 허공으로 솟구쳐 올렸다. 최씨의 몸이 다시 밭 가운데 떨어졌다. 최씨는 이미 정신을 잃은 건지 손발의 움직임도 없었다. 그런데 다시 달려간 황소가 이번에는 최씨의 가슴팍을 앞발로 우지끈 내리 밟는 것이었다. 한 번도 아니고 여러 번 되풀이 밟았다. 그래도 분이 풀리지 않았는지 이번에는 방향을 바꾸어 뒷발로 우지끈 밟아대기 시작했다.

처음에 박가는 최씨를 말려 볼 생각이었지만 발이 그 자리에 얼어붙고 말았다. 그는 황소가 하는 짓거리를 지척에서 볼 수 있었다. 그것은 전에 감히 상상도 할 수 없었던 참으로 두려운 광경이었다. 박가는 덜덜 떨면서 경운기로 돌아갔다. 그리고 시동을 걸기 무섭게 부지런히 달아나기 시작했다. 황소가 증인을 없애려고 자신을 향해서 돌진해 올 것만 같았던 것이다.

의사들이 최씨의 시체를 부검했다. 그리고 모두 놀랐다. 몸의 온갖 뼈마디가 잘디잘게 부러져 있어서 황소에게 받혔다는 말로만은 설명이 되지 않아서였다.

박가는 아무에게도 자기가 본 사실을 말하지 않았다. 말해도 믿어 줄 사람이 없을 것 같았다. 동학란 때 하인에게 밟혀 죽은 못된 지주가 한 둘이 아니라는 소문이야 들었지만 평생 기르던

소가 주인을 밟아 죽였다는 말을 누가 믿을 것인가? 그것도 우연한 사고가 아니라 분노의 결과라니 말이다. 지각이 없다고 알려진 짐승마저 이럴진대 가슴에 한을 품고 칼끝을 갈고 있는 무리들 또한 한둘이 아닐 것이니 두려움이 엄습해오지 않을 수 없었다. 박가의 마음속에는 형언하기 어려운 종류의 두려움만이 가득했다. (*)

형과
형수

겨울 바다가 새파랗게 날을 갈고 으르렁거렸다. 눈발마저 흩날
리고 있어서 바다는 더욱 음산했다. 철민은 형의 유골이 담겼던
빈 상자를 물끄러미 내려다보았다. 형의 영혼을 가두었던 상자곽.
지금쯤 형의 영혼은 세찬 바람을 타고 하늘 끝까지 솟구치고 있을
것이다. 아니면 거친 파도의 능선을 헤치며 파도꽃을 피우고 있을
지 모른다. 육신의 무게를 벗어 던진 가벼움으로 어머니의 품속으
로 스며드는 것이다. 이미 오래 전에 영혼이 되어 떠돌고 있는
어머니의 품.

　철민은 어머니의 유골이 바다에 뿌려진 사실을 형에게서 들었
다. 너는 모르겠지만…. 어머니에 대해서 말할 때 형은 그런 식의
전제를 달곤 했다. 엄마의 **뼛가루**가 바다에 뿌려지던 때, 그때는
바람이 몹시 불었지. 너 기억나니? 철민은 그런 기억이 자신의

두뇌 속에 남아 있는지 어떤지를 뒤져보곤 했다. 기억나지 않을
게다. 하긴 나도 어떨 땐 희미하거든. 눈발이 푸설푸설 날렸었지.
몹시 추웠고. 넌 꽁꽁 얼어서 울지도 못했으니까.

어머니에 대한 기억을 묻는 형의 갑작스런 질문을 받을 때마다
철민은 곤혹스러웠다. 언뜻 생각날 것도 같고. 어머니가 돌아가신
것은 철민이 네 살 때였다. 그러니 어머니에 대한 기억이 희미할
밖에. 형은 그보다 다섯 살이나 위여서 어머니에 대한 정이 남달
랐던 것 같다. 그래서 어머니에 대해서 뚜렷한 기억을 지니지 못
한 철민이 매우 불만인 모양이었다.

형은 밥을 먹다가, 또는 외출을 하려고 문을 열다가 갑자기 물
었다. 너 엄마가 기억나니? 그렇게 묻는 형의 억양에는 다분히
철민을 몰아세우려는 기세가 역력했다. 엄마도 기억하지 못하는
멍청한 놈. 또는 다른 의미가 있는지 모른다. 아무리 네게 잘해
주어도 계모는 계모야. 엄마가 될 수는 없어. 그러니 새엄마에게
아양떠는 짓은 그만두란 말이야.

철민은 자신이 새어머니에게 아양을 떤다고는 생각지 않았다.
새어머니가 친엄마처럼 잘해주니까 잘 따를 뿐이다. 그런데 형은
그게 못마땅한 모양이었다. 철민은 수시로 형에게 닦달을 당하지
만 어머니에 대한 기억은 언제나 분명치 않았다. 꿈을 깨고 났을
때 꿈속 풍경처럼 몽롱했다. 아련한 안개에 가려진 사물처럼. 때
로는 포근한 어머니의 젖가슴 감촉과 향긋한 체취가 갑자기 기억
날 것 같은 때도 있었다.

형은 새어머니가 아무리 잘 챙겨주어도 거들떠보지 않았다. 철민은 새어머니가 뒷방에 몸을 숨기고 숨죽여 우는 것을 여러 번 보았다. 네 형은 어쩌면 너하고는 그렇게 다르냐? 그런 새어머니를 아버지가 다독거렸다. 사춘기가 지나면 달라질 꺼요. 그러니 조금만 더 참구려.

그러나 형은 사춘기를 마치기도 전에 가출하고 말았다. 그 이후로 형은 바람처럼 불쑥 집으로 나타나기도 하고 또 그렇게 사라지곤 했다. 대체로 곤궁해져서 돈이 필요할 때만 불쑥 나타났던 것이다. 형이 그렇게 불쑥 나타날 때마다 아버지는 노발대발해서 당장 나가라고 고함을 질렀다. 네놈은 이제 자식도 아니다. 그러나 새어머니는 형이 요구하는 얼만큼의 돈을 아버지 몰래 마련해주는 듯 싶었다. 그런 사실이 들통나면 아버지의 호된 꾸지람을 들어야 했다. 내가 자식이 아니라는데 임자가 왜 나서는 거요. 세월이 약이라지 않아요. 그러니 당신이 참으셔야지요. 새어머니는 마음씨가 무던한 편이었다. 세월이 약이란 말은 흔히 쓰이는 말이지만 형에게는 별로 통하지 않았다. 세월이 지나도 형은 변하지 않았기 때문이다.

형은 아버지의 갑작스런 죽음도 알지 못했다. 아버지의 죽음은 전혀 뜻밖이었다. 한약방을 경영하시는 아버지는 자신의 건강에는 남다른 정성을 쏟았다. 만년에는 술도 담배도 하지 않았다. 때때로 보약을 챙겨 드셔서 항상 혈색이 좋았다. 건장한 체구의 아버지가 장식용 지팡이를 건들거리며 걷는 모습은 매우 멋스러워 보였다.

저런 풍채니 한약방집 맏딸을 꼬셔냈지. 마을 사람들의 질시가 곁들인 험구였다. 어머니가 그 풍채에 빠져서 퍽도 따랐던 모양이다. 딸만 셋이던 외할아버지의 한약방은 자연스럽게 맏딸의 사위인 아버지의 몫이 되었다. 약재에 대해서는 아버지보다 어머니가 더 밝았다. 어려서부터 할아버지의 귀여움을 받으며 약재를 익힌 탓이다.

건장하시던 아버지가 갑작스럽게 돌아가신 날은 공교롭게도 새어머니와 재혼한지 7년째 되는 날이다. 새어머니의 꿈에 돌아가신 어머니가 나타났다는 것이다. 영실아. 이제 너도 그만큼 살았으면 됐다. 이젠 내가 데려가야겠다. 꿈속에 나타난 어머니의 그 말에 새어머니는 펄쩍 뛰었다는 것이다. 언니, 그게 무슨 말이유. 한 마을에 살던 처지라 어머니와는 언니, 동생으로 자별한 사이라고 했다. 언니, 그런 말 마요. 처녀로 시집 와서 겨우 칠 년인데. 새어머니도 아버지를 흠모해서 과년하도록 결혼을 미루다가 막상 상처를 하게 되자 그 후처를 자청했다고 한다. 꿈속에 나타난 어머니가 새어머니의 말엔 들은 척도 않고 말하더라는 것이다. 그러게 빌려준 게 아니냐. 네가 시집도 안가고 버티는 게 안쓰러워서 말이다. 하지만 이젠 데려갈 때가 되었다.

새어머니는 그 말을 듣자 눈앞이 캄캄하더라는 것이다. 언니. 해도 너무 해요. 겨우 칠 년인데. 그러다 퍼뜩 잠이 깼다는 것이다. 꿈이 너무 생생해서 옆에 누워 있는 남편의 몸을 더듬어 보았다는 것이다. 그때 남편은 이미 싸늘한 시체가 되어 있었다. 잠자다가 심장마비가 왔던 것이다. 세상에 그럴 수가 있니? 새어머니는 한동안 실성한 사람 같았다. 아무리 제 남편이 좋기로서니. 산 사람을 그렇게 데려갈 수 있냐? 결혼기념일 음식으로 아버지의 장례식을 치르며 새어머니는 도무지 믿을 수 없어했다.

새어머니에게는 자식도 없었다. 새어머니는 그것도 분했다. 제자식 잘 키우라고 자식 낳는 것도 방해한 거여. 병원에서도 아무 이상이 없다고 하고, 좋은 한약재는 다 썼는데도 자식을 못 낳은 이유를 그제야 알겠드만. 죽은 어머니의 혼령이 방해해서 자식을 밸 수 없었다는 것이다. 주위에서 우연의 일치가 아니겠느냐고 위로를 해도 새어머니는 조금도 자신의 주장을 굽히지 않았다. 그게 어찌 우연의 일치유. 꼭 칠 년 째, 정확히 결혼날짜에 맞추어서 데려갔는데, 꿈속에 나타나기까지 해서 말이요. 그게 어찌 우연일 수가 있느냐구요.

남편을 어이없이 잃은 새어머니는 그나마 철민이에게 위안을 찾으려고 했다. 새어머니는 철민의 등을 토닥이며 자신을 위로하곤 했다. 너 하나라도 있으니까 내가 열심히 살아야지. 안 그러니? 그럼요. 제가 어머니를 잘 모실게요. 돌아가신 아버지는 잊으세요. 새어머니는 나름대로 마음을 다잡으려고 퍽도 애를 쓰는 눈치였다. 그러나 철민이 대학생이 되자 홀연 외국으로 이민을 신청했다. 벌써 이민을 떠난 친정 식구들이 그녀를 설득한 것이다. 자식도 없이 언제까지 그냥 살 테냐? 마음을 정해라. 새어머니는 대학생이 된 철민을 대견하게 여겨서 말했다. 남겨진 재산이 좀 있으니 이젠 네 힘으로 자립해라. 이제 너도 대학생이 아니냐.

형은 그런 집안의 북새통도 알지 못했다. 형은 몇 년 동안이나 집안에 얼굴을 비치지 않았던 것이다. 철민이 재산을 정리하고 대학을 졸업한 후에 서울의 작은 사립중학교에 교편을 잡게 된 어느 날 형이 불쑥 얼굴을 내밀었다. 그리고 대뜸 하는 말이 돈 좀 줄 수 있겠니? 하는 것이었다. 철민의 주소를 어떻게 알았는지, 그동안 무엇을 하며 지냈는지, 아버지의 죽음과 새어머니의 이민에 대해서는 알고 있었는지 어쨌는지 전혀 묻지도 않았고 관심도 없는 듯했다.

그가 동생을 만나서 한 첫마디가 '돈 좀 줄 수 있니?' 였고 그 다음 말이란 게 '넌 어머니 모습이 기억나니?' 가 전부였다. 어머니가 형을 끔찍이 위했을 것이란 것은 짐작이 되는 일이었다. 형은 철민이 태어나기 전까지 5년 동안이나 한약방집 외아들이었다. 거기에다 평소 정이 많은 어머니의 남다른 사랑을 받았을 것이다. 이웃들이 그런 사실을 증언했다. 빨리 죽으려고 그랬던 모양이다. 우리 철영이, 우리 철영이, 하고 노상 입에 달고 살더니. 이웃 부녀자들의 말이다. 얼굴도 제 아비를 빼 닮았어. 똑 같다니까. 소꿉친구 때부터 그리 좋아하더니. 어머니는 소꿉놀이 때도 아버지를 꼭 남편으로 삼았고, 아버지 없이는 소꿉놀이도 하지 않았다고 했다. 한약방집 맏딸이란 유세가 있어서 그런 억지가 통했던 모양이다.

어머니가 아버지를 위하는 정성은 대단했던 모양이다. 이웃으로부터 단편적으로 들은 이야기지만 집안에서 큰소리가 난 일은 한 번도 없었다고 한다. 아버지는 마음이 약한 분이라 생시엔 큰소리 낼 이유도 없었지만 어쩌다 몹시 화가 나서 술이 제법 취한 때라도 어머니의 능숙한 접대에 그냥 넘어가고 만다는 것이다. 어머니는 술취한 남편을 잘 달래는 요령을 알고 있었다. 당신 술이 모자라지 않아요. 나랑 한 잔 더 해요. 어머니는 따끈하게 뎁힌 정종을 예쁜 사기 주전자에 담고 맛깔스런 안주를 곁들인 술상을 마련하여 대작을 청한다는 것이다. 일본 기생처럼 무릎을 꿇고 술을 따르는 모습이 그렇게 보기에 좋을 수가 없었다고 한다. 술에 약한 아버지는 어머니의 미인계에 넘어가서 몇 잔 더 마시지도 못하고 그냥 곯아떨어지는 것이다.

술꾼 남편을 둔 이웃들은 모두 한약방집을 부러워했다고 한다. 그러나 아무나 흉내 낼 수 있는 것도 아니었다. 대부분의 아낙들이 술취한 남편을 타박하다가 대판 싸움이 붙어 얻어 맞기도 하고, 기물이 부서지기도 하고, 온 동네가 떠들썩하도록 창피를 떠는 것이 대부분이었다. 그런 난리를 부리고 다음 날 정신이 돌아온 남정네들은 계면쩍게 뒤통수를 긁으며 한약방 아낙네 같이 했으면 아무 탈이 없었을 것을, 하고 제 아내를 나무란다는 것이다. 그걸 아무나 하나요. 아낙네들은 그렇게 퉁명스럽게 받아치며 멍든 눈두덩을 흘키는 것이다.

어머니는 그처럼 아무나 할 수 없는 일을 아주 자연스럽게 해

냈는데, 본디 타고난 천성이 그렇기도 했겠지만 남편에 대한 극진한 사랑이 그런 행동을 가능하게 했을 것이라고 말하기도 했다. 어머니는 약초에 익숙하지 않은 아버지를 위해서 험한 산속까지도 함께 다니며 약초를 수집하기도 했다는 것이다. 큰 약초 보통이를 메고 부부가 함께 하산하는 것을 보고 모두들 하늘이 맺어 준 천생배필이라고 했다는 것이다.

그런 어머니에 대한 기억 때문인지 형은 어머니가 죽은 이후로 마음을 잡지 못하고 평생을 떠도는 삶에서 헤어나지 못했다. 아무튼 모처럼 나타난 형은 대뜸 상당한 액수의 돈을 요구했고, 철민은 형을 만난 반가움 때문에 두 말없이 형이 요구하는 대로 돈을 마련해 주었다. 그렇게 한 번 길을 트니 형의 내방은 부쩍 늘었다. 그때마다 돈타령이었다. 일정한 직업이 없이 떠돌며 먹고살자니 돈이 필요했을 것이다. 그러나 철민이 결혼을 하고부터는 형편이 여의치 않았다. 아내의 동의가 필요했기 때문이다.

그렇게 되자 형이 돈을 뜯어 가는 방법이 점점 비열해졌다. 가게를 장만하려니까 빚 보증을 서달라는 식이다. 그렇게 보증을 서고 나면 한 달도 안돼서 빚쟁이가 들이닥쳤다. 그러니 빚은 이미 예전에 진 것이고 돈을 받아 내려고 빚쟁이와 짜고 빚 보증을 서게 한 것이다. 그렇게 여러 번 속고 나니 형이 무슨 말을 해도 믿을 수 없었다. 그래서 근래에 들어서는 형이 막무가내로 협박하면 마지못해 몇 푼쯤 보태주는 것으로 끝내곤 했다.

그러니 꼭 1년 전이다. 그에게 형이 죽었다는 부고가 날아왔다.

형이 죽은 후의 뒷감당을 하고 싶은 마음은 조금도 없었지만 그래도 하나뿐인 혈육의 죽음인데 모른 척 할 수가 없었다. 그는 부랴부랴 양구의 '해안마을'이란 곳으로 달려갔다. 바다도 없는데 '해안'이란 마을 이름이 이상해서 물어보니 '돼지 해亥'에 '편안 안安'이란다. 이곳 지형이 높은 산으로 둘러싸인 분지라서 뱀이 많다는 것이다. 그래서 돼지를 키워야 편안해 지는 마을이라고 해서 그런 이름을 붙였다는 것이다. 돼지가 뱀을 잘 잡아먹는다는 것은 널리 알려진 일이다.

들고 보니 그럴 듯했다. 마을은 마치 진흙땅에 주먹으로 한 방 쥐어박기라도 한 듯 옴폭 파인 분지인데 농토가 비옥해서 곡식이 잘 자랐다. 그리고 분지의 주위로는 험한 산의 능선이 울타리처럼 둘려져 있었다. 워낙 산세가 험해서 온갖 산짐승들이 우글거릴 만 했다. 그러니 야생 산짐승들이 먹이가 귀해지면 곡물을 훔쳐먹으려고 분지로 기어들기 마련이었다. 뱀들이라고 예외가 아니었다. 뱀들은 분지에 풍부한 생쥐나, 무논에 사는 개구리를 사냥하려고 또한 마을로 기어들었던 것이다.

해안 마을은 휴전선과 바로 연접한 곳이어서 그곳 주민들 외에는 아무나 드나들 수 있는 곳도 아니었다. 마을로 들어가는 입구에는 헌병과 경찰이 합동으로 단속을 벌였다. 그리고 낯이 익은 마을 주민들 외에는 일일이 주민증을 확인했다. 북한의 땅굴이 있는 곳이라 그만큼 경비가 삼엄했던 것이다. 철민은 그런 이상한 곳에 형이 정착하게 된 동기를 도무지 이해할 수 없었다.

하긴 형에 대해서 이해할 수 있는 것이라고는 아무 것도 없었다. 형은 새어머니가 들어오고부터 수시로 가출했고 그 이유를 한 번도 말한 적이 없었다. 아버지의 무서운 매에도 불구하고 입을 열지 않았다. 지 에미 귀신이 씐 거여. 아버지는 그렇게 한숨을 쉬었다. 형은 중학교만 겨우 졸업하고 고등학교는 다니는지 마는지 했다. 그렇게 떠돌다 보니 변변한 직장생활도 하지 못했다. 그래서 나이가 들어서는 먹고는 살아야 하니까 집 짓는 곳에 가서 미장이 일도 거들고 목수 일도 거들었다. 때로는 막품팔이도 했다. 한 번은 목수노릇 하겠다면서 톱이며 대패 같은 공구 일체를 사내라고 해서 거금을 들여 장만해 준 적도 있다. 그러나 그렇게 장만해 준 공구를 가지고 목수 일도 제대로 해 내는 것 같지가 않았다.

아무튼 그렇게 떠돌던 형이 해안마을에 정착한 것은 군대생활과 관계되지 않을까 하고 추측해 볼뿐이다. 해안 마을은 접전지역이어서 이 지역 출신이 아니고는 출입이 자유롭지 않았다. 그리고 여기저기 군부대가 진을 치고 있어서 군사작전이 수시로 진행되는 특수지대였다. 특별한 인연이 아니고는 일반인이 접근하기 어려운 곳이다. 그러니 형이 이곳에 정착하게 된 동기를 군생활과 연관짓지 않을 수 없는 것이다. 그러나 형은 자신의 근황에 대해서는 한 마디도 하지 않았기 때문에 그저 추측이나 해 볼 뿐이었다.

철민은 이런저런 생각에 잠기며 부고가 보내어진 주소지를 찾아갔다. 주소지는 우체국 옆의 작은 식당이었다. 그가 작은 식당의 밀창을 열고 얼굴을 디밀자 탁자에서 소주잔을 기울이던 형이 대뜸 반겼다.

"야, 철민이 왔구나."

철민은 피둥피둥 살아있는 형을 보자 어리둥절했다.

"형, 어찌 된 거야. 부고장은?"

"임마. 부고장이라도 보내니까 찾아오지. 그렇지 않으면 이곳에 오기나 할건가? 아무튼 이 형이 죽지 않고 살아 있으니 좋지? 안 그래? 넌 내 하나뿐인 동생인데."

형은 거침없이 내뱉았다. 웬만한 철면피가 아니고는 부고장을 보고 찾아온 동생에게 이렇게 태연하게 지껄이지는 못할 것이다. 참으로 어이가 없었다. 철민이 쭈빗거리며 서 있자 형이 말했다.

"어서 올라 와라. 네가 지금쯤은 올 때가 되었다 싶어서 널 기다리며 술잔을 기울이던 참이다."

그렇게 되어 철민은 형과 식당에서 소주잔을 대작했다. 몇 잔의 술이 돌자 형이 말했다.

"사실은 말야 돈이 좀 필요해선데."

형이 부고장까지 보내면서 사람을 오라고 할 때야 돈 때문이란 것은 짐작하고도 남았다. 그런데 그 이유가 좀 엉뚱했다.

"내가 장가를 가려고 해선데."

형이 새삼 장가를 가겠다는 말이 도무지 믿어지지 않았다. 돈을 뜯어내려고 이 핑계 저 핑계 다 대다가 이제 장가타령이 나온 것이 아닌가 하는 생각도 들었다. 그런데 얼마의 돈이 왜 필요해서 이런 거짓말까지 하게 되었단 말인가?

"그래선데 이 식당을 세 낼 생각이다. 장가를 들어서도 떠돌이 생활을 할 수는 없지 않니? 네 형수감이 음식 솜씨는 제법이거든. 마침 이 식당이 잘 안돼서 주인이 세로 내놓으려던 참이라…. 네 신세를 좀 져야겠다는 생각을 한 거다."

형의 말은 그런 대로 조리가 있었다. 어떻게든 동생을 설득해야 겠다고 나름대로 생각하고 연습한 게 분명했다.

"얼만데?"

"시골 식당이야 얼마 되니? 천만 원쯤이면 돼."

철민은 눈앞이 캄캄했다. 중학교 선생에게 천만 원이란 참으로 거금이었다. 설혹 형에 대한 애정 때문에 그가 승낙한다 하더라도 아내가 동의할 리가 없었다. 거기다 난데없이 결혼이란 게 뭔가? 형은 지금껏 한 번도 제대로 결혼이란 걸 한 적이 없다. 어쩌다 한 여자를 만났는가 싶다가도 서너 달이 못되어서 헤어지곤 했다. 생활력이 없는 남자에게 시집올 여자도 없었겠지만 형도 한 여자 에게 지속적인 관심을 보인 적이 없었던 것이다.

"어떤 여잔데?"

"곧 나타날 꺼야."

그 때 밀창이 드르륵 열리며 주방 쪽에서 어떤 여자가 불쑥 얼 굴을 내밀었다. 주방에서 방금까지 일을 하던 중이었던지 앞치마 를 두른 모습이었다. 철민은 순간 혹 숨을 들이 마셨다. 호리호리 하고 날씬한 몸매였다. 철민은 이 여자가 바로 그 여자구나 하고 대뜸 알아 볼 수 있었다. 어릴 때 돌아간 어머니의 영상이 갑자기 확대되어 나타났기 때문이다.

"이리 와서 인사해요. 서울서 선생질하는 내 동생이야. 내가 늘 말했지. 착한 내 동생은 나와는 다르다고. 나같은 떠돌이에게 믿을게 뭐가 있느냐고 당신은 말했지. 여기 동생이 있지 않나. 식당 차릴 천만 원을 선뜻 내놓을 동생이란 말이네. 식당 차릴 능력이라도 되면 청혼을 받아들인다고 하지 않았었나?"

형은 잔뜩 들떠서 그렇게 주워섬겼다. 여자가 잔잔하게 웃으며 철민을 건네다 보았다. 형님 말이 모두 맞나요? 여자는 그렇게 묻는 듯했다. 철민은 서둘러 말했다.

"축하합니다. 형님이 이제야 자리를 잡을까 보네요."

철민은 해안마을을 떠나오면서 줄곧 여자의 모습을 떠올렸다. 어쩌면 어머니를 그토록 빼 닮았을까? 철민은 그 여자를 보는 순간 그동안 잊었던 어머니의 모습이 모두 되살아나는 것을 생생히 느낄 수 있었다. 안개 속에서 몽롱해진 영상이 햇빛과 더불어 또렷해지듯이, 머릿속에서 꿈결처럼 어렴풋하던 기억들이 생생해졌다. 어쩌면 그리 닮았을까? 여자는 어머니의 친동기간 같았다. 아니면 딸이라고 해도 될 정도였다. 형이 그토록 열정을 쏟을 만했다. 조용조용한 말씨며, 잔잔한 웃음, 심지어는 음식 솜씨마저도 그렇게 닮을 수 없었다.

철민이 아내의 불평에도 불구하고 몇 천만원의 거금을 선뜻 빌려 준 것은 결국 그 형수에 대한 신뢰였다. 받지 못할 돈이란 것을 알면서도 은행 빚을 냈던 것이다. 그만큼 형수는 철민에게 깊은 인상을 주었다. 형도 그녀와 살림을 차리고는 별 탈 없이 사는 듯 싶었다. 그 이후로는 한 번도 동생에게 아쉬운 소리를 하지 않았기 때문이다.

그런데 형은 채 1년도 살지 못하고 갑자기 죽었다. 형수로부터 온 부고였던 것이다.

"간암이었다고 하데요."

형수는 담담하게 말했다. 형은 이미 결혼하기 전에 암이었던 모양이다. 불규칙한 생활과 과도한 음주가 그를 그렇게 만든 모양이었다. 자신의 병을 속이고 결혼을 하다니. 형수를 볼 면목이 없었다. 철민이 그렇게 사과하자

"형보고 결혼했나요? 시동생보고 결혼했지요."

형수는 그렇게 말했다. 형과 결혼하기 전에 형수는 이 식당의 종업원으로 일했다. 형은 식당 일을 거드는 형수의 옆을 줄창 맴돌았다. 결혼 해 달라고 목을 매었다. 미장이질 같은 막노동으로 겨우 생계나 꾸리는 주제면서도 그녀에 대한 열정은 절대적이었다. 그래 견디다 못해, 누구든 믿을만한 동기간이 있어서, 한 명이라도 데려오면 결혼해 주겠다고 했던 것인데 생각지도 못했던 시동생이 나타났다는 것이다. 거기에다 식당까지 선뜻 차려주니 빈 말로 한 약속이지만 지키지 않을 수 없었다는 것이다.

"착한 사람이었어요. 결혼 후에는 술 주정 한 번 없었어요."

형수의 말은 매우 의외였다. 형의 불규칙한 그동안의 생활을

생각하면 믿기지 않았다.

"그 성미로 보아서 공연히 불끈 할 때도 있었을 텐 데요."

"다른 사람들과는 더러 그런 일도 있었던가 봐요. 그렇게 기분이 안 좋아 보이는 날은 제가 술상을 마련해서 대작을 청하지요. 저랑 술 마시면서 모두 풀어버려요 라구요. 그러면 어린애 마냥 고분고분해 지지요."

형수는 추억을 더듬듯 먼 산을 바라보며 잔잔히 미소지었다. 그런 모습을 보자 아버지와 대작하셨다는 어머니의 영상이 겹쳐 왔다. 일본 기생처럼 단정한 옷차림으로 남편의 술잔에 다 술을 따르는 다소곳한 여인상이었다.

"그런데 참 이상한 일도 있지요."

형수는 한참 동안 뜸을 들이더니 나직한 목소리로 속삭이듯 말했다. 죽기 바로 직전이었어요. 어떤 나그네 부부가 들렀어요. 약초 캐는 사람이었어요. 약초를 한 보퉁이씩 배낭처럼 걸머지고 왔었지요. 된장찌개가 맛있다며 밥 한 상을 더 시키데요. 동동주 한 되를 두 부부가 나누어 들고는 늦기 전에 가야겠다며 일어서데요. 안방의 문이 삐끔히 열린 상태여서 환자의 모습이 언뜻 엿보였던지 누구냐고 묻데요. 남편이 앓고 있다고 했지요. 무슨 병이냐고 묻길래 간암이라고 했지요. 여자가 혀를 차며 암엔 약이 없다지요. 하며 약초 한 꾸러미를 내 놓으며 다려서 먹여 보라고 하더군요. 된장찌개가 너무 맛있어서 거저 주는 거라며. 지성이면 감천이란 말도 있으니 정성을 다 기울여 보라고요. 그러자 남편

되는 사람이 허, 임자. 간암엔 약이 없다는 걸 뻔히 알면서 그러네. 어서 가기나 해요. 하고 닦달하더라구요.

형수는 눈시울을 적시며 이야기를 계속했다. 약초 캐는 부부가 떠나간 후에 남편이 묻데요. 누구냐구요. 약초캐는 부부라고 했더니 지금은 약초 캐는 시기가 지났는데. 하더군요. 듣고 보니 그렇데요. 11월이니 눈발이 날릴 때도 됐잖아요. 남자가 키가 크더냐고 묻길래 당신만큼 크더라고 했지요. 그럼 여자는 당신만큼이나 호리호리 했겠네. 남편이 장난삼아 그러기에 듣고 보니 그렇네요. 하고 대답했지요.

약초 캘 시기도 아니고 아무나 산에 들어갈 수 있는 곳도 아닌데…. 남편은 혼잣말처럼 중얼거리더군요. 듣고 보니 그래요. 이곳은 사방에 군사기지가 있고 또 지뢰가 매설되어 있어서 약초를 캐러 산속으로 들어갈 수 있는 곳이 아니거든요. 지금 어디쯤 갔을까? 그렇게 묻길래. 글쎄요. 인제 쪽으로 가는 것 같았는데, 강어귀에 이르렀을까? 그러다가 문득 남편의 관심이 지나치다 싶어서 뭐 궁금한 것 있어요? 가서 불러올까요? 그렇게 물었더니, 아냐, 머리를 흔들고는 글쎄, 내가 따라가는 게 옳겠지. 강은 건넜을까? 그렇게 몇 마디 하더니 그냥 까무룩 혼수상태에 빠지더라구요.

형수는 눈물을 훔쳤다. 죽어가는 그 경황에도 여보. 그동안 고마웠소. 하고 인사를 잊지 않았지요. 착한 사람이지요. 병을 속이고 결혼한 것을 생각하면 괘씸하다가도 나름대로 극진한 사랑 때문에 그랬거니 하고 용서하고 싶어지기도 하고요. 죽은 뒤에 생각하니 그 약초 캐는 부부도 부쩍 의심스럽데요. 전에 그런 나그네를 한 번도 본적이 없거든요.

철민은 형수의 말을 들으며 머리가 어수선해지는 느낌이었다. 아버지와 어머니가 약초 보퉁이를 걸머지고 돌아오던 모습이 불쑥 떠올라서였다. 확실한 기억은 못되지만 몇 번이나 체험한 느낌이기도 했다. 아버지와 어머니의 혼령이 아들을 위해서 잠시 머물렀던 것일까? 그걸 알고 형은 서둘러 그 뒤를 좇은 것일까? 그렇게 생각하니 형이 형수를 만난 것도 어쩌면 평생의 한을 잠시라도 덜어주려는 혼령들의 세심한 배려가 아니었나 하는 생각마저 드는 것이었다. 황당한 이야기도 어떨 때는 절실한 느낌으로 다가올 수 있다. 이번의 경우는 그렇게 밖에 설명할 수 없었다.

형수는 형의 유언이라며 화장한 뒤에 뼛가루를 동해바다에 뿌려 달라고 했다. 어머니의 뼈가 뿌려진 곳이 동해바다란 것을 아는 사람은 철민뿐이었다.

"이곳에서 한계령을 넘으면 바다지요."

형수는 그렇게 말했다. 해안마을에서 바다로 가는 가장 가까운 고개가 한계령이었다. 철민은 따라오겠다는 형수를 뿌리치고 혼자 형의 뼛가루를 안고 한계령을 넘었다. 그리고 가장 가까운 바다 작은 포구로 향했다. 바람이 몹시 거세었다. 방파제에 나가서 뼛가루를 뿌렸다. 어머니의 뼛가루가 뿌려진 그 바다였다. 인간이 태어났다가 사라지는 것은 순식간이다.

푸설푸설 눈발이 쌓이기 시작했다. 서둘러 차를 몰았다. 한계령을 넘자 눈은 폭설로 변했다. 앞을 볼 수 없었다. 여기저기서 순경들이 길목을 막았다. 폭설로 교통이 통제되기 시작한 것이다. 그렇더라도 서둘러 서울까지 가야했다. 상고로 인한 휴가는 오늘로 끝이었다. 자신 때문에 학생들을 쉬게 할 수는 없었다. 순경들이 막고 선 길을 돌아 사잇길로 빠지기를 몇 차례 하다 보니 그만 길을 잃고 말았다. 어둠이 갑자기 다가왔다. 차가 언덕을 넘고 있었다. 헤드라이트가 눈길을 비추었다. 얼마를 달렸을까? 문득 눈발에 가려진 이정표가 눈에 들어왔다.

"여기부터는 해안海安마을입니다. 어서 오십시오."

그러자 형수의 모습이 차창을 가득 메우며 다가오기 시작했다. 어쩌면 잊혀졌던 어머니의 모습이었다. (*)

붕새의 출현과 그 울음소리

· 1 ·

… 북극 바다에 한 마리 고기가 있어 곤(鯤)이라 부르나니, 그
몸이 하도 커서 몇 천리나 되는지 알 수 없었다. 어느 날 한 마리
새로 탈바꿈해서 붕(鵬)이라 이름 하니, 붕새는 더욱 커서 그의
등짝만 해도 몇 천리나 되게 넓은지 도시 잴 길이 없었다. 푸드덩
하늘을 날면, 그 날개는 하늘에 드리운 구름장과도 같았다. 붕새
는 바다가 뒤끓게 모진 바람이 일 때마다 남극 바다로 옮겼고,
무한히 넓은 남극 바다는 하늘의 못이라고도 불렸다.

… 〈장자〉 (소요편) …

그러니 윤희가 그 이상한 새를 본 것은 고등학교를 휴학하고
쉬고 있던 그런 때였다.

68

그때 그녀는 죽음과도 같은 잠에서 막 깨어났었다. 너무도 깊고 오랜 잠에서 헤맨 터라 아직 생시인지 꿈인지 잘 구분이 안된 상태이긴 했지만 그렇다고 방금 눈으로 보고 있는 것을 의심할 여지도 없었다.

처음에는 비행기의 그림자인 줄로 알았다. 커다란 검은 새가 지붕을 스치듯 쏠리더니 마당을 가로질러 앞마을의 지붕들을 타넘고 미군부대의 철조망에서 잠시 멈칫거리다가는 수락산 등성이 쪽으로 멀어지던 것이다.

세상에, 저렇게나 큰 새가 있을까? 윤희는 믿어지지 않았다. 지금껏 그렇게 큰 새가 있다는 말을 들은 적도 없었다. 대충 기와집 두어 채를 합친 것만큼이나 큰 새였다. 지금껏 그녀가 아는 제일 큰 새라야 솔개 정도인데, 그것의 열 배, 스무 배도 넘는다면 누가 믿어 줄까? 그렇다고 방금 두 눈으로 똑바로 본 것인데 환상으로 돌릴 수도 없는 일이었다.

윤희는 서둘러 신발을 꿰 신고 마당을 가로질러 앞집의 민희를 찾았다. 너 방금 집채만한 검은 새를 보았니? 민희는 머리를 흔들었다. 설마 그런 새가 있을까? 아니다. 분명히 보았어. 정말 큰 새였어. 윤희가 고집하니까 민희는 그럼 옆집의 진영에게 물어보자. 하고 말했다. 진영도 머리를 흔들었다. 나는 방금까지 마당에서 일하고 있었는데, 그런 새가 지나갔다면 못 보았을 리가 없지. 그렇게 되어 그 옆집의 인주며 명애는 물론이고 미군부대 담장 옆의 마을에 사는 영수와 민철이 같은 남자애들에게도 모두 물어 보게 되었다. 그러나 그런 새를 보았다는 애들은 아무도 없었다.

"쯧쯧. 헛것을 본 거여. 제 아비한테 발길에 채었다가 기절하지 않았남. 그러니 혼몽한 정신에 헛것을 본 게지"

민희의 어머니가 혀를 찼다. 그렇게 생각하는 것도 일리는 있었다. 그러니 윤희가 새를 본 그 날, 아버지인 팔용이와 어머니인 연배네가 집이 떠나가라 싸움을 벌였다. 윤희네는 미군 부대 옆이라 미군을 상대로 여관업을 하고 있었다. 그래서 접대부 여자를 여러 명 고용했는데 팔용이가 그 중 송희와 눈이 맞아서 같은 방에 있는 것을 발견하고 연배네가 악을 쓰고 달려 든 것이다.

성질이 난폭한 팔용이가 연배네의 머리채를 잡고 방바닥에 머리를 짓찧으며 이년 죽여 버리겠다고 으르렁거리는데 머리칼이 뽑히고 피를 흘리는 어머니의 몰골을 보다 못한 윤희가 어머니 편을 든다고 아버지에게 달려들었다가 발길에 채어 기절했던 것이다.

온 마을 사람들이 달려들어 부부싸움을 말리긴 했지만 정작 기절했던 윤희는 그런 사실도 알지 못했다. 윤희가 기절한 상태에서 깨어 난 것은 저녁 때였고, 팔용은 화를 삭히려 술집으로 가 버린 후였고 연배네는 찢어진 얼굴을 꿰매느라 병원에 입원한 상태였다. 여러 명의 접대부들마저도 밤손님 받을 준비하느라 모두 목욕탕으로 몰려가 있어서 집은 절간처럼 조용했다. 그래서 아무도 윤희가 보았다는 그 큰 새를 볼 기회가 없었다.

윤희는 제가 본 것을 그냥 속으로만 새겨 둘 걸 그랬는가 보다고 후회도 되었다. 공연히 이 친구 저 친구에게 물어 보느라 자신만 정신이 이상한 애로 취급을 받게 되었기 때문이다. 하지만 그런 놀라운 사실을 접하고도 어찌 속으로만 새길까? 분명 집채만한 검은 새였어. 그런 이상한 새의 모습에 놀라지 않을 수 없었던 것이다.

그런데 그게 헛것이라니? 그럴 수 있을까? 윤희는 자신에게도 반문해 보았다. 나이라도 어리면 모를까? 내일 모래가 스물이었다. 아버지의 술 행패에 못 이겨 고등학교를 잠시 쉬고 있긴 했지만 그 시절엔 고등학생도 그리 많지 않았다. 그러니 사리를 분별할 정도로 꽤나 배운 처지였다.

더구나 한 밤중에 본 것도 아니고 아직 햇발이 조금 남아 있는 저녁인데, 그것도 순간적으로 지나친 것도 아니고, 마당을 가로질러 앞마을의 지붕을 넘고 미군부대 담벼락 부근에서 머뭇거리다 수락산 등성이 쪽으로 멀어질 때까지 한 참 동안이나 저렇게 큰 이상한 새도 있을까 하고 궁금해하지 않았던가? 그 시간이 적어도 십여분 이상은 될 것이다. 맨숭한 정신에 그런 헛것을 계속 볼 수가 있을까? 더구나 친구들을 찾아다니며 물어 볼 정도로 뚜렷한 일인데 말이다.

하긴, 정상적인 정신 상태였다고 할 수는 없었다. 아버지가 어머니를 개 패듯 하였고, 어머니가 악다구니를 하며 달려들었고, 구경꾼들이 우르르 몰려왔고, 그녀 자신은 아버지의 발길에 채어 기절까지 하였으니 말이다. 팔용이는 입에 거품을 물고 이년, 죽일 년. 감히 남편 앞에, 하며 헐떡였고, 연배네는 죽여라, 죽여, 이 개같은 놈아. 하고 악다구니를 했고, 그래서 팔용이 연배네의 머리채를 잡고 방바닥에 짓찧으며 개처럼 으르렁거렸고, 연배네는 머리가 깨져서 피가 낭자했다. 그런 기억들의 소용돌이 속에 기절까지 한 윤희의 정신상태가 온전하기를 바라는 것은 무리일 것이다.

그러니 잠시 헛것을 볼 수도 있었을 것이다. 그러나 헛것이란 비몽사몽간에 스쳐 지나가는 종류가 아니던가? 또는 한밤중에 꿈처럼 다가오는 종류라고 보아야 한다. 이번처럼 한참이나 기이하다고 쳐다보다가 끝내 궁금증을 이기지 못해 이 사람 저 사람 찾아다니면 물어 볼 정도라면 비몽사몽간의 헛것과는 전혀 종류가 다른 것이다.

그러나 윤희의 뚜렷한 기억에도 불구하고 남들이 아무도 믿어주지 않으니 윤희는 그것을 증명할 방법이 없었다. 증명해 보아야 특별한 이득이 될 것도 없었지만 실제의 사실을 헛것이라고 이해해야 한다는 것은 쉬운 일이 아니었다. 윤희 자신도 그게 사실이면 어떻고 헛것이면 어때, 하고 잊어버리려 해도 그 생생한 광경이 자꾸만 떠오르는 것이다. 기와집 두어 채를 합쳐 놓은 것 같은 굉장한 크기의 검은 새가 마당을 가로질러 앞마을의 지붕들을 타넘고 미군부대의 철조망 부근에서 잠시 멈칫거리다가 수락산 중턱으로 넘어가던 모습이 손에 잡힐 듯 뚜렷했다. 그래서 그 새의 상념에서 벗어날 수가 없었다.

· 2 ·

집채보다도 크고 검은 새. 누구의 눈에도 띄지 않은 이상한 새. 그것은 윤희만의 새가 되었다. 윤희는 늘 그 큰 새의 환영 속에 잠겨 있었다. 꿈을 꾸기도 했다. 어쩌면 사람들은 제각기 자기만의 새를 갖고 있는지 모른다. 그래서 아무도 몰래 자기만의 새를 마음 속에 기르고 있는 것이다. 세월과 더불어 새는 자라고 색깔도 다양해지며 그리하여 더욱 자신과 친근한 개성적인 모습이 되는 것이다.

윤희는 통 말이 없는 아이가 되었다. 팔용이는 제가 저지른 죄가 있어서 딸의 머리를 쥐어박으며 호통쳤다. 이년아. 사람이 뭘 물으면 대답을 해야지. 주둥이만 열댓 발 빼물고 갑자기 벙어리가 됐다는 게냐? 평소에도 그렇게 상냥한 성격은 아니었다. 그러나 벽창호처럼 뻔히 코앞에서 묻는 말에도 묵묵부답이니 속이 탈만도 했다. 아비에게만 아니라 어미에게도 마찬 가지였다. 연배네는 연배네대로 속이 탔다. 자식새끼가 많은 것도 아니건만 맏딸인 네가 잘해야지. 동생들 생각도 좀 해 봐라. 윤희 밑으로 남동생 하나 여동생 하나가 있었다. 그런데 윤희가 그 모양이니 동생들도 얼굴에 풀기가 없고 비실대는 것이다.

이웃 사람들은 말이 없어진 윤희를 보고 제작기 쑤군거렸다. 아마도 아비의 발길에 채이면서 머리를 다친 모양이라고 말했다. 아비의 발길에 채일 때 얼마나 세차게 채었는지 아이가 붕 떠서 바람벽에 꽈당 부딪치는 것을 보았다고 말하기도 하고, 더러는 그냥 방바닥에 나가떨어진 것이라고 말하기도 했다. 그러나 온돌방 구들짱이 옛것이라 굵은 돌판이어서 굉장한 충격일 것이라고 했다. 또 더러는 팔용이가 목침 대신 사용하는 돌베개가 있었는데 거기에 정통으로 부딪친 것이라고 말하기도 했다.

윤희의 얼굴이 수척해지면서 말이 전혀 없는 아이가 되고 보니 집안의 분위기가 더 없이 무거워졌다. 연배네는 모성적인 본능 때문인지 윤희가 이 꼴 된 것이 아비탓이라 여겨 눈에 불을 켜고 남편에게 달려들곤 했다. 팔룡은 팔룡이대로 네년이 맨날 해악이니 영업꼴이 될게 뭐냐고 장사 안되는 것을 연배네 탓으로 돌려서 걸핏하면 발길질이요 손찌검이었다. 그러다 급기야는 살림을 따로 차렸다. 맨날 싸움질이니 여관 영업이 엉망이라는 것이다.

연배네가 아이 셋을 데리고 쫓겨난 살림방은 지하창고를 개조해서 만든 단칸 지하방이었다. 지하실이라 눅눅한 곰팡내와 습기 때문에 잠자고 나면 온 삭신이 쑤셨다. 거기다 연탄 냄새가 잘 빠지지 않아서 날씨라도 궂은 날은 빠지지 않은 연탄냄새 때문에 머리가 빠개지는 것 같았다. 그뿐인가. 팔룡은 영업이 안된다는 핑계로 생활비도 대주지 않았다. 그런 형편이니 다니던 학교마저도 다닐 엄두를 못냈다. 연배네가 윤희를 보고 말했다.

"나야 어찌 살아도 좋다만 너희들은 학교에 다녀야 한다. 너도 고등학생이고 두 동생도 중학생인데 이처럼 모두 쉬게 할 수는 없다. 저 죽일 놈의 화상이 내가 굽혀 들어오기를 바래서 고의로 생활비도 대 주지 않고 견뎌 봐라 한다. 그러고 어쨌는 줄 아니. 네년의 자식새끼들 공부시키려면 여관으로 와서 식모살이를 하란 다. 송희년을 주인으로 섬기고 나는 묵묵히 식모 노릇한다면 받아 준다는구나. 세상에. 그게 사람이니. 사람이야. 그렇지만 어떻거 냐. 너희들 학교는 보내야지. 여기서 이렇게 굶고 앉아 있기만 할 수는 없는 일 아니냐?"

어린 동생들은 굶어 죽어도 좋으니 여관으로 다시 갈 수는 없다 고 버티었지만 정작 윤희는 언제나처럼 묵묵 부답. 이미 혼이 뽑 힌 아이 같았다. 병원에라도 다녀 보았으면 싶은데 돈이 없다.

"에구. 복장 터진다. 아비가 저 꼴인데. 기둥이 되어주어야 할 네년 마저 이 모양이니. 내가 속 터져서 어떻게 살 거냐?"

목구멍이 포도청이란 옛말처럼 연배네는 혼자서 살림 꾸릴 능 력이 없다보니 결국 여관으로 다시 들어가기로 작정했다. 그러니 창녀이던 송희를 주인으로 모시고 식모살이를 하기로 결심한 것 이다. 팔룡에게 굴복해 들어간 것이다.

"그럼 그렇지. 제 년이 무슨 능력이 있어서."

팔룡은 그렇게 만족해했다. 송희란 계집을 드러내 놓고 즐길 수 있었고 콧대가 꺾인 연배네가 부엌 살림 맡아서 고분고분해진 것이다. 그런데 정작 윤희는 쓰다 달다 말이 없었다. 어미를 보아도 아비를 보아도 남 보듯 하고, 학교도 다시 나갈 생각을 하지 않았다. 돈을 벌어 자식 공부시키는 재미란 게 있다. 더구나 윤희는 학교에서 줄 곧 일등이니 꽤나 기대를 했던 처지라 그 점만은 팔룡도 불만이 없을 수 없었다. 그러나 제 어미 콧대에다 아비 고집까지 곁들여서 무슨 말도 듣지 않았다. 매를 대면 때리는 대로 맞았고, 굶기면 며칠이고 그냥 굶었다.

"세상에 저런 골패기도 있남. 저게 내 자식이 맞어?"

팔룡은 끝내 손을 들고 말았다.

· 3 ·

윤희가 그 이상한 새의 습격을 받게 된 것은 연배네가 팔룡에게 굽혀서 호원여관으로 다시 들어간 얼마 후였다. 윤희는 그 날도 자신의 골방에서 검은 새의 환영 속에 잠겨 있었다. 반은 졸고 반은 깨어 있었던 것 같다. "혜이 캄온." 밖이 어수선했다. 미군 부대가 코앞에 있어서 토요일이면 한낮부터 수시로 여자가 필요한 미군 사병들이 들이닥쳤다. 캄온. 캄온. 혜이 다링, 어눌한 영어 발음. 군화소리. 그리고 깔깔대는 여인들의 웃음소리. 여자 장사하는 여관이란 어디나 비슷했다. 말이 여관이지 옛날의 기와집을 개조하여 방을 트고 늘려서 만든 집이라 방음이 제대로 될 턱이 없었다. 제각기 여자를 하나씩 꿰차고 땀들을 흘렸다. 여자들의 과장된 몸짓과 신음소리. 그런 어수선한 토요일 오후였다.

윤희는 검은 새의 꿈을 계속 꾸고 있었다. 좁은 골방은 햇빛도 들지 않았다. 버려진 그녀의 방은 아무도 기웃거리지 않았다. 그래서 그녀는 날개짓도 없이 비행물체처럼 지붕들을 타넘는 새의 광경을 활동 사진 재생하듯 그렇게 재생하고 있었다. 그 새가 의미하는 바가 무엇인지 알 수 없었다. 그 새는 이제 윤희의 한 부분이 되어 있었던 것이다.

그런 혼몽함 속에서 검은 새가 골방으로 들어왔다. 문소리도 내지 않고 방을 가득 메우며 날개를 접었다. 너무 좁은 골방이라 날개를 펼 수는 없었을 것이다. 매의 부리와 솔개의 발톱, 그리고 고슴도치같이 따가운 털로 뒤덮인 새가. 그 순간은 흉측한 까마귀의 모습이었는지도 모르겠다. 노린내를 풍기며 이빨 썩는 냄새를 풍기며 그녀의 내장을 찢기 시작했다. 컥컥 숨이 막혔다. 한 여름이었던가.

그녀의 하체로 강한 통증이 지나가고 그리고 피가 흘렀다. 질식한 상태에서 그녀는 깨어났다. 그리고 그대로 누워 있었다. 검은 새는 이미 그림자처럼 묽어지고 문틈으로 새어나간 뒤였다. 윤희는 찢겨진 살점이 이불자락에 흩어져 있는 것을 보았다. 그녀는 눈을 감았다. 입을 다물었다. 그녀에겐 아무런 설명이 필요 없었다. 새가 다녀간 것이다. 그 큰 새가 몸을 변형하여, 새는 때로는 색깔도 변형되고 모양도 변형되고, 아무튼 비행 물체처럼 당당한 모습이 아니라 구겨지고 쪼그라진 모습으로 변형되어 그녀를 갈기갈기 찢어 놓았다.

그 날 윤희는 혼몽함 속에서 그 이상한 새의 울음소리를 처음 들었다. 꾀꼬리의 목소리에 까마귀의 음조가 섞여 있다고 할까. 병든 새의 힘겨운 울음소리, 목구멍을 쥐어짜는 듯한 그런 음조였다. 이상한 억양의 그 울음소리는 그 덩치 큰 새의 모습과 그리 어울리는 것 같지가 않았다. 윤희는 병든 새의 이상한 울음소리에 몸을 뒤채면서 오래도록 한숨을 쉬었다. 그리고 자신의 운명의 깊이가 어디로 향하는지? 알 수 없는 두려움에 몸을 떨었다.

그 날 이후로 그녀는 검은 새에게 길들여지고 있었다. 멕시칸 계통의 미군 하사가 싱긋 웃으며 말했다. 내 고향은, 캘리포니아지. 포도나무 밭이 지평선 멀리까지 이어지고. 포도송이가 주렁주렁 끝도 없이 이어져서, 포도꽃이 필 때면, 향긋한 꽃향기가 들판 가득 하고, 포도넝쿨 밑으로 노란 유채꽃이, 유채꽃도 향긋한 향내를 풍기지. 그 유채꽃이 끝도 없이 이어지지. 사과나무는 물론이고. 과수원은 항상 지평선 끝까지 이어지는데, 지평선 끝까지. 뭐든지 그래. 목장도 그렇고 채소밭도 그렇고. 누구나 그런 목장, 그런 과수원, 그런 포도밭을 갖고 있지. 부자가 아니라도 모두 그런 건 다 갖고 있어. 옥수수밭, 목화밭. 무엇이든 지평선 멀리까지, 그러니 해가 지는 저 멀리까지 목화밭, 포도밭, 옥수수밭, 그리고 채소밭도 있어. 뭐든 지평선 끝까지 이어진다니까. 농사를 짓겠다는 사람에게는 나라에서 공짜로 토지를 나누어주는 거야.

제대 말년이라는 조이는 캘리포니아에는 무엇이든 지평선 끝까지 이어진다고 했다. 서툰 한국말로. 자기를 따라 가면. 그곳에 가서 결혼하면. 지평선 끝까지 이어지는 밭과 목초지와 과수원과 목장과, 그런 게 기다리고 있다고 했다.

"한국 사람들은 믿지 못하지. 왜? 그런 걸 본 적이 없으니까. 들은 적도 없고. 한국이란 나라는 좁고 좁아서 한 걸음만 걸어도 산이 가로막고 두 걸음만 걸어도 개울이 가로막고, 캘리포니아엔 그렇게 가로막는 게 없다니까. 비유할 수 있는 것은 바다뿐인데. 과수원도 바다 같고, 목장도 바다 같고, 포도밭도 바다 같고, 유채꽃도 바다 같고. 그런데 사람은 없어서, 사람만 가면 반겨하고, 먹을 건 무진장이고, 공부 같이 골치 아픈 것 생각할 필요도 없고, 그래도 모두 잘 사는 곳. 캘리포니아는 그런 천국이라고 했다.

윤희가 조이를 따라 나선 것은 그의 감언이설 탓만은 아니다. 집을 떠나고 싶은 그녀의 욕망이 앞섰기 때문이다. 낡은 여관집, 좁은 골방, 냄새나는 골목들. 그런 모든 것에서 벗어나고 싶었다. 과수원이 바다만 하지 않아도 좋았다. 바다의 반만이라도 충분했다. 포도밭이 바다만 하지 않아도 좋았다. 존재하기만 해도 좋았다. 과수원의 유채꽃, 사과나무, 그런 모든 존재가 그저 있기만 해도 충분했다.

그렇게 해서 윤희는 조이를 따라 나섰다. 조이가 그녀를 데리고 간 곳은 캘리포니아의 해안지방이었다. LA에서 샌프란으로 가는 중간쯤에 살리나스강이 흐르는 연안에 벨몬트라는 어촌마을이 있었다. 한국의 동해안이나 서해안에서 볼 수 있는 그런 작은 포구였다. 강에서 바다로 이어지는 포구라 배가 정박한 부두는 파도를 피하기가 좋았다. 깨끗하게 페인트칠해진 크고 작은 배들이 빼곡했다.

그곳 어부들은 대개가 멕시칸 계통의 이민자들이었다. 불법으로 이민 와서 뱃사공이 되어 생계를 꾸리는 것이다. 조이도 그런 불법 이민자의 집안이었다. 불법 이민자의 집안이지만 조이는 군복무를 마쳤기 때문에 미국시민 대접을 받을 수 있었다. 그는 시민권을 얻기 위해서 군복무를 자원한 것이다.

고향에서 조이는 젊은 층에서 인기였다. 그래서 별명도 많았다. '건달 조이' '멋장이 조이' '놀기 좋아하는 조이' '도박 왕 조이' '사기꾼 조이'. 그런 식의 별명으로 뱃사람들은 그를 조롱하기도 하고 즐기기도 했다. 조이는 무슨 별명으로 불리든 싱글벙글이었다. 낙천적인 데가 있었다.

그는 고향으로 돌아오자 본래의 직업인 어부가 되었다. 당장 먹고살기 위해 배를 타야했다. 살리나스 강 하류의 포구에 정박한 어부들은 대부분 구리빛 나는 멕시칸이었고 어부들 특성 그대로 술과 마약과 싸움질, 언제나 싸움이 그치지 않았다. 도박과 패싸움, 여자에게 돈 같은 것은 아예 벌어줄 생각도 않았다. 그가 호원 여관에서 여관집 주인 딸을 겁탈 할 수 있었던 것도 뱃놈다운 근성 때문이었고, 고등학교를 다닌 배운 여자를 데리고 살겠다는 허영을 갖게 된 것도 뱃놈다운 허영이었다. 그 자신은 초등학교도 다니지 못했다. 그가 그녀를 데리고 간 고향에서 그는 다음 날 당장 그녀를 음식점 종업원으로 팔아 넘겼다.

"뱃놈들은 신기한 것을 좋아하지. 너는 적격이야."

조이는 너를 힘들게 미국 데려 왔으니 돈은 네가 벌어라, 하는 식이었다. 한국 여자들은 미군만 보면 사죽을 못쓰지. 더구나 미국 데려 간다고 하면 몸뚱이 보다 더 한 것도 아끼지 않아. 그런 여대생도 많지. 그가 여대생을 만나서가 아니고 떠도는 소문만으로 그렇게 큰소리쳤다. 하지만 그런 공부 배운 것들. 이곳에선 쓸모가 없어. 너는 잘 해 낼 꺼야. 너희 집에서 하는 것을 보았을 테니까.

식당 종업원을 하면서 필요하면 몸뚱이라도 팔아서 돈을 벌라는 것이다. 떠돌이 어부들은 신기한 작은 동양 여자들을 좋아한다는 것이다. 마음만 먹으면 돈 벌기는 쉽다는 것이다. 그러니 조이는 윤희를 뚜쟁이질 시켜 돈을 긁겠다는 것이다. 그러나 윤희는 그럴 수 없었다. 호원여관에서 어머니인 연배네가 창녀인 송희 때문에 매맞던 일이 눈에 선했다. 미국까지 와서 그런 짓으로 생계를 유지할 수는 없었다.

"그게 뭐 그리 어려운데."

조이는 못된 어부의 전형이었다. 패거리들과 어울려 다니며 술과 마약, 그리고 싸움질로 세월을 보냈다. 착실한 어부로 살기보다는 어쩌다 한 몫 잡아서 벼락부자가 되는 꿈이나 꾸면서 도박판에 들락거렸다. 감옥살이도 다반사였다. 한국에서 군대 생활 때는 엄격한 병영의 규율이 있어서 그런 대로 잘 버티던 그였지만 고향 와서 망가지기 시작하더니 순식간에 폐인처럼 되는 것이다.

그가 한국에서 약속한 넓은 땅, 포도밭, 과수원은 모두 꿈같은 소리였다. 물론 캘리포니아는 바다 같은 과수원, 바다 같은 포도 밭, 바다 같은 목장이 있는 것은 사실이었다. 그러나 조이는 그것 을 소유한 것이 아니었고 소유할 엄두도 내지 못했다. 설혹 나라 에서 공짜로 땅을 준다해도 힘든 농사일을 해 낼 사람이 아니었 다. 그 자신도 그런 농토를 자신이 소유하고 있다고 말 한 적이 없다고 버티었다. 캘리포니아엔 그런 게 있다고 했을 뿐이란 것이 다. 아무렇게나 그런 것이 지금에 와서 무슨 의미가 있는가?

윤희는 그 포구의 제일 큰 식당에 속하는 '필립스 샵'에 고용되 었다. 시-푸드로서 해물로 만든 멕시칸 식의 음식점이다. 고객들 은 주로 이곳의 어부들이었다. 어부들은 낯선 모양새의 윤희를 좋아했다. 식당 주인은 그런 윤희의 장점을 재빨리 간파한 것이 다. 윤희도 점차로 이곳 일에 적응하기 시작했다. 그러면서 하나 의 가능성을 발견했다. 조이가 그나마도 미국 시민권을 가졌기 때문에 그녀도 시민권을 받을 수 있었고 그것은 큰 자산이었다. 대부분의 어부들은 불법 이민자들이고 불법 취업자들이어서 그들 이 돈을 받아도 달러로 환전할 수 없었다. 그리고 본국의 가족들 에게 송금할 수도 없었다.

윤희는 미국 시민권자여서 그들의 돈을 달러로 환전할 수 있었고 그들 대신 그들의 본국으로 돈을 송금할 수 있었다. 그런 수고의 대가로 봉사료를 챙길 수 있었다. 그리고 필요할 때는 돈을 꾸어주고 이자를 챙기기도 했다. 그녀는 매우 열심히 성실하게 그리고 꾸준히 끈기있게 노력했기 때문에 점차로 돈이 쌓이기 시작했다. 돈이 쌓이자 조이의 태도도 조금씩 달라지기 시작했다.

"땅을 사고 싶다."

조이가 말했다. 바다 같은 포도밭, 바다 같은 목장, 바다 같은 과수원. 캘리포니아에는 그런 것이 실제로 있었다. 과수원의 과목들은 지평선 멀리까지 줄을 섰다. 포도밭도 그랬고 목장도 그랬다. 그러나 그것은 농촌 부자들의 몫이었다. 대부분의 노동자들은 그 목장에서 그 포도밭에서 일당을 받고 일하는 일꾼들이었다. 돈이 생긴 것을 안 조이는 땅을 사고 싶어 안달했다. 어부의 생활을 청산하고 어엿한 지주가 되겠다는 것이다. 농사를 짓겠다고 하면 정부에서 보조금도 주고 은행에서 융자도 해주고 그런 특혜가 많다는 것이다. 윤희인들 땅에 욕심이 없을 수 없었다. 작은 나라 좁은 땅에서 살아온 윤희로서는 바다 같은 목장, 바다 같은 과수원, 바다 같은 농장은 그야 말로 꿈이었다. 그래서 지금 것 악착같이 아끼고 모은 전 재산을 조이에게 건네었다. 땅을 사라고 말이다.

그러나 그것은 조이의 계략일 뿐이었다. 조이는 그 돈으로 잠적하고 말았다. 평생 어부로 자란 그에겐 땅은 흥미의 대상이 아니었다. 거기에다 한국에서 군대생활을 하면서 성격이 교활해진데

다가 마약에 손대면서 도둑질도 죄로 여기지 않게 되었던 것이다.

후일에야 알게 된 일이지만 조이는 그 돈으로 라스베가스로 갔다. 그리고 평소 소원이던 도박판에서 몇 달이고 틀어 박혀서 도박을 했다. 라스베가스에서는 도박꾼에게 술은 공짜다. 호텔의 방값도 비싸지 않았다. 그래서 흥청망청 마시며 밤새워 도박을 할 수 있었다. 낮 동안은 호텔방에 죽음처럼 잠들었다가 밤이 되면 도박판 기계 앞에서 밤을 밝혔다. 한 종류의 기계에 싫증나면 다른 기계로, 그리고 같은 게임에서 싫증나면 다른 종류의 게임으로, 돈의 액수를 늘리면서, 그렇게 세월을 즐겼다.

라스베가스란 모래땅에 세워진 도박의 도시다. 한낮의 황막한 사막이 밤이 되면 네온싸인 찬란한 황홀한 불야성이 된다. 환락이란 어짜피 모래성이 아니던가? 라스베가스야 말로 인간이 상상해 낼 수 있는 가장 환상적이고 허무한 곳이다. 그곳에서 조이는 몇 달이고 버티었다. 가져간 돈이 모두 사라져 버릴 때까지 말이다.

· 4 ·

윤희는 살리나스강 연안의 어촌 벨몬트에 넌덜머리가 났다. 당장 떠나고 싶었다. 그런데 이곳을 떠나서 어디에 가서 살 것인가? 무엇을 해도 돈이 있어야 했다. 벨몬트에서는 그녀가 신용을 얻고 있었으므로 어떻게든 돈벌이를 할 수는 있었다. 그러나 이곳은 조이의 고향이고, 조이의 혈육들과 친구들이 있었다. 그들을 보면 조이를 떠올리게 되고 그러면 그가 갖고 달아난 돈의 액수를 생각하게 된다. 그럴 때마다 머리가 돌 지경이었다.

그리하여 윤희는 벨몬트를 떠나기로 결심했다. 윤희가 새로 정착한 곳은 벨몬트에서 한참 떨어진 샌시몬이란 해변 마을이었다. 해수욕장이 있어서 휴양객들이 많이 몰렸다. 그래서 크고 작은 모텔들이 밀집되어 있었다. 이곳에서 윤희는 작은 수퍼마켓을 차렸다. 이름만 수퍼마켓이지 우리식의 구멍가게에 가까웠다.

수퍼마켓 경영은 쉽지 않았다. 기존의 상점들이 제법 되었고 윤희가 동양계라는 인종적 이유 때문에 장사가 쉽지 않았다. 윤희는 우선 다른 상점과 가격경쟁에서 이겨야 한다고 생각했다. 그리고 품목 경쟁에서 이겨야 한다고 생각했다. 그러자면 정기적으로 찾아와 공급해주는 물건만으로 상점을 꾸려서는 안된다고 생각했다.

그녀는 뻔질나게 LA까지 달려갔다. 시장을 기웃거리며 덤핑 판매하는 값싼 물건을 찾고, 신기한 물건을 찾고, 디자인이 멋있고 내용이 알찬 여러 종류의 물건 확보에 혈안이 되었다. 그렇게 노력한 결과 차츰 그녀의 수퍼마켓이 다른 상점과는 다르다는 인식이 퍼지기 시작했다. 거기에다 새로운 아이디어를 보탰다. 한국 출신인 그녀만이 할 수 있는 아이디어로 한국인 고객을 확보하자는 생각이었다.

그곳을 지나치는 한국인들이 머물 수 있도록 한국말 간판도 슬

쩍 끼워 넣었다. 〈비디오 대여〉 〈모텔 안내〉 등의 글귀였다. 샌시
몬은 LA에서 샌프란으로 가는 길목이라 한국인 여행객이 제법 되
었다. 〈비디오 대여〉라는 글귀는 근교에 흩어져 사는 한국 교포
들의 발길을 끌어들였고, 〈모텔 안내〉는 그곳을 지나치는 미국말
에 서툰 한국 여행객의 발길을 머물게 했다. 한국 여행자들은 상
점으로 들어와 윤희의 안내를 청하게 되고 그렇게 되니 모텔들도
윤희의 신세를 지려고 했다. 화장실 사용이 쉽지 않는 미국이라
한국인을 실은 관광버스도 잠시 멈추어서 화장실을 사용하고자
했다. 관광객들은 의외의 곳에서 한국인 가게를 만나게 된 것이
너무 신기해서 상점의 물건을 무더기로 팔아주기도 했다. 그렇게
차차 알려지면서 고객도 늘어나고 수입도 많아졌다. 더구나 해마
다 한국인 관광객이 급증되는 추세여서 수입은 더욱 늘었다.

돈이 쌓이기 시작한 것이다. 돈이 벌리자 돈에 대한 욕심이 더
욱 생기기 시작했다. 자신을 위해서 돈 쓸 일은 별로 없었다. 조이
를 통해서 낳은 아들이 하나 있었지만 아직 학생이어서 따로 돈
들어갈 일이 없었다. 그러니 버는 것이 그대로 저축으로 남았다.
돈 쌓이는 재미만한 것이 또 무엇이 있을까? 돈을 더 쌓아서 업종
을 바꾸는 게 새로운 희망이 되었다. 수퍼마켓은 새벽부터 시작해
서 밤늦게 끝나는 힘든 업종이었던 것이다.

가장 안정적인 직업. 노후에도 안정적인 직업. 그것은 샌시몬
의 모텔을 경영하는 일이었다. 그녀는 오랫동안 숙박업에 뛰어들
준비를 하고 있었다. 그곳 모텔은 객실이 대체로 50여 개가 넘었

다. 모텔을 세 내서 경영하는 방법도 있지만 경우에 따라서는 사서 할 수도 있었다. 미국은 융자 제도가 잘 되어 있어서 담보만 확실하면 상당한 융자를 받을 수 있었다. 세를 내는 돈에다 조금 더 보태면 살 수 있었다. 물론 벅찬 것은 사실이지만 그동안 버티어 온 끈질긴 노력과 정성을 기울이면 못할 일이 없었다. 그렇게 모텔에 눈독을 들이며 기회를 엿보고 있었다.

그런 때에 조이가 다시 나타났다. 수년 동안 얼굴도 비치지 않던 조이가 나타나서 그녀에게 빌었다. 마약도 끊고 참된 사람이 되겠다고 맹세했다. 무엇보다 하나 있는 아들의 아버지가 아닌가? 조이의 설득에 윤회의 마음도 조금씩 기울었다. 그는 비록 농사를 지을 위인은 못되지만 그의 건달기가 모텔을 운영하는데는 도움이 될 것도 같았던 것이다.

마침내 기다리던 기회가 왔다. 샌시몬의 모텔 중에 해안도로와 면해 있고 해수욕장을 한 눈에 바라 볼 수 있는 50칸 방의 모텔이 나온 것이다. 우연히 인터넷 창을 뒤지다가 발견한 것이다. 급매물이었다. 그래서 값도 보통 경우의 반 밖에 되지 않았다. 물론 돈은 아직 많이 부족했지만 은행 융자며 그동안 신용을 얻은 터라 이웃들의 도움을 받으면 모자라는 돈을 보충할 수 있었다. 사업을 확장하는 일은 언제나 모험을 필요로 했다. 제 주머니 돈만으로 사업을 확장할 수는 없는 일이었다. 일을 먼저 저질러 놓고 모자라는 것은 갚아 가면 되는 것이다.

모텔은 건물만 있으면 따로 들어가는 돈이 많지 않았다. 방은 그냥 비어 있는 것이고, 매일 이부자리를 새로 깔아주고 방 청소만 새로 해주면 되는 것이다. 물론 아침 식사정도는 챙겨야 한다. 그런 것들은 정성과 노력으로 꾸려 갈 수 있는 일이었다. 더구나 윤희의 경우는 한국인 관광객들을 확보할 수 있었다. 윤희가 얼마나 들떠 있었던지 조이는 이해할 수 없어했다.

"가난뱅이로 살아보지 못한 미국 사람들은 이해하지 못하지요. 왜 한국인들이 악착같이 돈에 매달리는지. 먹는 것만으로는 만족할 수 없어요. 자식공부도 시켜야지요. 하바드로 보낼 거요. 과외를 시켜서 하바드 법대로 보낼 거라고요. 고향 부모들, 친구들도 초청할 거요. 내가 얼마나 잘 사는지 보여 줄 거요. 미국에서 잘 산다는 게 한국과 어떻게 다른지 보여줄 거요. 그리고 나도 한번쯤은 왕창 쓰고 싶다고요. 라스베가스로 갈 거요. 당신이 했던 것처럼 나도 라스베가스의 제일 좋은 호텔 방에서 밤새워 도박을 할 거요. 그렇게 왕창 쓸 거요. 평생에 한 번쯤 그런 호사도 해봐야지요. 당신은 이미 겪었지만 나는 뭐냐고요. 돈 버는 기계였다고요. 그러니 후회하지 않도록 마음 푹 놓고 왕창 써보고 싶다니까요. 1억쯤 날릴 셈으로요."

그런 꿈을 실현하기 위해서는 그녀는 반드시 그 모텔을 사야했다. 그녀는 돈을 챙겨주면서 남편을 닦달했다. 나머지 모자라는 돈을 구해 올 테니 당신은 당장 계약을 해요. 급매물이라 계약금에 중도금까지 포함되어 있어요. 소위 현금 박치기라는 거지요. 당신은 도박판에 몇 달이고 살았으니 그런 것 잘 할 테지요. 현금 박치기를 하라고요. 나머지는 융자받고, 이웃에 빌리고, 그렇게 또 어떻게 꾸리는 거지요.

윤희는 남들이 볼 때 제정신이 아닌 듯했다. 마치 그 모텔을 구입하지 못하면 당장 미치기라도 할 듯했다. 매물은 인터넷에 나온 것이었고 많은 사람들은 팔려는 사람의 급한 마음을 약점으로 삼아 나름대로 신중하게 값을 흥정하고 있는데, 윤희는 한 푼도 깎지 않고 그대로 응찰했다. 그렇게 과감한 응찰로 모두를 놀라게 했다. 비록 시세의 반값 정도로 헐한 물건이라고 하나 현금으로 응찰하는 것이어서 미국처럼 현찰이 귀한 처지에서는 쉽지 않는데도 윤희는 도박꾼처럼 덤벼들던 것이다.

· 5 ·

우리는 아주 결정적인 순간에 운명이란 이름의 방해자를 만나기도 한다. 신이 개입하는 것이다. 그럴 때의 주연과 조연은 이미 정해져 있다. 윤희가 주연이라면 조이는 바로 조연이다. 조이는 윤희가 급히 마련해 준 돈으로 모텔을 사러 갔다가 그냥 사라지고 만 것이다. 라스베가스로 가고 싶은 심정은 윤희보다 조이가 더 했는지도 모른다. 윤희는 돈을 벌어서 안정적으로 수입이 들어온 것을 가지고 라스베가스로 가고 싶어했는데 조이는 있을 때 그대로 실천한 것이다. 인생은 짧고 기다릴 시간은 많지 않았다. 조이가 진짜로 라스베가스로 갔는지 우리는 알지 못한다. 그러나 도박판이 어디 라스베가스만인가? 아틀란타에도 있고 프로리다에도 있고 인디아나에도 있다. 인디안 원주민이 있는 곳이면 어디에든 도박판은 있다. 인디안을 보호한다는 명목으로 인디안들에게만 도박판 경영권을 주기 때문이다. 그것이 과연 인디안을 경제적으로 돕는 것인지는 분명하지 않다. 그러나 외형적으로 그런 느낌이 들게 하는 것은 사실이다. 정치란 그런 것이다.

조이가 정말 도박판으로 날랐는지 그것도 분명히 알 수는 없다. 그러나 윤희가 그처럼 악착 같이 번 돈이 그만큼 쓸모 있는 곳에 쓰여지지 않을 것이란 것은 분명하다. 술집이든 마약이든, 싸움판이든 무엇이든 그것은 도박판의 아류가 아니겠는가?

윤희는 검은 새를 다시 보기 시작했다. 호원동 여관 앞을 나르던 검은 새. 윤희는 아무 것도 더 이상 생각하고 싶지 않았다. 그냥 그대로 사라지고 싶었다. 몇 며칠을 멍하니 앉아 있던 윤희는 그녀가 꾸릴 수 있는 잔돈푼들을 모두 긁어모아서는 그녀 자신도 라스베가스로 떠날 것을 결심했다. 이번 기회에 못 가면 평생 못 갈 것이다. 돈 한 푼 벌지도 못한 조이는 남의 돈으로도 번번히 라스베가스로 가는데, 윤희는 더 이상 미룰 수 없다고 생각했다. 왕창 쓸 돈이 없어도 좋다. 그는 한번도 캘리포니아의 해안지방을 벗어난 적이 없었다. 캘리포니어가 바다처럼 넓어서만도 아니었다. 그녀는 돈을 벌어야 했고 그래서 다른 세상은 넘겨다 볼 엄두를 내지 못했다.

이제 못 가면 영영 못 가리. 그런 강박관념 때문에 그녀는 서둘러 라스베가스로 가기로 결심했다. 그 해는 비가 많이 내렸다. 사막에도 비가 내렸다. 사막의 나무들, 가시가 촘촘한 선인장들이 비에 젖어서 후줄근했다. 그렇게 보아서 그런지. 비에 젖은 사막이란 어딘가 괴기스러웠다. 그렇게 비를 맞으며 캘리포니아의 서부 모하비 사막을 가로질러 네바다의 사막 라스베가스로 갔다. 그리고 소원했던 대로 일류 호텔 방을 예약하고 공짜로 주는 포도주에 취한 채로 도박판에 앉았다. 기계와 마주 앉아 마지막 인생을 위한 한 판 승부를 겨루고자 했다.

깊은 밤에 그녀는 새의 울음소리를 들었다. 기계음이 섞인 간절한 울음소리. 그녀는 그 큰 새가 울음을 운다는 사실을 이미 알고 있었다. 서글픈 울음. 너무 커서 새의 목청 구조를 제대로 갖추지 못한 그런 울음이었다. 윤희는 잠결에 울음소리를 듣고 꿈인가 싶었다. 그러나 언뜻 잠들려는데 다시 울음소리가 들려 왔다. 분명 꿈은 아니었다. 그녀는 몇 번이나 그 울음소리에 잠이 깨었다. 호텔 안에서 들리는 새의 울음소리. 그것은 비현실적이다. 호텔방 어디를 둘러보아도 새의 그림자도 볼 수 없었기 때문이다. 더구나 꾀꼬리 울음소리도 아니고 까마귀도 아닌, 두 새의 울음이 조합된 것 같은 그런 이상한 억양의 새 울음소리란 현실에선 불가능한 것이다. 환청이 아니고 꿈에서 만들어진 것도 아닌 현실에서 그런 울음소리를 듣는다는 것은 아무래도 이상했다.

윤희는 더 이상 참을 수 없어 호텔 경비원에게 전화를 걸었다. 이상한 새의 울음소리가 들린다고 했다. 경비원은 머리를 흔들었다. 호텔에서는 새를 키우지 않는다는 것이다. 윤희의 거듭되는 호소에 경비원이 방안으로 들어왔다. 그리고 방안을 샅샅이 뒤졌다. 그러나 새가 거처할 만한 곳은 어디에도 없었다.

경비원이 내려가고 막 잠들었다 싶은데 익숙한 새의 울음소리가 다시 들렸다. 환청이지 싶어서 묵살하고 그냥 자려는데 새의 울음소리가 간헐적으로 이어졌다. 자신을 보아 달라는 간절한 여망이 담긴 것이다. 윤희는 더 이상 참을 수 없어 새의 존재를 찾아서 방안의 곳곳을 살폈다. 침대 밑도 뒤지고 벽장도 뒤졌다. 새의 존재가 없을 것을 알면서도 같은 곳을 뒤지고 또 뒤졌다. 분명, 새의 울음소리였어. 예전에 보았던 그 검은 새의 울음소리. 환청일 리가 없지. 아직 잠든 건 아니니까. 그런데 어디에 있을까?

방안 구속구석을 뒤지던 윤희는 지친 몸으로 창가에 붙어섰다. 질척질척 내리는 비가 아직 내리고 있었다. 그런데 이게 웬 건가, 라스베가스 일대의 사막이 모두 물에 잠겨 있는 것이다, 거대한 바다가 형성되어 있었다. 바다가 사막으로 변한다든지, 사막이 바다로 변한다든지 하는 경우는 천지개벽 때나 가능한 것이다. 캘리포니아의 땅들이 몇 만 년 전에는 바다였다든지 하는 말은 버스 여행 중에 가이드를 통해서 들은 말이다. 그러나 지금 당장 사막이 바다로 변하고 있다는 것은 믿을 수가 없었다. 자신이 큰 새를 보았다고 했을 때 남들이 모두 믿지 않았듯이 아마도 저기 빗줄기

속에 사막이 온통 바다로 되어 있다면 누가 믿을 것인가? 우리 속담에 상전벽해란 말이 있다. 오랜 세월이 지나면 큰 뽕나무밭이 바다로 변해 있더라는 말이다. 그건 오랜 세월이 흘렀다는 상징적인 이야기이지 현실적인 이야기가 아니다. 그런데 윤희는 분명 사막이 바다로 변해 있는 것을 똑똑히 볼 수 있었다.

이것도 환상이란 말인가? 윤희는 자신을 향해 물어 보았다. 그녀가 본 검은 새가 환상이듯이 이것도 환상이란 말인가? 그런 회의에 잠겨 있는데 다시 검은 새의 울음소리가 들려왔다. 자신의 존재를 발견해 달라는 간절한 염원이 담긴 울음소리였다. 기계음이 약간 섞인 이상한 억양의 울음소리였다. 저승새인 모양이구나. 윤희는 그런 생각이 퍼뜩 들었다. 사막이 바다로 변하는 이 믿을 수 없는 순간에 나타난 검은 새의 간절한 울음소리. 꿈에나 나타나던 새의 울음소리가 그렇게 선명할 수 없었다. 새의 울음소리는 한참을 계속되었다. 그러다 아무도 들어주지 않으니까 슬픔 속에서 슬그머니 사라지는 것이다.

윤희는 그제야 그 새의 울음이 저승의 저 끝에서 자신을 향해서 다가온 것임을 알 수 있었다. 힘들게 살아온 자신을 데려가기 위해 그 꿈같은 큰 새가 라스베가스의 그 먼 데까지 다가온 것이다. 빗줄기를 타고 사막의 바다를 헤엄쳐서, 곤이 붕새가 되듯, 그렇게 사막을 헤엄쳐서, 사막이 바다로 된 이야기는 한 번도 들은 적이 없지 않은가? 천지개벽이 되고 있는 것이다. 자신의 운명이 끝나고 있는 것이다.

"내가 죽을 때가 되었구나." 윤희는 죽음이 자신을 에워싸고 있음을 느끼기 시작했다. 남편 조이며. 아버지며, 어머니며, 형제가 모두 꿈의 잔영들이었다. 그녀의 마지막 운명이 저승새의 모습으로 또는 그 울음으로 그녀의 내면으로 빗줄기처럼 스며든 것이다. 죽으면 요단강 건너가리. 사막이 거대한 강이 되어, 바다가 되어, 그녀의 혼백이 떠날 뱃길이 되어 펼쳐 있는 것이다.

윤희는 창문을 열었다. 그리고 파도가 출렁이는 바다를 향해서 훌쩍 뛰어 내렸다. 검은 새 한 마리가 재빨리 다가와 그녀를 태웠다. 구만리 장천을 날아가는 것이다. 붕새로 변한 곤이 그녀의 죽음을 줄기차게 기다리다 이제야 자신의 임무를 마감하는 것이다.

· 6 ·

다음 날 라스베가스의 호텔 경비원은 모랫바닥에 떨어진 시체 한 구를 발견했다. 경찰에 신고를 하자 경찰 수사관이 와서 호텔을 점검했다.

"이상한 여자였지요. 호텔방에서 새가 운다고 몇 번이나 전화를 했어요. 경비원이 두어 차례나 와서 자세히 살폈지만 새는 없었어요. 호텔방에서 새를 키우지는 않거든요."

"그렇겠지. 새를 키울 입장도 아니고"

수사관이 무슨 흔적이라도 찾을까 하여 침대 구석구석을 뒤지는데 어디선가 새의 울음소리가 들렸다. 쓰레기통 안에서였다. 경찰이 쓰레기통을 뒤엎으니 작은 금속 물체가 툭 떨어졌다. 어느 손님이 잊고 간 휴대폰인 모양이었다.

"여기서 들린 것 같은데. 문자 호출 때 나는 모양인데, 문자가 찍혀 있군. 미국말은 아니로군. "

"죽은 여자는 동양계 얼굴이였어요."

"그건 나도 확인한 것이고."

"어느 나라 문자일까요?"

"알게 뭐람."

경찰이 휴대폰 버튼을 눌러서 통화를 시작했다. 그러나 통화가 되지 않았다. 몇 번의 시도 끝에 통화가 되지 않자 수사관은 그냥 자신의 주머니에 간직했다. 휴대폰이 새는 아니었기에 이번 일과는 아무 관계가 없는 듯했다. 여자가 찾은 것은 새였지 휴대폰이 아니었음이 분명하기 때문이었다.

"요즈음 이상하게 자살자가 많아."

수사관은 그렇게 말하며 우울한 시선으로 창밖을 바라보았다. 라스베가스 전체가 물바다였다. 사막에 이처럼 많은 비가 쏟아지기로는 백년만의 일이라고 신문에서 떠들썩했다. 이곳은 예전에 바다였다가 지각변동으로 융기하여 육지가 된 곳이다. 그러니 바다 중에서도 저지대라 오랫동안 바닷물이 호수처럼 고여 있다가 수분이 증발하면서 딱딱한 소금이 모래와 엉겨서 염분 덩어리가 된 그런 곳이다. 그러니 비가 내려도 다른 모래땅처럼 쉽게 물이 스며나가지 못하고 그냥 고여 있는 것이다. 그래서 이처럼 뜻밖의 비가 내렸을 때는 그냥 물바다가 되는 것이다. 예전의 바다 모습으로 변하는 것이다.

"사막이 바다로 변했다는 말은 처음 들어요. 바다가 융기해서 사막이 되었다는 말은 들었지만."

호텔 종업원이 무료함을 달래려고 수사관을 보고 말했다.

"바다가 육지로 되었다면 다시 바다가 될 수도 있겠지..."

수사관은 주머니에 간직했던 휴대폰을 꺼내서 종업원에게 건네며 말했다.

"누군가 임자가 찾아오면 돌려주라고. 찾으러 올 것 같지도 않지만"

그들은 바다가 된 사막을 바라보며 한 여자의 죽음 같은 것은 더 이상 생각하지 않기로 했다. (*)

꿈의 껍질 벗기

· 1 ·

이야기는 이렇게 시작된다.

강명석이라는 친구가 놀러 왔다. 그와는 얼마 전에 기원에서 만난 터이지만 근래에는 워낙 자주 만나다 보니 내 친구 중에서 가장 가까운 처지가 되어 있었다. 성격이 원만하고 너그러워서 모두들 그를 반긴다. 평소 남에게 신세지고는 못 사는 사람이라 약간의 폐를 끼치는 일도 없다. 어쩌다 조금 부담을 주기라도 하면 다음 날로 벼락같이 갚아야 속이 편해지는 사람이다. 그가 가끔 한강을 넘어서 내게로 오는 경우는 술 한 잔 하고 바둑 한 판 두는 것이 고작이다. 그러니 아내도 그를 좋아하고 아들 녀석들도 그를 좋아한다. 애들의 머리를 쓰다듬으며 몇 푼의 용돈을 아끼지 않기 때문이다. 아무튼 내가 근래에 사귀는 사람 중에서 가장 마음 편한 인물이 그다.

그 날도 그랬다. 저녁 식사 겸 반주 한잔씩 곁들였다. 그리고 내리 다섯 판의 바둑을 두었다. 평소 같으면 두어 판으로 끝낼 일이지만 그날은 매번 아슬아슬하게 승부가 갈렸기 때문에 진 쪽에서 한판 더 두자고 보채게 되고 그래서 판이 계속 이어진 것이다. 그가 세 판 이기고 내가 두 판 이겼으니 그런 대로 섭섭할 정도는 아니었다.

아무튼 다섯 판의 바둑을 두고 보니 시간이 물 흐르듯 흘러 12시가 넘어 있었다. 평소라면 그는 버스로 갔겠지만 그날은 12시가 넘은지라 버스 타기가 쉽지 않았다. 그래서 내가 승용차로 바래주기로 했다. 반주 겸 술 한 잔씩을 걸치긴 했지만 취할 정도는 아니었고 그의 집은 겨우 한강다리 건너에 있었기 때문에 음주운전으로 검문에 걸릴 가능성도 별로 없었다.

문제는 다리를 반쯤 건너고 있을 때 생겼다. 그가 차를 좀 세우라고 했다. 한강 바람도 쐴 겸 강물 구경이라도 한 번 하고 싶다는 것이다. 12시가 넘은 시간이라 차도엔 별로 차가 없었고, 그가 심하게 보채니 마지못해 비상 깜박이 등을 켜고 다리의 한쪽에 차를 세웠다. 그러자 그는 차에서 내려 다리의 난간에 몸을 기대고 한강을 내려다보았다. 어두운 밤이라 강물은 그저 검은 유동체로 보였을 것이다.

그가 나를 향해서 손을 흔들어 보였다. 평소의 모습 그대로 씩 웃는 표정이 너무나 천진했다. 기왕 차를 세웠으니 나도 그처럼 다리의 난간에 기대어 강물이나 구경할까 어쩔까 생각했다. 지금 껏 한번도 한강다리에 차를 세워 본적이 없었고 더구나 난간에 기대어 밤의 강줄기를 내려다 본적이 없었다. 그래서 나도 검은 물체로 밀컹거릴 강줄기의 참모습을 보고 싶다는 생각을 했다. 그러나 그런 생각과는 정 반대로 나는 그를 재촉했다.

"이젠 차에 타라. 다리에서 장시간 멈추어 있는 것은 불법이다."

나는 그런 식으로 말한 것 같다. 정확한 지식은 아니지만 이런 다리 중간에 차를 장시간 정차시키는 일은 불법이 틀림없을 것이란 생각이 들었다. 도로교통법이니 무슨 법이니 하는 것이 있어서 몇 만원의 범칙금 정도는 내야 할 것이다. 더구나 식사 겸 마신 술이긴 하지만 몇 잔 마신 것은 분명하고 정작 교통순경이 음주측정기라도 들이댄다면 무사통과 되리라는 보장도 없다. 그런 의식이 있었는지 어떤지 당시엔 분명하지 않았지만 미루어 짐작하건데 그런 이유도 있어서 그를 재촉했을 것도 같다. 그런 내 재촉을 받으면서도 그는 태연한 표정으로 싱긋 웃었다. 다리의 가장자리에 줄지어 서 있는 가로등 불빛이 그의 표정을 환히 비추었다. 천진한 얼굴 그대로였다. 그가 손을 흔들며 말했다.

"어이, 친구 잘 있게. 나는 가네."

나는 그 말이 무엇을 의미하는지 알지 못했다. 그는 여유 있게 손까지 흔들어 보이더니 난간 위로 성큼 올라섰다. 어, 저 녀석 무엇하는 거야. 내가 어리둥절해서 몇 마디 중얼거리는 사이에 그의 모습이 내 시야에서 사라졌다. 그가 강물로 뛰어내린 것이다. 나는 내 눈을 의심했다. 그가 정말로 강물 속으로 뛰어내렸다고는 믿기지 않았다. 재주가 많은 그가 나를 놀래주려고 난간을 붙잡은 모양으로 내 시야에서 슬쩍 몸을 감춘 것 정도로 해석해야 했다. 그러나 그는 더 이상 모습을 드러내지 않았고, 나는 놀라서 차에서 내려 그가 사라진 난간 쪽으로 다가섰다. 그리고 그가 했던 것처럼 강물을 내려다보았다. 강물은 내가 예상했던 것처럼 검은 유동체는 아니었다. 다리 중간에 설치된 조명등이 강물에 비치고 있었음으로 물결의 일렁임 따라 물무늬가 반짝이고 있었다. 그러나 어디에도 그의 흔적은 찾을 길이 없었다. 그렇게 그는 내 곁을 떠났다.

· 2 ·

한동안 경찰서에 불려 다녔다. 그의 실종을 내가 신고했지만 수사관들은 내 말을 믿으려 들지 않았다. 온통 허점투성이라는 것이다. 그 시간에 한강다리에 차를 멈춘다는 것도 정상은 아니다. 술도 별로 취하지 않은 사람이 '친구, 잘 있게' 라는 인사말을 남기고 강물 속으로 뛰어내렸다는 것은 전혀 믿을 수 없다. 더구나 웃으며 말이다. 그는 실제로 웃는 얼굴로 작별 인사를 했지만 수사관들은 터무니없는 말로 여겨졌다. 사건은 졸지에 일어난 것이지만 수사관들의 입장에서는 상식적인 어떤 조건도 갖추지 못했다.

그래서 나와 그와의 관계를 여러 각도에서 조사했다. 금전관계는 없는가? 원한 관계는 없는가? 심지어는 치정관계까지 조사했다. 내 아내가 불려 다녔고 녀석의 아내도 불려 다녔다. 그런데 그 과정에서 녀석의 아내는 하나가 아니고 둘이라는 것이 밝혀졌다. 요즈음 두 명의 아내를 거느린 남자가 어디 있는가? 그러나 그는 분명 두 명의 아내가 있었다. 나는 그런 사실을 그때 처음 알았다. 수사관들은 그런 이유 때문에 가정불화에 대해서도 집중적으로 조사했다. 그러나 근래엔 그런 일도 없다는 것이 밝혀졌다.

두 명의 여자와 살면서 가정불화도 없다는 것은 조금 이상한 이야기다. 그러나 수사관의 집중 조사 후의 결과는 별 문제가 없다는 것이다. 문제는 두 명의 아내를 얻기까지의 과정의 불가피성이다. 먼저 아내는 시어머니와 한 집에 살고 싶지 않다고 가출을 했다. 두 명의 딸이 있었는데 아직 어린 딸들을 두고 가출하였으니 남자가 굽혀 올 것이라고 생각했다. 그러나 그는 효성이 지극한 편이었다. 어머니와 별거할 수는 없었다. 그래서 아내의 가출을 어쩔 수 없는 현실로 받아 들였다. 체념한 것이다.

공교롭게도 그 시기에 그가 근무하는 은행에 상업학교 출신 실습생들이 왔다. 그중에 심성이 무던한 학생 하나가 그를 무척 따랐다. 그리고 두 아이를 두고 아내가 가출한 사실도 알게 되었다. 심성이 무던한 만큼 그에 대해서 매우 동정적이고, 그러다 보니 수시로 집으로 찾아와 아이들을 돌보았다. 아이들 중의 하나는 유치원생이지만 다른 하나는 4살이니 누군가의 도움이 필요했다. 팔순 가까운 노모로서는 힘에 부치는 일이었다. 그렇게 집안일을 돕다가 실습이 끝날 무렵엔 동거생활로 까지 발전했다. 그러다 덜컥 애를 밴 것이다. 아들이었다. 노모는 뒤늦게 아들을 본 것에 감격해서 새 며느리를 끔찍이 위했다.

먼발치에서 이런 사정을 염탐하던 첫 번째 여자가 위기감을 느끼고 집안으로 다시 찾아들었다. 당연히 이혼을 요구할 것이라고 생각했는데 여자는 그냥 같이 살겠다고 했다. 가출은 자기의 잘못이니 남자를 탓하지 않겠다는 것이다. 그리고 젊은 처녀도 기왕에 아들을 낳았으니 어쩌겠느냐는 것이다. 다만 같은 집에서 함께 살 수는 없으니 방을 따로 구해 달라는 것이다. 그래서 어쩔 수 없이 두 집 살림을 살게 되었다. 소유하고 있던 단독 주택을 팔아서 두 채의 작은 아파트를 샀다. 그리고 여자들과의 약속대로 두 집을 일주일씩 번갈아 다녔다. 그는 원래가 낙천적이라 이래도 좋고 저래도 좋다는 식이었다. 그래서 아무도 그의 이중생활을 눈치 채지 못했다. 수사관들의 조사에 의하면 그럼에도 불구하고 두 여자 사이는 별 다툼이 없었다. 젊은 여자가 노모를 모시고 살았고 첫째 여자는 두 딸애와 살았다.

그는 두 여자의 집에 1주일씩 숙소로 정하고, 그의 봉급은 공평하게 두 여자에게 반반씩 나누어 주었다. 생활비가 일부 부족할 수도 있지만 두 여자는 그것을 감당하기로 의논되었다. 첫 번째 여자는 가출 이후에 작은 편의점을 운영하고 있었고 두 번째 여자는 실습이 끝나고 은행에 취직해 있었다. 그래서 경제적인 자립은 가능했다. 법적인 문제는 두 번째 여자가 혼인신고를 포기했기 때문에 그것도 별 문제가 없었다. 다만 아들의 호적만은 첫째 여자의 아들로 등록되었다. 두 번째 여자가 그 문제에서만은 상당한 갈등을 느꼈지만 현실을 받아들이기로 하면서 문제는 더 이상 없었다.

그는 직장에서도 아주 평범하고 즐겁게 지냈기 때문에 죽음의 흔적은 어디에서도 찾을 수 없었다. 직장 동료들은 그의 이중적인 생활을 모두 알고 있었다. 그리고 그것이 부득이한 이유라는 것을 알고 그에 대해서 동정적이었다. 그래서 그 문제는 아무에게도 발설하지 않았다. 실제로 여자 문제로 그가 직장에서 말썽을 부린 일은 전혀 없었다. 그는 평소대로 농담을 즐겼다. 모든 동료들이 그의 농담에 익숙해 있어서 그가 끼어야 모임이 즐겁다고 생각했다. 그래서 그의 이중생활도 세월과 더불어 잊혀지고 그냥 평범한 동료로서 그를 받아들였다. 은행의 돈을 횡령한 적도 없고, 고객과의 불편한 관계도 전혀 없었다. 그러니 그의 돌연한 자살은 동료들에게 큰 충격을 주었다. 그렇게 잘 웃고 태평스럽던 그가 돌연히 자살한 이유를 동료들은 전혀 납득할 수 없었다.

수사관들은 결국 아무런 자살의 단서를 찾지 못해 그의 죽음을 실족에 의한 우연한 사고사 정도로 마무리 짓고 말았다. 자살사건으로 신문에 보도 되어 세상에 떠들썩하게 해야 할 이유를 전혀 발견하지 못했기 때문이다. 그래서 그의 죽음은 한 나그네가 잠시 스쳐 지나는 인생의 모습 그대로 그들의 곁을 그냥 지나가고 말았다.

· 3 ·

사람들의 죽음은 누구나 비슷하다. 잠시 왔다가 떠나는 것이 다. 흔히 빈속으로 왔다가 빈손으로 떠난다는 유행가가 있지만 그렇게 시간은 지나가고 모든 것들은 시간 속에 묻혀서 우리의 기억 속에서도 사라지고 만다. 그는 그렇게 잊혀졌다. 아니 잊혀 졌다고 여겨졌다. 그런데 과연 그런 일이 그렇게 쉽게 잊혀져야 하는가? 잊혀질 수 있는 일인가? 때때로 그런 의문이 문득문득 일어나면서 나는 공연히 허둥대는 습관이 생겼다. 하나의 존재가 아무런 이유 없이 사라져도 아무렇지 않아도 되는 일인가? 한 마리의 개미나 메뚜기 정도가 아니다. 소위 만물의 영장이라고 하는 인간의 죽음인 것이다. 그런데 그런 인간의 죽음이 아무런 물결의 파장도 없이 잊혀질 수 있는 일인가?

처음에는 가벼운 의문 같은 형태로 불쑥 떠올랐다가 사라지곤 하던 생각들이었지만 점차로 그 생각이 끈끈이처럼 농도가 짙어 지기 시작했다. 그래도 되는 것인가? 생각되어지는 빈도도 늘어갔 다. 그러다 보니 그와 나는 매우 친한 사이라고 인정 되었지만 정작 그에 대해서 알고 있는 것이 매우 적다는 생각을 하게 되었다. 그가 집에 자주 놀러 온다는 점, 술 한 잔 걸치고 바둑을 둔다는 점, 때때로 함께 대포집에 들러 노닥거린다는 점, 그러면서 주로 나를 웃기는 건 그였고, 나는 가벼운 마음으로 웃어주면 되었다. 그러나 그것은 정말 정상적인 관계인가? 인간끼리의 관계가 이처럼 허술해도 좋은 것인가?

그런 식의 의문은 점점 자주 떠오르고 깊어져서 이상하게 불편했다. 아니 불안하다는 말이 더 적절한지 모르겠다. 그의 두 명의 아내들은 어떨까? 그녀들의 심정이라도 알아야 할 것 같은 생각도 들었다. 그러나 죽은 친구의 부인을 만난다는 것도 쉬운 일은 아니다. 만나야 할 특별한 사연을 만들 수 없었기 때문이다. 돌이켜 보니 나는 그의 집을 방문한 적도 없었다. 그가 늘 나를 찾아왔던 것이다. 그래도 서로 친구간이라고 하는 것은 나이 때문인지 모르겠다. 우리는 말띠 동갑이고 생일도 같은 3월이어서, 다만 내가 5일 정도 빨라 그가 내 집사람을 형수로 호칭하는 정도였다. 그와는 바둑이 같은 3급이어서 바둑 친구로는 안성맞춤이었다. 사실 우리는 바둑 친구로서 만난 것이다. 기원에서 바둑 커플이 되어 몇 번 내기 바둑을 두게 되고 그러다 보니 기원에서 가까이 살고 있는 나의 아파트로 가끔 들르게도 된 것이다. 그래서 친구가 된 것이다. 친구란 그렇게 만나서 맺어지는 것이 아닌가?

그가 우리 집에 자주 내왕 한 것을 생각하면 나도 한 번쯤 그의 집을 방문했어야 했다. 그도 나를 초대한 적이 있지만 굳이 기원에서 먼 강 건너 그의 아파트까지 찾아갈 이유가 별로 없었다. 그리고 보면 나는 자상하지 못한 구석이 많다. 그가 찾아오는 것을 당연히 여겼고, 그가 아이들에게 인색하지 않아서 아이들도 좋아하고, 아내도 그의 유모어에 호감을 표했기 때문에 우리 집에서 환영받는 인물로 충분했다.

그런데 그의 종적이 사라진 이후에야 나는 뒤늦게 사람의 관계가 이런 식이어도 되는 것인가를 생각하기 시작한 것이다. 그래서 그에 대해서 좀 알아 볼 필요가 있을 것 같은 생각이 들었다. 도대체 그는 어떤 인물인가? 나는 궁금증을 해결하기 위해서 우선 그의 은행엘 찾아가 직장 동료 한 명을 만났다. 기원에서 가끔 바둑을 함께 둔 적이 있는 사람이었다.

"저도 아는 게 없긴 마찬가지입니다. 그는 평소 가식이 없었어요. 있는 그대로를 말하고 즐기고 그게 전부지요."

"실습생 여학생과 문제가 되었을 때는 그래도 말썽은 있었겠지요."

"아닙니다. 서로 친밀히 지내는 것은 알고는 있었지만 자식까지 나을 줄은 몰랐지요. 아들을 낳고 살림을 차린 다음에야 그 사실을 알게 되었는데 그는 조금도 스스럼없이 사실을 소상하게 밝혔지요. 축첩은 해임이란 것을 알고 있어서 언제든지 그만 둘 마음도 되어 있다고 하였지요. 그래서 동료들이 오히려 그를 감싸준 겁니다. 요즈음 같은 세상에 새로 직장을 얻는다는 게 쉽지 않거든요. 그런데다 두 집 살림을 살아야 하는 그의 형편을 고려

하지 않을 수 없었지요."

같은 직장 동료가 어려움에 빠지는 것을 원치 않아서 모두들 그의 사생활을 덮어준 것이라고 한다. 그런 과정의 불가피성을 모두 알고 있었기 때문이다. 그러면서 그는 그에 대해 특별히 아는 바가 없다고 했다. 그러니 내가 친구로서 그에 대해서 아는 것이 없듯이 그도 직장 동료로서 그에 대해서 아는 것이 별로 없었다. 그러면서 은행 동료는 그의 고향친구 하나를 소개해 주었다. 은행의 고객이고 그가 대출 보증을 서 준 적도 있어서 은행에 자료가 남아 있다는 것이다.

그것은 매우 고무적인 일이었다. 한 친구를 자세히 알기 위해서는 고향 친구만큼 적절한 인물도 드물 것이다. 그런데 막상 그 고향 친구를 만나자 그도 그에 대해서 아는 바가 별로 없었다.

"친구들을 매우 웃겼지요."

그의 기억은 그런 정도였다.

"그 친구는 퇴곡리에 살았는데 늪가의 외딴 곳이라 다른 친구들과는 거의 교류가 없었어요. 고등학교를 같이 다니긴 했지만 나는 집안이 어촌이라 늘 바빴지요. 녀석은 농촌이라 또 바쁘고요. 어촌은 고기가 잡힐 때 바쁘고 농촌은 농번기에 바쁘지요. 농번기란 모내기 할 때나 추수할 때를 말하지요. 그래서 같이 어울릴 사이가 없었어요."

그는 그런 식으로 말했다. 농촌 아이들은 농촌 아이들끼리 어울리고 어촌아이들은 어촌 아이들끼리 어울렸다. 그런데다 그의 집은 늪가의 외딴 집이어서 농촌 친구도 별로 없었다. 그러나 워낙 잘 웃기고 넉살이 좋아서 누구든 그를 친한 친구라고 생각했다. 그러면서 정작 그에 대해서 아는 것은 별로 없었다.

"글쎄요. 안다는 게 이름 알고 얼굴 알고 더 자세히는 가족을 알고 그런 거지요. 그러니 지금 새삼 친구를 아느냐고 물으면 그 정도 이상 더 아는 게 없는 셈이네요."

이름 알고, 얼굴 알고. 가족을 알고. 그런 정도면 안다는 수준에 도달하는 것일까? 그가 노모를 모시고 있다는 것은 대부분 알고 있는 일이지만 아무튼 고향 친구들도 그 이상은 알지 못했다. 공부는 제법 하는 편이었지요. 그가 고작 내게 들려 준 것은 공부는 제법 했다는 정도가 고작이었다. 내가 실망을 금치 못하는 표정이니 그는 무언가 색다른 정보를 끄집어내려고 머리를 짜내더니 갑자기 생각났다는 듯이 말했다.

"이건 나도 소문으로 들은 이야기입니다만 녀석은 그 전에 한 번 여자에게 깊이 빠진 적이 있는 모양입니다. 군대에 있을 땐데, 양구에서 졸병 생활할 때 그쪽 처녀 한 명을 사귄 모양입니다."

"양구라고요? 강원도 산골 말이요?"

"일선 지구지요. 그곳에서 제법 사는 집안의 딸이란 소문이 있었는데, 정확히는 잘 모르고요. 무슨 댐 옆이라고 하던데, 파라호라고 하던가. 아무튼 갑자기 여자가 죽었다며 한 때 실성기를 보인 적이 있었지요. 그래서 의가사 제대를 하였지요."

그의 고향 친구가 내게 줄 수 있었던 정보는 그것이 전부였다.

· 4 ·

　사람의 호기심이란 어쩔 수 없는 모양이다. 나는 어느 날 낚싯대를 둘러메고 파라호를 찾았다. 그가 의가사 제대를 할 정도로 심각했던 여자관계란 게 아무래도 궁금했기 때문이다. 평소 너털거리는 그의 성격으로 보아 심각하다는 말과는 전혀 어울리지 않는다. 그런 그가 정신이 이상해져서 의가사 제대를 할 정도였다면 이건 보통 일이 아니었다.

　파라호라면 그리 낯선 곳도 아니다. 과거에 낚시질 좋아 할 때 친구들과 어울려 몇 번 들렀던 곳이다. 낚시를 그만 둔지도 십여 년이 넘지만 그냥 모른 척 넘어가기에는 어딘가 마음이 편하지 않았다. 생각해 보라. 허물없이 가까이 지내던 친구가 함께 한강 다리를 건너다가 "잘 있게" 하는 작별 인사 한 마디를 남기고 난간 밑으로 훌쩍 뛰어 내렸다면 그리고 그런 일이 있었구나 하고 잊혀진다면 그게 어디 사람의 도리인가. 알아 볼 때까지 알아보아야 하는 게 당연하지 않은가?

　파라호 낚시터엔 낚시꾼을 위한 음식점이 두엇 있다. 나는 음식점을 돌며 이곳 토박이 사람을 수소문했다. 그러자 한 오리 떨어진 서낭당 마을의 리장을 소개한다. 리장의 나이는 별로 많지 않아도 오랜 토박이라 이런저런 소문을 잘 알 것이란 것이다.

　음식점 주인의 소개로 찾아간 서낭당 마을은 산골에선 드물게 이십여 호 되는 집단 마을이 였다. 서낭당은 마을 입구에 있었는데 오래된 큰 느티나무에는 새끼줄이 감겨있고 거기에 채색 헝겊이 매달려 있었다. 나는 리장을 만나 내가 알고 싶은 바를 털어놓았다. 리장은 과묵한 사람인데 말을 아끼듯 한참 뜸을 들이다가 겨우 입을 열었다.

"여기서 십 여리 계곡을 거슬러 오르면 밤골이라고 있습니다. 한 때 잘살던 집안이었는데, 그 누님이 나 하고는 내종 8촌간이지요. 어떤 잘 생긴 군바리 하고 바람났다고 소문이 난 적이 있었지요."

"바람났다고요?"

"누님의 아버지 되는 사람. 그러니 내게는 아저씨벌인데, 그 아저씨가 완고하기로 소문난 분이거든요. 집안 망신이라고 길길이 뛰었지요. 그러다 창피해서 고향에 살 수 없다고 재산을 다 처분하고 고향을 떠나고 말았지요. 살던 집과 붙이던 논밭을 모두 급히 처분했고요. 재산이 상당했는데. 서울로 갔다기도 하고. 아무튼 종적을 감추다 싶이 했으니."

그 리장과 더불어 밤골로 찾아가니 개울 옆에 수천 평의 논과 밭이 그냥 버려진 채 있었다. 규모가 제법 되었던 것으로 추정되는 집은 그냥 무너진 채 주춧돌과 개왓장만 오르르 남아 있었다. 밤골이란 이름에 걸맞게 개울 따라 밤나무가 줄지어 있는데 오랫동안 돌보지 않아서인지 고목이 되고 바람에 꺾이고 해서 밤이 제대로 열릴 것 같지 않았다. 누군가 돈 있는 사람이 사두고는 그냥 잊어버린 모양이었다.

예전의 집터로 이어지는 시냇가에 새로 생긴 집이 한 채 있었다.

"몸이 아픈 사람인 모양인데 요양 차 이사를 온 모양입니다."

리장은 그곳도 자신이 관리하는 리에 속하지만 그들의 성분에 대해서는 잘 알지 못한다고 덧붙였다. 나이든 노부부가 살고 있는데 이웃과 일체 교류하는 일이 없다는 것이다. 일선지구라 예전 같으면 간첩으로 오인받을 수도 있지만 지금은 도시화의 물결이 미쳐서인지 아무도 남의 일에 간섭하려 들지 않는다는 것이다.

리장의 설명을 들으며 그가 좋아했다는 처녀의 집터를 둘러보고 그냥 헤어지기 섭섭해서 파라호의 음식점에 가서 술 한잔을 하기로 했다. 몇 잔의 술이 들어가자 술에 약한지 리장의 말이 많아졌다. 그래서 불쑥 나온 말이

"사실 딸이 하나 있다는 소문이 있었지요."

한다.

"딸이라고요?"

"집에서 그 누님과 군바리와의 관계를 알게 되었을 때는 이미 임신한지 제법 되었다고 합니다. 병원에서 아기를 낳고는 누님은 산고로 죽었다는 소문이고요. 딸은 어느 절간에 맡겨졌다는 것인데, 그것도 그저 소문이지요. 확인할 방법이 없고요. 그냥 소문만 있었지요."

나는 그렇게 소문만 확인하고 돌아와야 했다. 사람의 일은 참으로 알기 어렵다. 그저 속없이 좋아만 보이던 그에게 그런 과거가

있었다는 것은 참으로 믿기 어렵다. 흔히들 열길 물속은 알아도 한길 사람 속은 알기 어렵다는 말에 해당 된다고 하겠다.

어떤 연고인지 나의 뇌리에는 절간에 맡겨졌다는 그의 딸에 대한 궁금증이 떠날 사이가 없었다. 그는 평생토록 단 한 번도 그의 딸을 만나지 못했을까? 여자야 산고로 죽었다지만 절간에 맡겨진 딸이야 만날 수 있는 일이 아닌가? 머릿속에서 떠나지 않는 생각을 지을 수 없어 나는 파라호의 리장집으로 전화를 걸었다. 혹 과거에 그녀의 딸을 찾는 사람이 없었더냐고? 없었다는 대답이다. 혹 어느 절간이란 말을 듣진 못했느냐고? 듣지 못했다는 대답이다. 그 집안 사람 전부가 고향 떠난 이후로 한 번도 들르지 않아서 그 쪽의 소식은 전혀 알 길이 없다고 한다.

하긴 20여 년 전의 일이고 집안이 모두 떠난 터라 다른 소문을 만들 기회도 없었을 것으로 짐작이 되었다. 농토라도 조금 남아 있었으면 모를까? 모두 처분하고 떠난 것이니 일부러 종적을 감춘 것이라고 보아야 할 것이다. 만약의 경우 그 군바리란 자가 찾아왔을 때를 대비한 예방 조처라고 할 수 있다. 그렇게 떠난 터여서 어떤 흔적도 남기지 않은 것이다.

리장의 말로는 그 군바리는 아마도 영창 생활을 했을 것이라고 한다. 처녀의 집안이 빵빵한 터라. 그리고 일선 지구의 지휘관들은 주둔지의 유지들과 이런저런 관계를 맺고 있었기 때문에 어떤 민원이 들어오면 적절한 조처를 취하기 마련이라고 했다. 그렇게 영창 생활을 하고 돌아온 그에게 여자는 하늘로 솟았는지 땅으로 숨었는지 종적을 찾을 길 없었다. 죽었다는 소문만이 그를 기다렸다. 의도적인 도피라 어떤 단서도 찾을 수 없었을 것이다.

· 5 ·

내가 그의 과거를 추적한 것은 거기에서 끝난다. 이미 죽은 사람의 과거를 더 캐 보면 무엇 할 것인가? 또 그것이 내께 맡겨진 임무도 아니다. 다만 그냥 잊혀지기엔 어딘가 석연치 않아서 그 정도나마 추적해 본 것일 뿐이다.

그런 내게 뜻밖의 전갈이 왔다. 파라호의 리장에게 서다. 절간에 중이 되었다던 그 딸이 며칠 전에 다녀갔다는 것이다. 누군가가 자신의 고향이 이곳이라고 해서 지나치는 길에 잠시 들려 본 것이란다. 강원도 오대산 자락에 있는 작은 암자에서 기거하고 있다는 것이다. 이것은 매우 놀라운 소식이 아닐 수 없었다.

나는 리장이 알려준 백운사라는 절간을 찾았다. 오대산의 진고개라는 영을 넘어 동해안으로 빠지는 능선의 중턱에 작은 암자가 있었다. 비구니 절인데 주지는 칠순 노파고 혜인이라는 비구니는 총무를 맡고 있었다. 그 총무가 바로 리장이 말하는 그 여자였다. 어딘가 매우 낯익은 얼굴이란 생각이 들었다. 그러나 어디가 낯익은 것인지 딱히 가려낼 길이 없었다. 내가 등산객 옷차림이어서

114

절간의 비구니들은 나를 그저 지나가는 과객으로만 생각해서 무심히 대했다. 절간이 비록 작아도 위치가 능선을 오르는 길목이어서 등산객들이 흔히 들르는 모양이었다. 나는 기회를 만들어 총무를 맡고 있다는 혜인스님에게 슬쩍 물었다.

"어디서 본 얼굴이네요. 많이 익숙하다고 할까? 내 고향이 양구의 파라호 근처거든요."

내 말에 혜인스님이 깜짝 놀라는 표정이다.

"그런가요? 저도 파라호 근처가 제 고향이란 걸 몇 년 전에야 알았지요. 그러니 집안의 누군가와 좀 닮은 데가 있을 것도 같네요."

"아. 그래요? 파라호 어디쯤이지요?"

"파라호 상류인데요. 밤골이라고요."

"그럼 낯설지 않은 곳인데. 그런데 고향이 거기란 것을 몇 년 전에 알았다는 것은 무슨 말인가요?"

나의 질문에 혜인은 담담한 표정으로 말했다.

"몇 년 전인가봐요. 어떤 등산객이 무심코 제 얼굴을 보더니 매우 낯이 익다고 하더군요. 그리고 파라호 근처에 살지 않았었느냐고 묻기도 하고요. 댁이 묻는 것처럼요."

그래서 아니라고 했지요. 어린 시절부터 불목한이로 있던 어머니의 딸로 지금껏 이 절간에서 살아왔거든요. 어머니는 넌 주워온 아이다. 늘 그런 식으로 농담을 했지요. 그러다 벌써 십여 년 전에 돌아가셨고요. 그 사람이 불쑥 묻데요. 속명이 무어냐고요?

학교 다닐 때 어머니가 지어 준 이름은 박영숙이거든요. 그래서 박영숙이라고 했더니 그 손님이 화들짝 놀라는 거예요. 잘은 모르지만 고향이 파라호 근처의 밤골일 거라고요. 그곳에 가서 박영숙의 거처를 물어 보라고요. 박영숙이란 이름이 바로 생모의 이름일 거라고요. 어떻게 되어서 그녀가 불목한의 딸이 되었는지는 몰라도 한 번 다녀가서 확인해 보라고 권하데요. 그 사람 말은 자신이 한때 그곳에서 살았는데 스님의 어머니 되는 분을 너무 빼닮아서 물어 보게 된 것이라고요.

혜인은 어머니가 불목한이란 것만 알고 있던 터라 너무나 놀라서 칠순이 넘는 주지스님에게 자신의 내력을 물어 보았단다. 스님은 다 지나간 이야긴 것을 새삼 업보를 만들겠느냐고 말을 않다가 그녀가 하도 고집스럽게 물으니 잘은 몰라도 불목한이가 어느 병원에 맡겨진 것을 데려 온 것 같다고 하더군요. 출처는 밝히지 않고 자기 딸로 키울 테니 내색 말아달라고 부탁도 했고요.

그런 말을 듣긴 했지만 어차피 속세와 인연을 끊고 사는 터인데 그런저런 사정을 알아서 무엇 할 것인가 싶어서 그냥 잊고 지냈지요. 그러다가 근래에 파라호 근처에 들를 일이 있어 밤골로 찾아갔지요. 그곳 리장을 만나 옛 일을 물어 보았지만 리장은 별로 아는 것이 없다고 하데요. 하긴 중이 되어서 속세와 인연을 끊은 터인데 예전 일을 알아서 무엇 할까 싶어서 더 묻지도 않고 그냥 잊기로 했지요.

이건 참 묘한 인연이다. 그 이야기를 듣고 나니 하나의 추정이

가능했다. 그는 어느 날 등산길에 올랐다가 우연히 산사에 들르게 된다. 그리고 예전의 애인과 닮은 여승을 만난다. 너무나 놀라서 그녀의 내력에 대해서 묻는다. 불목한의 딸이란다. 태어날 때 절간에서 살았단다. 불목한인 엄마는 노파였고 그녀가 열 살도 되기 전에 죽었단다. 그런데 뜻밖에도 그녀의 이름은 박영숙이다. 초등학교에 들어가게 되었을 때 불목한인 어머니가 지어 준 이름이란다. 그 순간 등산객은 비구니가 자신의 딸임을 간파한다.

그러나 그는 그런 사실을 발설할 수 없다. 과연 그런 사실을 밝히는 것이 옳은지 어떤지를 확신하지 못하기 때문이다. 혜인은 그녀의 이름이 아무렇게 지어진 것으로 알고 있다. 친어머니에 대해서는 알지 못했다. 지금껏 그런대로 마음 편하게 잘 살아 왔다. 그런데 그가 그녀를 위해서 해 줄 수 있는 일은 별로 없다. 그래서 그는 박영숙이란 이름은 자신의 이름이면서 그녀를 낳아 주고 바로 산고로 죽었다는 어머니의 이름이기도 하다는 것을 말해주면서도 정작 자신이 그녀의 아버지라는 사실은 발설하지 못했다. 그리고 어떻게 할까 망설이다가 결론을 내지 못한 채 한강에 뛰어들고 말았다.

그런데 박영숙이라 …. 나는 어느 순간 화들짝 놀라지 않을 수 없었다. 내 아내의 이름이 바로 박영숙이었던 것이다.

· 6 ·

나는 새로운 가정을 생각해 내지 않을 수 없었다.

그는 어쩌면 그녀의 옛 애인이 소문에서처럼 산고로 죽은 것이 아닐지도 모른다는 생각을 했을 것이다. 그래서 그는 가출한 사람을 찾는다는 명목으로 경찰서에 부탁해서 비슷한 나이의 박영숙을 검색했다. 그렇게 찾은 박영숙은 나이가 같다는 것을 전제할 때 서울에만도 십여 명 되었다. 그는 그들의 주소를 찾아 수소문하기 시작했다. 그리고 마침내 찾아낸 것이 나의 아내인 박영숙이었다.

그리고 나에게 접근하여 바둑 친구가 되었다. 그는 수시로 내 집을 방문했지만 내 아내는 그를 알아보지 못했다(알아보지 못한 척했는지도 모른다.). 아내에게 처녀적 일은 너무나 큰 상처였고 지금에 이르러 굳이 그 상처를 파헤칠 필요는 없었을 것이다. 그는 어쩌면 아내로 하여금 과거를 상기하게 하려는 노력을 했을 지도 모른다. 반대로 과거사는 다 흘러간 물이요 의미가 없는 것임을 보다 확연히 깨닫게 되어서 그런 노력 자체가 부질없는 일이라고 체념했을 지도 모른다. 그래서 더 철저히 자신을 숨기려고 했을 수도 있다.

어느 쪽이든 지금의 그녀는 예전의 그녀와는 전혀 달랐다. 그녀는 지금에 이르러서는 다만 평범한 가정주부일 뿐이었다. 두 아이의 엄마답게 자상하고 온화했다. 가정은 평화롭고 평범했다. 남편이란 작자도 친구를 좋아하는 호인이었다. 특별한 욕심 없이 그냥저냥 살아가는 소시민이었다. 그런 그의 가정에 돌을 던질 수는 없지 않은가?

여기서 그의 고뇌가 시작된다. 산다는 게 뭔가? 세월의 옷을 가라 입는 정도가 아닌가? 소년 시절의 옷, 젊은이의 옷, 장년의 옷, 그리고 노년으로 옮아가며 세월의 옷을 한 꺼풀씩 가라 입어 보다가 죽음으로 사라지는 것이다. 인생에 대해서 온갖 꿈이 있었지만 한 꺼풀씩 벗겨지면서 결국 인생에 특별한 의미는 없는 것이라는 결론을 얻었을지 모른다. 사람살이란 결과적으로 꿈의 껍질 벗기이고 그렇게 한 시대를 통과할 뿐이다.

그러니 그가 만난 사람들, 박영숙과 두 명의 아내, 두 명의 딸과 한 명의 아들, 그리고 절간에서 중이 된 그 딸까지 포함해서 그런 것들이 생각하기에 따라서는 엄청난 인연이지만 그러나 생각하기에 따라서는 그저 한 시기를 지나가는 과객일 뿐이다. 혈연이든 가족이든 어쩌다 맺어진 인연일 뿐 특별한 의미가 아닐 지도 모른다. 인생이란 그저 흘러가는 세월의 강물이고 우연으로 맺어진 인연들은 물거품처럼 잠시 형체를 이루다가 물방울 스러지듯 사라지는 종류일 수 있다. 사람들은 삶의 허망함에 질려서 인생에 이런저런 의미를 부여하려고 하지만 그 모두가 부질없는 짓이 아닌가.

그가 인생에 대해서 크게 깨달았다기 보다 부질없는 옷 갈아입기의 인간 여정에 회의를 느낀 것만은 사실일 것 같다. 그래서 그는 새로운 옷을 또 한 번 갈아 입기로 했다. 윤회로 거듭되지 않을 영원한 옷, 그가 한강에 뛰어 든 것은 그런 옷의 선택이다.

그런데 문제는 나였다. 공연히 그의 뒤를 쫓다가 나만 우습게 되었다. 내 아내가 박영숙이고 한 때는 그의 애인이었으며 그녀의 첫 딸이 절간 비구니가 되어 그녀의 이름을 그대로 간직한 채 그녀의 용모로 살고 있다는 것을 알게 되었으니 말이다. 그가 한강에 뛰어 들면서 던진 돌이 정통으로 나의 가슴을 맞춘 것이다. 이제 내가 해야 할 다음 일은 무엇인가?

나는 여러 날을 곰곰히 생각해야 했다. 첫 번째 선택은 모든 사실을 나의 아내에게 알리는 일이다. 혜인에게도 알리는 일이다. 진실은 언젠가 드러나기 마련이다. 감춘다고 감추어지는 것이 아니다. 그런 진실의 바탕에서 새로운 삶이 시작되어야 한다. 진실을 안다는 것이 업보가 되던, 고통이 되던, 제각기 감당해야 할 일은 스스로 감당해야 하는 것이다. 그것이 삶의 바른 태도가 아닐 것인가?

그런데 과연 그것이 옳은 것일까? 이렇게 의문을 던지고 보면 전혀 다른 결론이 가능해진다. 그녀는 현재 내 아내고 두 명 아들의 어머니며 평범한 주부로 예전의 모습 그대로 살아가고 있고 나도 별 불편 없이 살아갈 것이다. 그런 그녀에게 그와 혜인의 존재를 알려줌으로써 그녀의 마음에다 돌을 던질 필요가 있을까? 이미 그는 죽었고, 혜인도 비구니로서 자기의 정체성을 만들어가고 있다. 그들에게 내 아내가 끼어들 여지가 남아 있을까? 그렇지 못하다면 우리들의 모든 과거는 그의 선택처럼 깡그리 한강 물속에 집어넣어 버리는 것이 옳지 않을 것인가? 그러면 세상은 지금처럼 아무렇지 않게 흘러갈 것이다. 그게 세상살이가 아닌가?

나는 선택의 기로에서 하루하루 시간을 연장하고 있다. 그것도 하나의 세상살이라고 생각하면서 말이다. 그러나 그건 언제까지 가능한 일인가? 무엇보다 나는 내 아내에 대한 어떤 태도를 정하지 않으면 안 된다. 이미 나와 결혼하기 전에 있었던 강명석과의 연애 사건이며 그 사이에서 태어난 딸에 대해서 나는 어떤 입장을 지니어야 하는가? 과거라는 이름으로 모든 것을 묻어버리고 예전 그대로 살아갈 것인가?(그것은 비겁한 일은 아닌지?) 아니면 모든 것을 파헤치고 새로운 관계를 정립해야 할 것인가?(어떤 새로운 관계란 말인가?) 그리고 그런 것들은 가능한 것인가?

그러다 보니 정작 강명석의 죽음은 가마득히 잊혀진 사건이 되고 말았다. 사실 죽음은 모든 것의 종말이고 그 이상의 다른 의미를 필요로 할 것 같지도 않았다. (*)

소문의
덫

사람의 세상살이를 부처님은 환상이라고 파악했다. 꿈을 꾸고 있는 것과 같다는 것이다. 이는 장자의 호접몽胡蝶夢에서도 지적되었다. 꿈에 나비가 되어 날아다녔는데 이는 내가 나비가 된 것이냐 나비가 내가 된 것이냐는 식의 해석이다. 그러나 이런 직접적인 비교는 신빙성에 문제가 없는 것은 아니다. 그러나 뜻하지 않는 허상에 이끌려 인생이 송두리째 망가지는 것을 실생활에서 대하게 되면 인생의 허망함에 동감하지 않을 수 없게 된다. 그리고 이런 허망함이 인생의 본질에 가깝다는 것을 깨닫게 될 때 우리는 어쩔 수 없이 종교의 세계로 빠져들지 않을 수 없게 된다.

강원도의 산간지방인 영진리에서 가장 미인이 누구냐 하면 단연 병원집 맏딸인 영숙을 꼽게 된다. 얼굴만 미인이 아니다. 마음씨가 비단결 같다. 거기에다 근동에서 하나밖에 없는 병원집의 맏딸이니 집안도 제일이다. 그런 영숙이가 고등학교를 졸업하고 집에서 아버지의 병원 일을 돕고 있을 때였다.

마을의 청년들로부터 선망의 대상인 영숙이가 느닷없이 개덕수라는 인물에게 겁탈을 당했다는 소문이 돌았다. 덕수의 성은 김가이지만 워낙 개망나니라 모두들 개덕수라고 불렀다. 싸움질, 도둑질, 깡패질을 하던 녀석이 사춘기로 접어들면서 부녀자들을 겁탈하기까지 했다. 그런 일로 스물도 되기 전에 벌써 세 차례나 감옥엘 다녀왔다. 그런 개덕수가 영숙을 덮쳤다는 것이다.

영숙은 펄쩍 뛰었다. 그를 만난 적이 없다는 것이다. 아니 만나기는커녕 지금껏 콧빼기도 본 적이 없다는 것이다. 아버지의 병원은 근동에 하나밖에 없는 터라 환자들이 넘쳐났다. 병원까지 오기 어려운 환자는 직접 왕진을 가야한다. 한 명 있던 간호사가 도시 병원으로 옮겨간 터라 영숙이 간호사의 일을 도맡아야 했다. 눈코 뜰 사이 없을 정도로 바빴다. 그러니 개덕수의 얼굴을 대할 틈이 없었던 것도 당연하다.

개덕수가 코웃음을 쳤다. 제 년이 아무리 아니라고 해도 사실이 그런걸 어쩌랴. 어디 한 번 뿐인가? 섬밭에서 목물하다가 당하기도 했고, 교회 갔다 오다가 골목길에서 당하기도 했으면서 암큼한 게 시침을 뗀다는 것이다. 개덕수가 그렇게 우겨도 대부분 똘마니들은 믿을 수가 없었다. 상대가 병원집의 영숙이 아닌가.

"병신, 영숙인들 별것 달고 있는 줄 알아. 계집년이란 다 그렇고 그런 거야."

개덕수가 거듭해서 자신만만하게 말하니 처음엔 믿지 못하던 똘마니들도 차츰 긴가민가 의심하기 시작했다. 남녀간의 일이란 워낙 은밀한 것이어서 누가 나서서 증명할 수 있는 성질이 아니었다. 사실 시골이란 게 그랬다. 사람을 만나려고 들려면 어둑한 골목길도 있고, 개울가의 섬밭도 있다.

여기서 말하는 섬밭이란 개울의 물줄기가 갈라진 중간에 형성된 삼각주 모래밭을 말한다. 모래밭이지만 개간을 해서 밀이나 보리를 심는다. 밭 둘레로 아까시아 나무가 우거져서 사람들의 눈길을 꺼리는 처녀들이 몰려와서 목물하기가 좋았다. 목욕탕은 읍내에나 있기 때문에 큰마음 먹어야 갈 수가 있다. 그래서 여름철이면 대부분의 처녀들이 이곳으로 몰려드는 것이다. 처녀들이 몰려드니 총각들의 눈길도 번들대기 마련이다. 그러나 은밀히 접근하기가 쉽지 않다. 개울을 건너려면 센 물살 때문에 철버덕거리는 소리가 나기 마련이고 그 물소리에 모두들 경계를 하기 때문이다. 그러나 서로 눈이 맞은 처녀 총각들은 사람의 발길이 뜸한 어스름 녘에 이곳으로 은밀히 숨어드는 것도 사실이다.

개덕수가 그 섬밭에서 영숙을 덮쳤다는 것이다. 저녁 어스름 때였고 모래밭에 아이들이 공놀이를 하고 있어서 영숙은 으슥한 아까시아숲 그늘에서 머리를 감고 있었다고 한다. 개덕수가 미리 섬밭에 숨어 있는 것을 알지 못한 것이다. 이런 절호의 기회를 놓칠 개덕수가 아니다. 개덕수가 살그머니 다가가 개처럼 영숙을

덮쳤다. 영숙은 놀라서 비명을 질렀지만 개덕수의 두툼한 손바닥
이 이미 그녀의 입을 막고 있었다. 영숙이 발버둥질을 쳤지만 이
런 일에 도가 튼 개덕수가 그런 가냘픈 여자 하나 처치하는 것쯤
은 땅 짚고 헤엄치기다.

"처녀도 아니었어. 하긴 도시가서 공부한 년 치고 처녀가 어디
있냐?"

"제 년이 당하지 않으려고 발버둥치고 발광을 했지만 별 수 있
어? 내가 어떤 놈이냐? 계집년 다루는 데는 도사지."

"그렇게 한 번 당하더니 그 다음부턴 고분고분 혀. 소문만 내지
말라고 애걸복걸이더군. 계집년이란 게 다 그렇고 그런 거여."

개덕수의 설명이 그럴 듯하니 똘마니들은 진실 여부는 고사하
고 모두 군침을 삼키며 귀담아 들었다. 어쩌면 그게 사실일 지도
모른다는 생각도 들었다. 잘 하면 자신에게도 그런 행운이 돌아올
지 모른다고 은근한 기대마저 하는 것이다. 그렇게 되어 소문이
빠르게 번졌다. 마을의 담벼락에 영숙에 대한 낙서가 즐비했다.

"섬밭엘 가면 영숙이 영업한다."

"영숙은 개덕수의 다섯 번 째 첩이다."

"영숙은 개 XX다."

마을의 담벼락에 이런 낙서가 즐비하니 남의 말 좋아하는 여자
들이 입방아를 찧기 시작했다. 이미 영숙과 개덕수가 그렇고 그런
사이란 것이 기정사실처럼 번졌다.

"세상에 그런 일이…."

"얌전한 개가 부뚜막에 먼저 오르느니."

"돈이 없을까, 옷이 없을까. 인물 반반하겠다. 뭐가 부족해서 그 짓일까?"

소문은 점점 발전하여 영숙을 매도하는 양상이 되고 있었다.

"이러다 마을 처녀들 다 망치겠어."

"마을 망신도 유분수지. 딸 단속을 그렇게 해서야."

"어디 사람이 없어서 하필 개덕수람. 계집이 허술하니 험한 꼴도 당하는 거라."

병원집 주변으로 사내들이 들끓었다. 영숙의 동생들이 얼씬해도 사내놈들은 휘파람을 불었다.

"애, 너희 언니 있니?"

"섬밭에서 개덕수가 기다린다더라."

"개덕수만 남자냐. 나도 한 번 만나자고 전해라."

사내놈들은 능글능글 웃었다. 암내 맡은 수캐들처럼 몰려들었다. 급기야는 영숙과 잠잤다는 사내들이 수십 명도 넘게 되었다.

"정말 끝내주더라."

"그런 걸 명기라고 하는 거여. 말미잘 같은 거란 말이지."

"치마만 둘렀다고 여자는 아닌 기라. 속살이 부드러워야 진짜지."

나중에는 교회의 목사마저도 그런 말을 믿게 되었다. 그래서 이건 그냥 못들은 척 넘길 문제가 아니라고 판단했다. 그래서 영숙의 어머니에게 조심스럽게 말을 꺼냈다.

"소문이긴 하지만 그냥 넘길 문제도 아니네요."

"영숙이 단속 잘 하세요."

그렇게 되니 성질이 불같은 영숙의 어머니인 연곡댁은 얼굴이 새파랗게 질리고 말았다. 그리고 발작을 일으켰다.

"저 얼굴, 저 천연스런 얼굴로 어쩌면 그런 죄를 짓다니…"

연곡댁은 착실한 크리스찬이었다. 그래서 교회 목사님 말씀을 하느님 말씀같이 여겼다. 목사님이 그런 귀띔을 할 때야 다른 설명이 필요 없었다. 영숙의 변명 같은 것은 들어 볼 필요도 없었다.

연곡댁은 평소 매우 허약한 체질이어서 교회에 누구보다 열성이었다. 지금껏 건강을 지탱해 온 것은 오로지 하느님의 보살핌으로 여겼다. 그래서 자식들도 모두 어려서 세례를 받았다. 이른바 모태 신앙인이다. 그래선지 지금껏 말썽을 부리는 아이가 없었다. 의사인 남편도 아내가 원하는 바는 무엇이든 듣고자 했다. 남편은 원래 집안 대대로 불교 신자였지만 병약한 아내가 하느님에게 매달리니 그도 기독교로 개종했다. 종교보다 아내의 건강을 더 걱정해서였다. 그러다 보니 아내의 병약한 것 외에는 집안에 따로 근심거리가 없었다.

그런데 영숙의 탈선은 청천벽력이었다. 연곡댁은 맏이인 영숙에게는 각별히 정성을 기울였다. 워낙 허약하여 아이를 갖지 못할 것이라고 여겼다가 낳은 자식이기도 했고, 얼굴이 엄마를 닮아 빼어난 미인인데다 마음씨가 곱고 공부도 출중하니 더 이상 바랄 것이 없었다. 그래서 애지중지 길렀던 것이다. 그런데 이게 무슨 날벼락인가?

연곡댁의 발작은 위험 수위에 이르렀다. 영숙이 자신을 닮은 얼굴이라 여겨서 자신의 얼굴을 손톱으로 할켜 놓기도 했다. 연곡댁은 영숙이 자신의 방엔 얼씬도 못하게 했다. 평소에도 위가 좋지 못해 깡마른 체격이 영숙의 일로 종잇장 같이 가벼워졌다.

"집안 망신도 유분수지. 저런 게 내 뱃속에서 나왔다니. 아예 살고 싶지도 않아요."

연곡댁의 핼쓱한 얼굴에 눈물이 마를 사이가 없었다.

"여보 정신 차려요. 잘못 들은 소문이라고. 우선 병을 다스려야지. 그럴 애가 아니란 것을 당신이 더 잘 알잖소?"

그나마 의사인 아버지만은 영숙을 믿었다. 그래서 여러 말로 두둔하지만 워낙 소문이 널리 퍼지고 기정 사실화 되어서 아무도 어쩌지 못했다. 연곡댁의 병은 더욱 깊어져서 더 이상 회복의 가망이 없는 지경으로 빠지고 말았다. 오래도록 아슬아슬 견디어 온 목숨이었다. 남편의 극진한 정성 때문에 죽지 못하고 버티어온 것인데 마침내 죽을 이유를 발견했다는 듯이 임종의 순간으로 다가서고 있었던 것이다.

우리는 연못에 던진 우연한 돌멩이 하나가 개구리의 목숨을 앗아간다는 것을 알고 있다. 무심코 지나치던 소발굽에 죽어가는 개미의 목숨인들 한둘이겠는가? 생명은 식물이라고 다를 것이 없다. 관음보살이 밭길을 걷다가 무심코 스친 소매 끝에 조 이삭이 떨어졌다. 한 알의 좁쌀이 살아남기 위해서는 수천 년 인연이 덧쌓이는 것이다. 관음보살은 자신의 실수로 사라진 생명에 대한 업보를 갚기 위해서 밭 임자를 찾아가서 암소가 되어 삼 년 간이나 고된 노동을 자청한다. 미물의 생명도 그러하거늘 만물의 영장인 사람의 생명이야 얼마나 소중하고 귀한가? 그런 목숨인데도 자식에 대한 신뢰를 잃는 순간 거품처럼 스러지려는 것이다. 자식이란 경우에 따라서는 부모의 생명 자체인 것이다.

이곳 경찰지서에 근무하는 김순경은 시골 경찰서에는 드물게 학사출신이다. 그래서인지 의협심이 강했다. 개덕수가 마을 여자를 겁탈했을 때 지체 없이 잡아다 감옥에 넣은 것도 김순경이다. 그는 순시중에 바닷가의 술집에서 노닥거리는 개덕수를 만나자 대뜸 호통쳤다.

"너 이새끼. 잘 만났다. 임마. 무슨 짓을 못해 영숙을 물고 늘어져. 원수진 일이라도 있냐?"

"시팔, 공연히 이 새끼 저 새끼야. 걸핏하면 죄인 취급이라니까."

"너 임마. 무고죄라는 것을 몰라? 헛소문 퍼친 것도 죄야. 명예훼손죄라는 것도 있고."

"헛소문은 무슨 헛소문인데?"

"임마, 몰라서 그래. 너 영숙을 덮쳤다며. 진짜면 강간죄고."

"강간죄 좋아하네. 내 손에 걸리면 걸레가 되도록 조져 놓을텐데 코빼기라도 봐야 말이지."

"그런데 없는 말 만들어 사람을 괴롭히냔 말이다."

"시팔, 똘마니들이 재미로 떠드는 걸 갖고 뭘 그래."

"그게 재미로 끝날 일이냐? 그 어머니가 곧 죽게 생겼다."

"원래 병으로 골골했는데 애먼 나를 왜 핑계삼아."

"그러니 네 똘마니 단속 제대로 하란 말이다. 소문이 더 이상 계속 되면 너를 다시 잡아넣을 수밖에 없다. 무고죄든. 강간죄든."

"순사면 단가? 없는 죄도 만들어 뒤집어씌우게. 이번엔 그냥 안 당할 거로."

"안 당하면?"

"민주경찰인지 개나발인지. 지놈의 모가지는 강철이가?"

"허, 이 새끼 봐라. 너 나를 협박하는 게야. 한 번 당해 볼래."

"그러니 가만있는 사람 건들지 말란 말이지. 세도 있는 사람만 사람이고 이 개덕수는 사람이 아니란 말인가?"

개덕수는 눈알을 부라리고는 출입문을 발길로 걷어차고 사라졌다.

"허, 저 새끼. 감옥 갔다오더니 완전히 버렸어."

"그러게 말이지. 제 형이나 똑 닮아간다니까?"

구멍가게 노파가 끌끌 혀를 찼다. 개덕수는 형제가 셋 있다. 그 형인 김달수는 도둑질에 도가 튼 인물이다. 감옥을 제집 드나 들 듯 했다. 그래서 일찍부터 개달수란 이름을 얻었으니 개덕수는 제 형의 성을 물려받은 셈이다. 그에 비해서 막내인 영수는 마음 씨가 비단결 같다. 같은 형제인 데도 그렇게 다를 수 없다. 그래서 마을 사람들은 제 형을 개달수, 개덕수라고 부르면서 영수만은 김영수라고 불러 구별했다. 개덕수는 그런 동생이 불만이다. 김순경에게 당한 분풀이를 동생 영수에게 해댄다.

"이 좀만한 새끼야. 배고프면 도둑질이라도 해야지. 그렇게 굶고 자빠졌냐?"

"엄마가 오시겠지."

"엄마가 오신다고? 이 병신아. 내가 미워서 도망간 엄마가 언제 오냔 말이다."

"도망가긴. 마실 가셨겠지."

"병신. 육갑하네. 임마 그렇게 굶고 버틸 거야?"

"그럼 어떻게 해?"

"뭘 어떻게 해. 도둑질이라도 하란밖에."

"도둑질은 나쁜 일이잖어."

"병신. 그래도 죽는 것보다는 나아."

"몇 끼 굶는다고 죽나 뭐."

"야. 이 병신아. 속 터진다. 속 터져.

이쯤 되면 개덕수의 주먹이 올라가기 마련이다. 영수가 찔끔찔끔 눈물을 짜는 것을 보면 그것도 참지 못하는 개덕수다.

"새끼야. 눈물 짤 능력 있으면 부엌에 가서 쌀이라도 뒤져 와."

"쌀이 어디 있어? 엄마가 다 감추었는데."

"병신아. 그러니 찾아내야지."

개덕수는 영수의 멱살을 잡고 부엌 옆의 헛간으로 끌고 간다.

그리고는 겨우내 묵혀둔 김장독을 뒤지게 한다. 그 속에 종이봉지에 든 약간의 쌀과 감자가 나온다.

"새끼야. 봤지? 감추어 봤자야. 그런 것도 찾아내지 못하니 쫄쫄 굶게 되지. 앞으로 또 굶었단 봐라. 내 손에 맞아 죽는다. 알았어? 우리 집 뒤져서 없으면 남의 집도 뒤져. 다 있게 마련이야. 먹고사는 일이 첫째니까. 도둑질해서라도 먹고살란 말이야."

개덕수는 동생 영수에게만은 한풀 죽는다. 자식이 너무 착해서 어떻게 세상살까 싶은 것이다. 그리고 영숙이 일만 생각나면 화가 나서 미칠 지경이다. 똘마니들에게 으스대느라고 장난질 친걸 갖고 온통 세상이 무너지기라도 하듯 야단이다. 김순경이 자신을 잡아먹기라도 할 듯 으르렁거리는 것도 조짐이 안 좋다. 감옥 다녀온지 얼마 된다고 또 잡아넣을 궁리니 말이다. 다른 건 다 좋은데 감옥만은 질색이다. 좁은 감방에 처박혀 썩는다는 것은 젊은 놈한테는 정말 못할 일이다. 어떻게든 감옥만은 면해야 하는데 김순경 새끼가 또 눈독을 들이니 오래 갈 것 같지도 않다. 영숙의 어미는 평소에도 골골하던 여편네였다. 약골에다 온갖 병치레를 해서 누구의 눈에도 오래 살 여자가 아니다. 그런데 하필 영숙을 핑계로 죽어가고 있다. 그러니 엉뚱하게 살인 누명을 쓸 판이다.

개덕수는 요즈음 미칠 지경이다. 영숙을 덮치지 않았다고 해명해도 자신의 말을 믿어 줄 사람은 아무도 없다. 개처럼 덮쳤다고 해도 믿어 줄 사람은 아무도 없다. 무슨 말을 해도 자신의 말을 믿지 않으면서 소문은 마구 퍼진다. 말하자면 마을 사람들이 원하는 방향으로 퍼지는 것이다. 그리고 개덕수가 못되기를 바라는 방향으로 퍼진다. 결국 개덕수가 김순경에게 개처럼 끌려가기를 바라는 것이다. 개덕수가 머물 곳은 감옥밖에 없다고 모두들 생각한다. 그런 개덕수가 마을에 활보하고 다니면 모두들 불편한 것이다.

"쌍. 개좆이다."

개덕수는 길거리를 걸으며 가래침을 퉤하고 뱉았다. 어머니가 남편 없는 홀몸으로 이 마을에서 살게 된 것부터가 잘못이었다. 가진 것이 없으니 이 집 저 집 일해주며 생계를 꾸려야 했다. 온갖 잡일을 도맡아서 했다. 마을의 천덕꾸러기다. 그래도 입에 풀칠하기 어려웠다. 마을에 궂은 일이 있으면 제일 먼저 개덕수의 어머니인 잿간이가 불려갔다. 잿간아, 행랑 아범하고 방앗간부터 다녀온나. 부뚜막에 쌓아둔 그릇도 좀 부시고, 돌쇠하고 육고간 다녀오는 것도 잊지 말거라. 마을 사람들은 덕수 어미인 잿간에게 일거리를 맡기는 것만도 큰 은혜를 베푸는 일이라고 생각한다. 잿간도 그렇게 불러 주는 것만도 감지덕지다. 그러나 성질이 팔팔한 그 아들들은 그런 어미를 참지 못한다. 개달수가 어려서부터 가출을 거듭하다가 도둑놈이 된 것도 어미에 대한 분개 때문이다. 개덕수도 그 뒤를 따르고 있는 것이다.

잿간이는 착하고 부지런하다. 그러나 가진 것이 없고 남편도 없고, 거기다 팔팔한 성격의 자식들이 말썽을 계속 일으키니 그냥 기죽어 살 수 밖에 없다. 아무에게나 굽신거렸다. 그래서 마을 사람들은 모두들 잿간이를 쉽게 여겼다. 남자나 여자나 어른이나 아이나, 잿간아 하고 불렀다. 그러면 언제나 싱글벙글 고맙게 응했다.

그런 어머니가 못마땅해서 아들들은 엄마만 보면 얼굴을 험상궂게 일그러뜨리고 눈에 독을 품는다. 목소리가 쇳소리가 되어 당장이라도 엄마를 잡아먹을 듯 으르렁거린다. 그러니 잿간이는 자식들 얼굴만 삐끗하면 천리만큼 달아나 숨는다. 맏이인 개달수에 이어 개덕수도 형을 빼닮았다. 자식들 생각하면 살고 싶은 생각도 없지만 막내인 영수만은 너무 착해서 자신을 꼭 빼닮았다. 그녀석 때문에 죽지도 못한다. 산다는 게 그런 재미라도 있어서 모두들 사는 모양이다.

개달수는 근래에 집에 들르는 일이 없다. 나이가 드니까 마을 사람 보기에 창피한 모양이다. 도둑질 한 돈을 이따금씩 어머니에게 부쳐오기도 한다. 그러나 개덕수는 형처럼 철이 들려면 아직 멀었다. 그래서 감옥살이를 했다가도 마을로 돌아오는 것이다. 그러다 제 버릇 개 못 준다고 무슨 일이든 저지르곤 했는데 이번엔 영숙이가 그 덫에 걸려든 것이다.

아무튼 연곡댁은 끝내 임종을 맞게 되었다. 연곡댁은 임종의 자리에서 마저 영숙을 용서하지 않았다. 울고 있는 영숙을 향해서 표독스럽게 몰아부쳤다.

"엄마가 죽어서 좋아서 우니?"

"그 눈물 눈에다 재를 뿌릴까 보다."

"제발 내 눈에 나타나지 말아. 죽은 후에라도 말이다."

연곡댁은 그렇게 저주하며 눈을 감았다. 평소 다정다감하던 아버지마저도 무서운 눈으로 영숙을 흘켜 보았다. 제발 여기서 나가다오.

엄마를 죽게한 년.

개덕수의 첩년.

마을을 더럽힌 년.

영숙은 읍에서 고등학교를 졸업하고 고향으로 돌아 온 후에 개덕수의 코빼기도 본 적이 없었다. 그런데도 소문은 날개가 돋힌 듯이 번져서 그 소문을 모르는 사람이 없었다. 개덕수는 한껏 어깨를 세우고 거리를 활보했다. 그의 졸개들은 그를 우상처럼 우러러 보았다. 오르지 못할 나무를 올라갔기 때문이다. 쳐다보지도 못할 과일을 훔쳐먹었기 때문이다. 영숙을 겁탈했다는 것만으로도 그는 대단한 존재가 되었다.

그렇다고 경찰이 나서지도 못했다. 정작 본인은 그런 일이 없었다고 하고, 누가 고소하는 일도 없었기 때문이다. 명예훼손죄라는 게 있긴 하지만 피해자가 신고하지 않는 이상 범죄로 성립되지 않았다. 아니면 말지. 그렇게 일반화된 시대였다. 정치인이나 언론인도 아니면 말지 식의 소문을 다반사로 만들고 있었다. 그런 일엔 온 백성이 둔감해진 터였다. 아니 어리석은 백성들은 한술 더 떠서 소문과 궁합을 맞추고 장단을 쳐서 그 소문이 사실이 되도록 공범자가 되는 것이다.

그러니 시골 처녀가 아무리 결백하고 질 나쁜 소문에 휘둘리고 있다고 해도 뾰족한 방법이 없었다. 소문의 덫에 갇혀서 옴쭉할 수가 없는 것이다. 마을 사람들이 모두 작당을 하여 그녀를 죽음으로 몰아가고 있는 것이다. 영숙은 이제 죽음으로서 속죄하는 길 밖에 없었다. 그러나 정작 그녀가 지은 죄는 아무 것도 없었다. 그럼에도 자신의 결백을 증명할 방법이 없지 않은가.

영숙은 병원의 약장에서 수면제 한 병을 통째로 갖고 나왔다. 그리고 개울을 건너 섬밭으로 갔다. 시냇가에 엎드려 물 한 모금 마시고 알약 하나를 털어 넣고, 물 한 모금 마시고 알약 하나를 털어 넣고, 그런 식으로 한 병의 알약을 모두 삼켰다. 그리고 모래 밭에 반듯이 누웠다. 홍분이 가시며 마음이 조금씩 가라앉았다. 하늘을 쳐다보았다. 초롱초롱한 별들이 그녀를 내려다보았다. 그녀는 하늘의 별들을 향해서 속삭였다.

"나는 아무런 잘못도 없어요."

"그래 아무런 잘못도 없지."

"그런데 왜 내가 죽어야 하나요?"

"그러게 말이다. 너는 죽을 이유가 없지."

"그런데도 엄마는 나 때문에 숨을 거두었지요."

"인간의 어리석음 때문이겠지."

"이렇게 죽음으로써 속죄가 될까요?"

"죄가 없는데 속죄는 무슨?"

"그럼 살아야 할까요?"

"당연하지."

"그런데 졸음이 막 쏠리네요. 이젠 생각을 바꾼다 해도 늦었지요."

"그럴까?"

영숙은 한참 동안이나 하늘의 별들을 향하여 속삭였다. 그녀가 상대할 것이라곤 하늘의 별들 밖에 없었다. 평소에 자상하시던 엄마 아빠가 모두 자신을 더러운 오물 보듯 하지 않던가? 한 마디 변명의 기회도 갖지 못했다. 다정한 이웃들이 모두 그녀에게 등을 돌렸다. 그녀가 그런 함정에 빠지기를 기다리기라도 했다는 듯이 모두들 순식간에 그녀로 하여금 멀어지고 말았다. 그래서 지금은 먼 하늘의 별들만이 그녀의 곁으로 다가와 있는 것이다.

한 때는 가장 귀한 부모의 딸이었다. 이웃들의 자랑거리였다. 그런데 그런 모든 것들이 얼마나 허망한가? 개망나니로 소문난 한 녀석의 거짓말이 모든 것을 망쳐 놓으니 말이다. 개망나니로 소문난 개덕수의 말은 그토록 믿으면서 정작 성실하고 착하게 살아온 자신의 말은 아무도 들으려 하지 않으니 세상이란 게 정녕 이런 것인가? 하늘이여. 하늘이여. 하늘 밖에 원망할 곳이 없었다. 모태 신앙인으로 착실히 교회를 다니고 성경 말씀을 듣고, 성경 말씀대로 살아왔지만, 정작 필요한 때에 자신의 도움이 되어주는 사람은 아무도 없었다. 이웃도 친구도 부모도 그리고 하느님까지도 편들어주지 않았다.

영숙은 슬몃슬몃 다가오는 졸음을 느꼈다. 한 병 통째로 삼킨 수면제의 약효가 효과를 드러내고 있었다. 죽음의 깊이로 점점 빠져들고 있는 것이다. 그렇게 인생은 끝나는 것이다. 누가 생명이 소중하다고 했던가? 아무도 돌보지 않는 생명이란 개미나 개구리의 생명과 다를 것이 없었다. 한 알의 밀알이나 조 이삭과 다를 것이 없었다. 인간의 생명이라고 해서 특별히 존귀하거나 돋보일 아무 것도 없었다.

바로 그때였다. 멀리서 개울물 건너는 물소리가 들려왔다. 한 사람이 아니고 두세 사람이 함께 건너는 발자국 소리였다. 두런두런 주고받는 목소리도 들려 오는 듯 싶었다. 센 물살 때문에 개울을 건너는 발길은 빠르지 않았다. 느릿느릿 지하의 먼 층계에서 다가오는 듯한 느린 발걸음이었다. 영숙은 그 발걸음에 기대를 걸고 있는 자신을 발견했다. 지금 이 절대절명의 순간에 자신이 살아날 유일한 기대가 그 발길이 아니던가?

힘들게 개울을 건넌 발길이 섬밭쪽으로 다가왔다. 막 떠오르는 보름달빛에 안경이 번쩍 빛났다. 아버지였다. 근동에선 의사인 아버지만이 안경을 썼다. 아, 하늘이 무심치 않구나. 영숙의 머릿속에 순간적으로 떠오른 생각이었다. 드디어 나는 살 수 있다. 가슴이 뜨거워졌다. 지금껏 원망해 온 하느님의 존재가 새삼 생생해졌다. 우주에 스스로 존재하시는 하느님. 모든 것을 아시는 하느님. 전지전능하신 하느님의 손길이 그녀에게 미치고 있는 것이다.

아버지는 영숙을 찾으러 동생을 데리고 섬밭으로 다가오시는 것이다. 절망에 빠져 있을 딸을 위하여. 임종의 자리에서 내쫓긴 딸을 위하여. 더 없이 필요한 때에 다가오시는 것이다. 생명이 위급한 환자에게 필요한 것은 제 때에 찾아오는 의사의 손길이다. 때를 놓치면 아무리 명의라 하더라도 구원할 수 없다. 아빠는 딸의 생명을 구하기 위하여 가장 필요한 때에 구원처럼 나타나신 것이다. 영숙은 살아날 수 있다는 환희에 넘쳐 온 몸에 힘을 주어 벌떡 일어났다. 자신에게 그런 마지막 힘이 남아 있으리라고는 스스로도 믿을 수 없을 만큼의 강렬한 정신적 열망이 그녀를 하늘로 치솟게 한 것이다.

"아빠."

영숙의 그 한마디는 살아나는 자의 기쁨과 환희가 스며 있었다. 죽어가던 사람이 새롭게 살아날 수 있을 때만이 낼 수 있는 환희의 목소리였다. 영숙은 아빠의 품으로 뛰어들고 싶었다. 그리하여 오래도록 깊이 잠들고 싶었다. 그동안 너무나 고통스런 나날이었다. 그런 모든 고통을 잠과 더불어 날려 버리고 싶었다. 푹 잠들었다 깨고 나면 새로운 태양이 떠오를 것이다. 악몽의 구름이 걷히고 다시 사랑 받는 영숙이가 될 것이다. 엄마도 어쩌면 죽은 것이 아니라 잠깐 잠들었다가 다시 깨어나 지난날의 악몽을 웃으며 얘기 할 수 있을지 모른다.

"가만"

아빠의 무거운 목소리에 영숙은 주춤 물러서고 말았다.

"나는 너도 슬퍼하고 있을 줄로 알았다."

아빠는 차갑게 말했다. 너무 울어서 목이 잠긴 목소리였다.

"이젠 네가 필요 없을까 보구나."

아빠는 한숨처럼 내뱉었다. 그리고 동생의 손을 잡고 돌아섰다. 늘 호인이요 너그럽기만한 아빠였다. 그런 아빠의 어디에 저런 매몰찬 목소리가 숨겨져 있었을까. 냉냉하고 찬바람이 일었다. 아빠가 어깨를 늘어뜨리고 걷는 모습이 달빛에 또렷이 보였다.

영숙은 그 자리에 그냥 얼어 있었다.

아빠는 당장 영숙이가 필요했다. 엄마의 장례식을 치르자면 우선 부고장을 돌려야 하고 수의도 만들어야 하고 장례음식도 장만해야 했다. 무엇보다 밀려오는 조객들을 맞아야 했다. 이렇다 할 친척이 없는 그들로서는 누구의 도움을 받는 일이 쉽지 않았다. 그러니 집안의 주부격인 영숙의 역할이 필요했던 것이다.

아버지는 영숙을 사방 수소문하다가 혹시나 하는 마음에 이 섬밭까지 뒤진 것이다. 소문에서처럼 섬밭에서 그녀를 만난다는 것이 불결했지만 최선을 다 할 요량이었다. 그런데 섬밭에서 만난 영숙의 환희작약하는 표정은 얼마나 실망스러운가. 아니 절망적이었다. 엄마가 죽은 직후에 그처럼 발랄하고 맑은 목소리가 어떻게 가능한 것인가? 모두가 절망에 빠져 있는데 말이다. 아빠는 영숙의 표정에서 아내가 죽는 것만큼이나 심한 충격을 받아야했다.

영숙은 아버지가 등을 돌린 후에야 이런 사실을 한꺼번에 깨달았다. 참으로 어처구니가 없었다. 영숙은 졸려오는 의식 속에서도 세상이 참으로 우스꽝스럽다는 것을 깨닫기 시작했다. 그래선가 갑자기 웃음이 나왔다. 까르르 웃음이 나왔다. 그러자 걷잡을 수 없이 계속 웃음이 터졌다. 까르르 깔깔. 까르르 깔깔. 웃음은 입에서만

나오는 것이 아니라 온 몸뚱이에서 땀방울처럼 쏟겼다. 하늘과 땅이 모두 웃음 투성이었다. 미쳤지. 내가 미쳤지. 약을 먹다니.

졸음이 그녀를 휘감았다. 격열하게 웃던 뒤라 눈에는 온통 눈물이었다.

불결한 곳에서 조금이라도 멀어지려는 듯 황급히 개울을 건너는 소리. 아빠가 내는 물소리가 점점 멀어지고 있었다. 꿈결처럼 멀어지고 있었다.

영숙의 죽음은 소설적 구조에서 보면 필연이다. 그러나 세상의 사건들은 그렇지 않은 경우도 많다. 그래서 아리스토테레스는 역사보다 소설이 더 진리에 가깝다고 규명했다.

영숙의 의식이 이미 깜박했을 때 섬밭으로 다가가는 또 하나의 발걸음이 있었다. 개덕수였다. 어머니인 잿간이가 개덕수를 닦달했다. 이놈아 네놈 때문에 영숙의 어머님이 돌아가셨다. 영숙은 집에서 쫓겨나고. 그러니 초상 치를 사람이 있어야지. 집안에선 영숙이 찾느라 야단이다. 네놈도 좀 나서 보란 말이다. 그래야 죄값을 덜지.

평소 같으면 잿간이의 말이 개덕수에게 먹혀들 턱이 없다. 그러나 그날따라 개덕수는 어머니의 말에 고분고분해 져서 영숙을 찾아나섰다. 제 년이 갈 곳이 어디 있어. 쬐끄만 시골에서. 뛰어야 벼룩이지. 그는 확신을 가지고 섬밭 쪽으로 다가가던 것이다.

(*)

영진리
마을의 개

영진리는 동해안 바닷가에 있는 마을이다. 작은 포구가 있어서 어부들이 모여 사는 어촌마을과 고기잡이와는 관계없이 농사를 짓는 농촌 마을로 나뉘어진다. 어촌 마을은 집단부락이고 피서철이면 민박 손님도 제법 있어서 예전 모습을 크게 잃지 않았지만 농촌마을은 집들이 이곳저곳 흩어져 있는 데다가 주민들의 이농현상이 심각한 수준이어서 적막하기 이를 데 없었다. 거기에다 전에는 어촌마을 사람들이 농촌마을을 지나서 읍내로 갔기 때문에 농촌 마을에도 행인들이 더러 있었지만 근래에는 읍내로 통하는 해안도로가 새로 생겨서 농촌마을은 그야말로 인적이 뚝 끊긴 적막강산이 되고 말았다.

마을의 인구가 부쩍 줄어드니 기왕에 살고 있던 사람들도 마음이 들떠서 타관으로 떠날 생각만 했다. 우선 젊은이들이 이곳에 머물려고 하지 않았다. 농사를 지어 보아야 품값 건지기도 어려운 터인데, 총각은 장가갈 처녀를 구하기 어려웠고, 처녀는 시집갈 총각을 구하기 어려웠다. 이래저래 모두 떠날 생각뿐이었다. 그래서 더러는 직장을 구한다며 마을을 떠나고, 더러는 처갓집 부근으로 옮긴다며 떠나고, 아들네 따라 간다며 떠나고, 이런 저런 구실로 떠나는 사람은 많아도 새로 들어오는 사람은 거의 없었다.

바우재 마을의 순녀도 다리만 성했으면 남들처럼 마을을 떠났을 것이다. 그녀는 어렸을 때 소아마비를 앓아서 다리를 심하게 절었다. 절룸 절룸 걷는 모습이 제자리에서 맴을 도는 것 같아서 보는 사람의 마음마저 갑갑하게 했다. 그러니 예순 나이 할머니가 되도록 시집도 가지 못했다. 부모도 일찍 돌아가시고 하나뿐 혈육인 남동생마저도 장가를 가자 처가가 있는 울산에 직장을 구해서 떠나게 되니 혼자 빈집을 지키지 않을 수 없었다. 바우재는 남향받이 언덕이어서 전에는 여러 채의 집이 나란히 있어서 농촌 마을 치고는 그런 대로 운치가 있었는데 모두들 떠나고 지금은 순녀 혼자만 사는 빈 마을이 되고 말았다.

순녀는 텅 빈 마을을 혼자서 지켜야 하기 때문에 여간 적적하지 않았다. 낮에는 밭에 나가 일을 하느라 적적한 것을 잊을 수 있었지만 밤이 되면 두렵기조차 했다. 태어나서 평생 살던 곳인데도 정붙이기가 쉽지 않았다. 호랑이 같은 무서운 짐승들이 출몰할 걱정이야 없지만 빈 마을이라 만만히 여기고 좀도둑이 들끓었다. 가져갈 물건도 별로 없었지만 농사지어 놓은 쌀이며, 콩, 감자 같은 것도 곧잘 없어지고, 함지박이며 양푼 같은 부엌 살림살이도 간간이 사라졌다. 어촌마을의 망나니들이 혼자 사는 순녀를 만만히 여겨서 그냥 가져가는 것이다.

순녀는 생각다 못해 개를 키우기로 했다. 처음에는 누렁이 한 마리를 길렀다. 그러나 못된 개장수가 있어서 날름 들어가고 말았다. 이번에는 조금 사나운 놈으로 두 마리를 길렀다. 개가 서로 의지하고 으르렁거리니 다른 사람의 접근이 쉽지 않았다. 얼마 후 암놈이 새끼를 낳았다. 새끼를 거듭 낳는 만큼 개의 수가 늘어났다. 순녀는 차츰 개를 키우는 데 재미를 붙여 적적함을 덜 수가 있었다. 그렇게 키우기 시작한 개가 자꾸만 불어났다.

순녀네의 개가 자꾸 불어나는 데는 집을 버리고 떠나는 주민들이 개를 데리고 갈 수 없어서 순녀에게 넘겨주고 가는 경우가 많은 것도 한 몫을 했다. "네가 개를 좋아하니까" 마을 사람들은 그렇게 말하기도 하고, "언젠가 돌아오게 되면 돌려주렴" 그렇게 말하기도 했다. 그리고 개가 먹을 사료로 곡식 말이나 내놓는 사람도 있었다. 대부분 마을을 떠나고 싶지 않지만 아들 따라, 직장 따라 떠나는 것이라 아쉬운 마음을 그런 식으로 표현하는 것이다.

순녀는 집을 비워두고 떠나는 이웃들의 아픈 심정을 잘 알 것도 같았다. 그래서 대부분의 경우 그 개들은 예전의 그 집에 그냥 살게 했다. 개가 없는 빈집엔 새끼 낳은 개들을 분양했다. 사나운 놈은 묶어두고 순둥이는 그냥 길렀다. 순녀의 하루 일과 중에 제일 중요한 것은 매일 사료를 들고 개들을 방문하는 일이었다.

순녀는 아침과 저녁때가 되면 영진리 농촌 마을을 한 바퀴 돌았다. 심하게 절룩거리면서도 개들을 방문하는 것이 더 없이 즐거웠다. 늘 개들과 어울리다 보니 개들의 성미도 대강 알게 되었다. 그래서 어떤 개들의 경우는 적당한 위치에 사료를 쌓아두어서 일일이 챙기지 않아도 제가 알아서 먹도록 했다. 이상하게도 개들은 주인이 없는 빈집이지만 예전의 그 주인을 닮는 경우가 많았다. 성질이 급한 돌뿔네의 개는 성질이 급하고 순둥이 용부네 개는 순둥이었다. 개에 정을 붙이자 모든 개들이 사랑스러웠다. 우람한 몸체의 쉐파트는 듬직해서 좋았고, 털복숭이 치와와는 앙증맞아서 귀여웠다. 노처녀 할머니 순녀는 차츰 개들을 예전의 주인 성격에 맞도록 재배치하기도 했다. 돌뿔네는 불도그를 매어 두었다. 마음씨 착한 동화네는 발발이 한 쌍을 분양했다. 평소 친하던 영임이네는 치와와 새끼들을 분양했다. 소꿉 친구 귀녀네는 귀녀를 닮은 개, 월자네는 월자를 닮은 개, 짓궂은 승종이네는 승종이를 닮은 개, 깡패 덕팔이네는 덕팔이를 닮은 수캐를 매어 두었다.

개들은 하루에 두 번씩 방문해 주는 순녀를 극진히 반겼다. 그래서 순녀도 외로움을 잊을 수 있었다. 사람이 살지 않는 빈 마을에 그녀를 반겨주는 개가 있다는 게 얼마나 든든한가? 대부분의 개들이 순둥이지만 더러는 위협적이고 사나운 놈들도 있어서 낯선 나그네에게는 위협이 되는 경우도 있었다. 그런 개의 경우는 굵은 쇠사슬로 된 목줄을 구해서 단단히 묶어 두어서 말썽이 생기지 않게 했다. 그러나 대부분은 자유롭게 놓아두어도 탈이 없었다. 사람의 발길이 드문 터라 개들이 말썽부릴 일도 별로 없었다.

영진리 농촌마을에 개들이 많다는 소문이 나자 개장수들이 얼씬거리기 시작했다. 그들 중에도 가장 악질이 오주사였다. 오주사는 순녀네 누렁이를 슬쩍 훔친 것을 비롯해서 벌써 여러 마리나 잡아갔다. 전에는 남들의 눈을 피하는 시늉이라도 했지만 근래에 들어서는 그 개의 소유가 늙은 절름발이인 순녀의 소유란 것을 알고 부터는 배짱까지 부리는 판이었다.

"왜 남의 개를 훔쳐 가는 게야."

순녀가 고래고래 고함을 쳐도 그는 픽픽 웃었다.

"내가 훔치는 걸 할머니가 직접 보았던가요?"

"안 보면 몰라. 사람들 눈이 있는데. 개를 끌고 가는 것을 보았다는 증인이 여럿 있네."

"증인을 데려 와요. 개장수가 개를 끌고 다니는 일이야 다반사지."

오주사는 평소에도 여러 마리의 개들을 끌고 다녔다. 다 그만그만한 놈들이어서 마을 사람들 눈에는 어떤 개가 순녀네 개인지 알 턱이 없었다.

"자네가 왔다 가면 으레 두 세 마리씩 없어지는 게야."

"발 달린 놈들이 어디로 돌아다니는지 알게 뭐람. 의심나면 단단히 묶어 두던가."

오주사는 느물거리며 말했다.

"왜 우리 개를 묶어 두나. 정작 묶어 두어야 할 것은 자넨데."

150

"허, 참. 나는 남의 개는 털끝도 안 건들어요. 내가 개장수지 개 강도인가? 돈주고 사면 될 일을. 그러니 할머니도 고집 부리지 말고 더러 팔기도 하시라고요."

"내가 어디 개 백정과 같은 줄 아남. 내 새끼들을 돈 받고 팔라니. 말이나 되는 소리야."

순녀가 그렇게 버티는 데엔 오주사도 머리를 절래절래 흔들지 않을 수 없었다. 사실 순녀는 개들을 자신의 친자식처럼 여겼다. 아니면 떠나간 마을의 이웃처럼 여겼다. 순녀가 개들과 주절주절 이야기를 늘어놓는 것을 목격한 사람도 한 둘이 아니다.

"이놈아, 여긴 돌뿔네 영감 집이네. 그 영감 성질머리 고약했지. 꼭 네놈처럼 험상궂은 면상이었어. 길거리 아무데나 가래침을 칵칵 뱉았지. 아무나 보고 잔소리를 늘어놓았네. 네 놈이 으르렁대듯 말이지."

"어이구. 우리 귀녀 잘 있었나. 네년만 보면 도깨비불 생각이 나네. 네 년은 비만 오면 무섭다며 나를 끌어냈지. 방안 문구멍으로 개울 쪽 솔숲을 보면, 무서워라. 빗줄기 속으로 도깨비불이 겅중겅중 뛰어다녔지. 둘이 하나로 합쳐지기도 하고 하나가 셋 다섯으로 늘어나기도 했어. 마실간 어른들은 돌아올 생각도 않고. 그래서 오들오들 떨면서도 도깨비불 보는 게 얼마나 재미가 있던지. 후유- 귀녀란 년, 어디 가서 어떻게 사는지. 함께 도깨비불을 보던 일을 생각이나 하는지."

"개덕수란 놈. 이놈아. 네놈은 언제 보아도 그 망나니 개덕수랑께. 치마 두른 여자만 보면 눈자위가 허옇게 미쳐 가지고, 침을 질질 흘리며, 그러니 마을 처녀들 엔간히 혼줄났었지. 감옥엘 내 집처럼 드나들며, 그러니 네 놈도 좀 참을 줄 알아야지. 그렇게 암컷만 보면 지랄발광이니 개장수가 눈독들이지 않겠냐?"

순녀의 말처럼 영진리 농촌마을에 눈독을 들이는 개장수가 제법 많았다. 복날이 가까울수록 더욱 심했다. 보신탕 집에서 주문한 만큼의 수량을 확보하지 못한 개장수들은 영진리 농촌마을로 스며들어서는 한 두 마리의 개를 슬그머니 옭아 가는 것이다. 오주사처럼 영진리 마을의 속내를 잘 아는 개장수는 때로는 대여섯 마리를 슬쩍 훔쳐 가기도 했다. 늙은 노처녀 할머니가 온갖 악담을 늘어놓는다는 것을 알고는 있지만 듣지 않으면 그만이었다. 그들은 순녀 할머니가 법원이나 경찰서로 가서 개를 도둑 맞았다고 고소할 인물도 되지 못한다는 것을 잘 알고 있었다.

마을 사람들도 순녀에게 별로 호의적이 아니었다. 개 때문에 마을에 도둑이 들끓는다고 생각하기 때문이다. 개를 훔치는 것은 개장수만이 아니었다. 어촌의 망나니들도 공짜 보신탕 먹는 재미에 개를 훔쳤다. 개만 훔치는 것이 아니라 그저 눈에 띄는 값나갈 만한 물건이 있으면 무엇이든 손을 대었다. 마을 사람들은 순녀가 키우는 개들이 득실거리는 바람에 도둑이 자주 든다고 생각하는 것이다. 일손이 모자라는 농민들로서는 기어드는 도둑을 지켜내기가 쉽지 않았다. 한낮이면 으레 논밭에 나가서 살아야 하는 것이 농부의 일이다. 도둑 지킨답시고 일도 않고 집을 지킬 수는 없었다. 열 명 순경이 한 명 도둑 잡기 어렵다는 속담이 헛말이 아니다. 농촌마을은 사람이 없는 빈 마을이라 도둑이 다녀가도 거의 남의 눈에 띄지 않았다.

개장수 오주사는 심심하면 영진리 농촌 마을에 들려서는 이 집 저 집을 기웃거리며 개들을 점검했다. 언제쯤 잡아가야 제일 비싼 값을 받을 수 있을 것인지를 점검하는 것이다. 순녀 할머니가 온 갖 애정을 기울여 키우는 개지만 그에게는 재산을 불려주는 돈더 미였다. 어쩌다 마을 사람 중에서 불쌍한 할머니한테 너무 모진 짓하면 벌받는다고 주의를 들어도 빙긋 웃으며 할머니의 고된 일 을 덜어주는 셈치면 된다고 능청을 떨었다. 팔지도 않을 개를 키 워 보아야 사료만 축낼 것이기 때문이란 것이다.

복날을 앞두고 개 값이 엄청 올랐다. 개장수들이 바빠지는 때였 다. 아직도 시골 사람들 중에는 복날엔 개를 잡아먹어야 한다는 고정관념을 지니고 있었다. 메뚜기도 한 철이라고 이런 기회에 한 밑천 잡지 못하면 농사짓지 못한 농부처럼 1년 내내 궁핍을 면하기 어려웠다. 물건이 엄청나게 딸리는 판이라 개장수들은 너 도나도 영진리 농촌마을에 눈독을 들이기 시작했다.

개장수 오주사는 바짝 긴장하지 않을 수 없었다. 영진리 농촌 마을의 개들은 자기 몫이라고 느긋하게 생각해 온 것인데 금년같 이 개 값이 치솟고 보면 그런 느긋함이 통할 수 없었다. 어차피 훔치는 물건이라 내 것 네 것 따질 수도 없는 일이었다. 요즈음 도둑들은 차를 몰고 다니며 차떼기로 싹쓸이하는 판이라 자칫하면 그동안 눈독들인 공력이 도로아미타불 될 가능이 없지 않았다. 그래서 남들이 손대기 전에 자신이 먼저 챙겨야겠다고 생각하게 되었다.

오주사는 바닷가 어촌마을 술집에서 소주 두어 병을 기울였다. 저녁밥도 든든히 먹고 밤이 되기를 기다렸다. 밤이 되자 그는 농촌 마을로 기어들었다. 마침 달밤이라 걷기가 좋았다. 농촌 마을은 낮에도 인적이 드문 터인데 해떨어지면 아예 사람의 흔적이 없었다. 대부분 빈집이기 때문이다.

개장수 오주사는 오늘이야말로 한 몫 챙겨야겠다고 단단히 결심했다. 그는 이 집 저 집 돌아다니며 개들을 잡아 모으기 시작했다. 사납게 생긴 놈들은 모두 끈에 묶여 있어서 끈 채로 끌어가면 되었다. 사나운 개라도 개장수의 냄새를 맡으면 저절로 꼬리를 내리고 비실비실 해지기 마련이다. 저승사자인 셈이다. 제 아무리 드센 놈도 저승사자와 정면으로 맞부딪고 보면 혼비백산하지 않을 수 없다. 죽음의 냄새가 팡팡 풍기는 것이다. 순식간에 20여 마리의 개를 확보했다. 오주사는 마음이 흐뭇해졌다. "호. 귀여운 놈들" 한 마리 한 마리가 모두 돈 뭉치였다. 밑천도 안들이고 돈이 통째로 굴러드는 것이다.

오주사는 한 잔 걸친 술김에다 말만한 개를 스물도 넘게 확보하고 보니 매우 신바람이 나서 홍질목 술집을 그냥 지나칠 수가 없었다. 홍질목은 농촌마을에서 읍내의 큰길로 들어서는 고개 마루다. 한적한 곳이라 음식점 들어서기가 적당치 않아 보이지만 자가

용이 늘고 부터는 경치 좋은 몫이면 그런대로 장사가 되는 모양이다. 장사속에 밝은 외지인이 그곳에 주막을 차린 것이다. 오주사는 개 도둑질에 이력이 난 개장수이지만 한 두 마리도 아니고 이십 여 마리를 훔치고 보니 바짝 긴장했던지 목이 말랐다. 오주사는 홍질목 주막집에 들어가 술을 청했다.

"개를 많이도 긁어모았네요."

주모가 문기둥에 묶여진 20여 마리의 개를 보고 심상하게 하는 말이었다.

"내일이 복날인 거라."

오주사는 어깨를 으쓱 하며 말했다. 도둑질한 것을 안다고 해도 남의 일이라 아무도 관여하지 않았다. 목이 컬컬하던 차여서 술맛이 좋았다. 아무튼 다른 개장수가 선수를 치기 전에 이만큼 확보한 것은 행운이었다. 오주사는 제법 취하도록 마셨다. 근래에 들어 이렇게 기분이 좋은 날이 드물었다. 개금이란 게 복날을 앞두고 보면 천정부지였다. 개를 파는 사람도 그것을 알아서 턱없이 값을 높이 부르곤 했다. 요즈음은 시골 사람들이 한 술 더 떴다. 하긴 시골 도시가 따로 없기도 했다. 텔레비전이며 신문이며 연일 기사를 내보내고 재탕 삼탕 소식을 전하니 집 안방에서 세상 돌아가는 것을 다 아는 터이니 말이다. 그런데 이건 돈 한 푼 주지 않고 슬그머니 주운 물건이니 값으로 따지면 백여 만원이 넘었다. 나머지 남겨 놓은 놈도 다음 말복 때 깨끗이 처리할 것이다.

개장수 오주사가 얼큰하게 취한 상태에서 개들을 끌고 서낭당 고개에 이르렀을 때였다. 그동안 구름이 달을 가려서 주위가 어둑한데 갑자기 비실비실 끌려오던 개들의 목끈이 팽팽해지기 시작했다. 놀라서 돌아보니 개들마다 눈에 불을 켜고 그를 향해서 모두 이빨을 드러내고 있었다. 짖는 것도 아니고 목구멍에서 가래가 끓듯 으르렁거렸다. 어디서 나타났던지 서낭당 으슥한 숲길 여기저기서 얼찐거리는 것이 모두 개였다. 크고 작은 개들이 그를 에워싸고 있었다. 개장수 십여 년이 넘건만 이런 경우는 처음이다.

"헛헛. 고이한지고."

오주사는 헛기침을 하며 개장수로서의 위엄을 지키려고 했다. 개들에게 약점을 보여서는 안 된다는 생각이 본능적으로 들었다. 오주사는 앞길을 막아선 것이 정말 개들인지, 그가 잡아 들였던 개들의 혼령인지 얼른 짐작이 되지 않았다.

"홋, 홋. 흠. 이놈."

그는 문득 그렇게 호통도 쳐 보았다. 그러자 앞쪽의 개들이 흠칫흠칫 뒤로 물러서는 것이다. 그러나 곧 옆의 개들이 그 뒤를 막아서서 그의 발길을 막았다. 개들은 짖지 않는 대신 이빨을 드러내어 으르렁거렸다. 눈에 불길이 철철 넘쳤다.

"홋, 흠흠."

오주사는 개들의 맹렬한 기세를 보자 서낭당을 그냥 지내치기가 쉽지 않겠다는 생각이 들었다. 그렇다면 발길을 돌려 어촌 마을로 내려가거나, 그것도 여의치 못하면 홍질목 주막에 머물렀다가 밝은 날에나 돌아가야겠다는 생각을 했다. 그래서 슬그머니 발길을 돌렸다. 그러자 다른 쪽 무리의 개들이 그의 앞을 슬그머니 에워싸는 것이다. 이젠 밧줄에 묶인 놈들도 새삼 생기 도는 눈빛으로 그에게로 다가들기 시작했다.

오주사는 놀라서 뒷걸음을 치다가 엉덩방아를 찧었다. 그 바람에 손아귀에서 놓여난 개들이 제 각기 자유롭게 흩어지는가 싶더니 다른 개들의 무리에 합류하는 것이었다. 세가 급격히 불어난 개들이 이젠 아주 자신을 회복한 듯 그에게로 바짝 붙어섰다. 기회만 주어지면 단숨에 뛰어 올라 목덜미를 물어뜯을 기색이 역력했다.

오주사는 으스스 한기를 느끼며 스스로를 향하여 몇 번이고 다짐했다. 약점을 보이면 안 돼. 호랑이에게 물려가도 정신만은 차리라고 했지. 제 놈들이 아무리 별종이라 해도 한갓 개일 뿐이야. 호랑이도 아니요. 늑대의 무리도 아니다. 그저 오합지졸인 개에 지나지 않는다. 똥개의 종류인 것이다. 설혹 쉐파트며 불독의 종류가 섞여 있다고 하더라도 훈련되지 않은 종자인 것이다. 농촌 무지렁이들과 무엇이 다를 것인가?

오주사는 그런 식으로 자신을 위안했다. 농촌 무지렁이를 닮은 놈들이다. 도시놈들이 이런저런 핑계로 야금야금 훔쳐가도 무엇을 잃은 건지 알지도 못하는 농촌 무지렁이 말이다. 정부가, 국가가, 사회가, 도시 것들이 우루가이 라운드다 파타다 뭐다 하며 농촌을 위해서 온갖 지원을 다하는 것 같이 설쳐대지만 그런 정책이 하나씩 시행될 때마다 농촌은 뜯기고, 찢기고, 황폐화된다. 언론엔 매년 엄청난 예산을 만들어 농촌에다 돈을 소나기처럼 퍼부어 댄다지만 정작 가난한 농부들에겐 한 푼의 혜택도 돌아오지 않는다. 말짱 말장난이다. 온갖 교묘한 속임수에 속절없이 놀아나는 것이 농민이다.

그렇게 만만한 농촌 무지렁이 같은 똥개들에게 개장수가 당할 수는 없는 일이다. 오주사는 그렇게 생각했다. 우선 기 싸움에서 이겨야 한다. 똥개들을 어디 한 두 마리 상대했던가? 오주사는 그렇게 자신을 격려하며 개들과 맞서고 있었다. 개잡이 개백정 오주사가 개를 무서워하다니.

오주사는 그런 오기로 버티며 발을 옮겨 보지만 그 때마다 그의 앞을 가로막는 개들의 무리도 함께 움직였다. 모두 이빨을 드러내고 있었다. 팽팽한 긴장에 우주가 터져 나갈 것 같았다. 개잡이 개장수에게 개들이 이처럼 기를 세우고 덤벼 들 줄이야 어찌 상상이나 했으랴.

밤의 어둠 속에서 개들의 눈에서는 불길이 철철 흘렀다. 증오가 가득 담겨 있었다. 오주사는 개들을 몰이할 때 사용하던 막대로 다가오는 놈들을 겨누며 개처럼 으르렁거렸다.

"어느 놈이든지 먼저 오는 놈은 골통을 으깨 놓을 것이다. 제 놈들도 목숨 아까운 것은 알겠지."

그래선지 선뜻 먼저 공격하는 놈은 없었다. 그저 빈 틈새를 노리며 슬금슬금 다가들 뿐이었다.

다음 날 순녀가 개들의 종적을 찾아 서낭당 고개에 이르렀을 때였다. 개장수 오주사가 막대를 이리저리 흔들며 개들을 쫓고 있었다.

"그래 덤벼라. 어느 놈이든 먼저 덤비는 놈의 골통을 부셔 놓을 테다."

그러나 정작 개들의 종적은 어디에도 없었다. 그는 빈 허공을 겨누며 그렇게 빙빙 돌고 있었다. 순녀가 다가들며 정신을 차리라고 이르자 오주사는 화들짝 놀라서 막대기를 그녀에게로 겨누며 개처럼 으르렁거렸다.

"다가만 와라. 이놈의 개들. 골통을 으깨 줄 테다."

오주사의 눈알이 빙글빙글 돌았다. 공포에 질린 얼굴이기도 했다. 그제야 순녀는 개장수 오주사가 머리가 돈 모양이라고 짐작할 수 있었다. 허공을 향해서 개처럼 짖고 있는 그를 어떻게 달래야 할 것인지 순녀는 도무지 짐작도 할 수 없었다. (*)

움직이는 산, 또는 제 물길 찾기

태풍 루사는 영동지방에 엄청난 피해를 남겼다.

루사는 태풍경보센터의 분류에 의하면 가장 강한 등급인 〈수퍼급〉으로 분류되었다. 그리고 영동지방의 중심인 강릉의 측후소 기상관측사상 최다인 하루 870여 미리의 비를 쏟았다. 이렇게 되면 말이 비지 그냥 하늘에서 물동이로 물을 퍼부어 대는 것과 다름이 없다.

태풍 "루사"가 이처럼 강력한 세력을 유지하게 된 원인은 남해상의 해수온도가 26℃로써 평년보다 2~3℃ 정도 높아서 태풍의 발달을 촉진하는 에너지원이 충분히 공급되었기 때문이다. 그리고 한반도 상층부의 기압이 동서로 북태평양 고기압 세력이 유지되고 있어서 태풍의 북상을 저지하였고, 특히 상층 기압골의 이동 속도가 매우 느려서 태풍의 속도에 영향을 주었기 때문인 것으로 분석되었다.

태풍 "루사"는 강한 폭풍과 호우를 동반함으로써 이 지역 주민을 놀라게 했다. 이 지방의 연 평균 강수량이 1400여 미리라는 것을 감안할 때 870여미리라는 비의 양은 연 평균 강수량의 62%에 해당한다. 그런 비가 단 하루 만에 쏟아진 것이다. 특히 강릉지방은 시간당 100미리 라는 기록적인 폭우였다. 이 폭우로 전국적으로는 사망 213명과 실종 33명 등의 인명피해를 냈으며, 이재민은 9만여 명에 달했다. 또한 재산피해가 5조 4천여억 원으로 역대 태풍 중 가장 큰 피해로 기록되었다.

이런 비의 피해는 과거에 노인들로부터 들은 바 있는 '병자년 물난리'가 전설만이 아니란 것을 일깨워 준 사건이기도 하다. 대부분의 사람들은 1936년 병자년에 있었다는 대홍수에 대해서 들은 바가 있다. 노인들은 특유의 느린 가락으로 말했다. 병자년 물난리에 산사태가 났었지. 그 때 산동네 마을 대부분이 흙더미에 매몰되었네. 산동네 말고도 물난리를 겪은 마을이 한둘이 아니여. 들판에 있는 대부분의 큰 마을이 개천을 끼고 있지 안남. 그런데 한밤중에 불어난 물이 뚝방을 무너뜨리고 마을을 휩쓴 거여. 대부분 태무심 잠들었다가 수천 명이 수중고혼이 되었네. 그때 마을을 등진 사람이 수천 명이고 그래서 읍이 면이 되고 면이 리가 되는가 하면 척박한 작은 포구가 읍으로 승격되기도 하는 등으로 지각변동이 있었네.

그런 식의 이야기는 전설 같아서 실감이 나지 않았다. 사실 노인들의 이야기는 본인이 직접 겪은 것이라기보다 선대의 부모들로부터 전해 들은 것이어서 이야기하는 사람마저도 그리 믿지 않았던 것이다. 그런데 이번의 태풍 루사는 바람의 세기나 비의 양이란 측면에서 병자년 폭락 보다 더 대단했던 것이다. 그 피해에 있어서도 엄청났다. 하늘이란 이처럼 때때로 인간이 미처 의식하지 못하는 때에 엄청난 재앙을 내리는 것이다.

왕산골은 영서에서 영동으로 이어지는 대표적인 관문인 대관령과 삽당령의 중간에 위치한 깊은 계곡이다. 강릉에서 정선으로 가는 큰길은 삽당령을 넘어 임계를 거치게 되지만 여랑으로 빠지는 경우는 왕산골을 지나 대기리를 경유하는 것이 지름길이다. 대기리에서는 평창군 진부면으로 빠지는 지름길도 있어서 사람의 발길이 더러 머물렀다.

왕산골을 지나는 길은 계곡을 따라 이어지는 산판길이어서 교통이 매우 불편했다. 노선버스도 없어서 마을 사람들이 시내로 나가려면 차도가 있는 길목 까지 20여리를 걸어야 했다. 그렇기 때문에 온 나라가 개발붐에 들떠 있어도 왕산골만은 예외였다. 대부분의 주민들은 예전의 화전민 시대처럼 산등성이를 넘어 한 가구씩 외따로 살았다.

이곳에서 마을의 형태를 갖춘 곳은 학교가 있는 작은 들판이 고작이었는데, 사람들은 이곳을 큰마을이라고 불렀다. 왕산골 골짜기 대부분이 개천을 끼고 도는 벼랑이어서 농작물 가꿀 밭이나 논을 보기 어려운데 큰마을만은 20여 호의 집들이 있고 약간의 밭과 층계 논도 있어서 마을의 형태를 갖추고 있었다. 마을의 건물은 모두 허술한 한옥집이지만 서쪽 둔덕에 새로 지어진 교회건물만은 양옥집 형태에다 십자가가 우뚝해서 눈에 띄었다. 교회의 뒤쪽으로 이어지는 수리봉과 그 고개마루에 자리잡은 서낭당의 당집과 큰 고목나무가 마을을 안온하게 감싸주는 느낌을 주었다.

청수는 이곳의 리장이다. 비는 아침부터 줄창 내렸지만 처음엔 그저 무심했다. 비란 게 많이 내릴 때도 있고 적게 내릴 때도 있는 것이지. 그런 정도의 생각이었다. 그런데 점심때가 되자 어딘가 심상치 않은 조짐이 드러나기 시작했다. 산에서 흐르는 물이 미처 개천으로 빠져나가지 못하고 마당을 가득 채우더니 부엌 쪽으로 밀려들어오는 것이다. 마루에서 건너다보이는 아랫집 순덕이네는 아예 안방까지 물이 차고 있었다. 전에 없던 일이라 청수의 아내가 순덕이네를 향해서 놀리듯 말했다.

"순덕 에미야. 안방으로 물이 들어가네. 복 받을라."

"사돈 남 말하네. 그 집은 무사할까"

"우리 집은 높기나 하지."

그런 농담을 주고받는 사이에 청수네의 퇴마루에도 물이 넘실거리기 시작했다. 산간마을이라 평소에 비가 많이 내려도 물이 고이는 일이 드물었다. 설혹 장대비가 쏟아지더라도 물이 쉽게 빠져나가는 지형이었던 것이다. 그런데 이번 비는 어딘가 심상치 않았다.

청수는 리장 일도 맡고 있는 터라 장화를 찾아 신고 마당을 나섰다. 개천 쪽은 이미 범람 직전이었다. 그제야 청수는 개천 건너편에 새로 쌓은 방축 때문이란 것을 짐작할 수 있었다. 물이 예전의 하천부지였던 곳으로 빠지지 못하고 마을 쪽으로 몰려오는 것이다. 그쪽은 재벌 2세라고 소문난 박혁이란 자가 폐교가 된 초등학교 건물을 사들이고는 높다랗게 방축을 쌓은 것이다.

청수는 이곳에 대대로 살아온 토박이인 데다가 이 마을의 리장이라는 책임감도 있어서 박혁이 폐교를 살려고 한다는 소문을 듣고는 맹렬히 반대했다.

"학교는 우리 마을의 재산입니다. 폐교가 되어도 학교 건물은 사용할 일이 많습니다. 마을 사람들이 모여 회의를 한다든지 결혼식이나 장례식 같은 경우에 공동으로 쓸 수도 있고요. 아무튼 문화공간으로 다양하게 사용할 수 있습니다. 이곳이 없으면 마을 사람들이 한데 모여 회의 할만한 곳도 없지 않소."

그러나 마을 사람들의 반응은 의외로 시큰둥했다.

"박혁사장이 그걸 사도 마을 사람들이 이용할 수 있도록 하겠다네."

"그게 같지 않습니다. 남의 손에 들어간 것을 빌리는 것과 내 것으로 쓰는 것과는 다르지 않겠어요."

"이 조그만 산촌에서 공회당으로 쓸 일이 몇 번이나 되겠남?"

마을 사람들은 그저 태무심이었다. 그런지 얼마 되지 않아서 박혁이 폐교를 흥정하여 군 교육청과 계약을 끝냈다는 소문이 돌왔다.

"박혁사장이 이미 군 교육청에 돈을 지불하고 이전등기도 마쳤다는데. 거기다 새로 얻은 젊은 마누라를 위해서 도자기 작업실을 만들고 도자기 박물관도 세울 계획이라네. 이곳에 도자기 박물관이 생기면 그도 좋은 일이지."

"좋은 일일까요?"

"아. 이 산촌에 평소라면 어느 누가 코빼기라도 들이 밀까? 여기에다 재벌이 도자기 작업실을 만들고, 도자기 박물관과 도자기 전시관을 세운다니 좋은 일 아닌가? 이 벽촌이 갑자기 관광지가 되는 거여."

박혁은 조강지처인 본 마누라와 이혼하고 도자기 예술가인 젊은 아내를 새로 얻었다. 그래서 그 아내가 원하는 대로 이곳에 도자기 작업실을 만들어주고 그것을 기화로 도자기 전시관, 도자기 박물관을 만들어 이곳을 관광 명소가 되게 하겠다고 말했다. 그렇게 되면 대대로 궁벽한 산촌이던 이곳이 관광지가 되어 아주 살기 좋은 곳이 될 것이라고 선전을 했다. 산촌사람들은 박혁의 말에 솔깃하여 그렇게 되면 마을의 영광이 아니겠느냐고 생각했다.

박혁은 자신의 선전이 그저 빈말만이 아니란 듯이 빠르게 일을 벌였다. 폐교를 사들이는 것을 연고로 해서 학교 쪽 하천부지를 모두 불하받고 거기다 십여 채의 별장을 짓기 시작한 것이다. 그리고 큰 비를 염려해서 하천부지 쪽으로 제방까지 높게 쌓으니 맞은편에 있는 본래의 마을이 위험해지는 것이다. 리장 청수가 그런 점을 지적해도 마을사람들은 마이동풍이다.

"병자년 물난리가 또 난다면 몰라도 이제 그런 일 없을 거네."

그리고 한 술 더 뜬다.

"박혁이 별장을 짓고부터 이곳 땅값이 3배로 뛰었네. 언제 이곳 땅값이 현재처럼 오른 적이 있남."

그건 사실이었다. 박혁은 십여 채의 별장을 짓는 것으로 끝내지 않고 몫이 좋은 땅을 모조리 사들이면서 앞으로 이 계곡이 무릉도원이 되도록 하겠다고 떠벌였다. 각종 관광시설을 갖추어서 여름 휴양지로서는 최고가 되게 하겠다는 것이다. 땅값이 오르니 마을사람들은 이 때가 기회라 싶어서 자신의 땅을 팔아치우고 도시로 옮아가기 시작했다. 마을의 주민이 줄어들수록 박혁의 입김은 그만큼 더 강해졌다.

박혁은 내심 상당한 야심을 지니고 있었다. 잘만하면 이곳에 삼성의 에버랜드 같은 자신의 왕국을 건설할 수 있을 것 같다고 생각했다. 왕산골은 아직 세상에 별로 알려져 있지 않은 곳이다. 주민들은 아직 이곳의 가치를 제대로 알지 못하고 있다. 우선 이곳은 교통이 불편하다. 길이라고는 대기리로 이르는 산판길 뿐이다. 마을 사람들 대부분은 어떻게 하면 이 궁벽한 곳을 벗어나서 자식들이 살고 있는 도시에 가서 살 것인가가 관심사였다. 평생토록 버스도 드나들지 못하는 산촌에 갇혀 살았다는 인식 때문에 고향에 대한 애착이 별로 없었던 것이다.

그러나 재벌의 입장에서 보면 이곳은 가능성이 많은 곳이었다.

우선 그동안 세상에 알려지지 않아서 자연경관이 전혀 훼손되지 않았다. 계곡 따라 원시림이 빼곡하고 개천 따라 기암절벽이 즐비했다. 더구나 계곡이 깊고 흐르는 물의 양이 많아서 휴양지로서는 더 없는 좋은 조건을 갖추었다. 돈벌이란 입장에서도 기암절벽에 자라는 나무들은 한결 같이 분재용 관상수로 적격이었고, 개천의 풍부한 수량은 상품용 생수의 자원이 되었다. 별장지대로 개발해도 입지적 조건이 좋았다. 용평스키장과 골프장도 지척이고 동해 바다도 승용차로 이십여 분밖에 걸리지 않았다. 영동지방의 중심 도시인 강릉이나 주문진 포구도 그리 멀지 않았다.

박혁은 그런 점을 계산하여 우선 폐교가 된 초등학교를 사들이고 개축해서 젊은 아내의 도자기 작업실을 차렸다. 그리고 학교건물 위쪽의 학교사택을 리모델링해서 그들의 살림집과 개인 사무실을 만들었다. 개축한 학교 건물엔 도자기 작업실, 도자기 전시관, 도자기 박물관의 팻말을 붙여 놓고 운동장엔 입간판을 세워 미래의 청사진을 그림으로 제시했다.

그는 재벌들이 항용 그러는 것처럼 지방자치단체의 행사에 얼굴을 내밀고 얼마큼의 기부금을 낸다든지, 관청의 공무원들을 불러 술추렴을 한다든지 하는 방법으로 시장이나 경찰서장 또는 직위가 높은 공무원들을 사귀었다. 그리고는 계획대로 그들의 도움을 받아서 왕산골 학교 쪽 하천부지를 모두 불하받은 것이다.

학교 쪽 하천부지란 그 일대가 원래 하천 바닥이었던 것이 세월과 더불어 물줄기가 다른 쪽으로 조금씩 이동하여 생긴 공지다.

병자년 폭락 때엔 이 하천부지 쪽이 개천의 중심이었다고 하지만 그 이후로 물은 조금씩 이동하여 예전의 하천이 띠처럼 길게 이어지는 농토가 된 것이다. 이곳의 주민들이 그 농토에 곡식을 심고 살았다. 임자가 없는 땅이라 부지런한 사람이 개간해서 자기 농토로 인정받은 것이다.

그런데 재벌 2세인 박혁이 느닷없이 뚝막이 제방공사를 한다는 것이다. 뚝을 막지 않아도 평소 물길이 닿지 않아서 밭으로 다락논으로 활용되던 곳이다. 그런데 박혁은 이곳에 부르도자로 하천에 뒹굴고 있는 바윗돌을 옮기면서 제방을 쌓았다. 그리고 하천을 새로 개간한 것처럼 서류를 꾸며서 띠처럼 생긴 하천부지를 모두 자기 땅으로 등기한 것이다.

주민들은 그 땅이 나라 것이지 자기네 것이 아니란 것을 잘 알고 있다. 비록 그들이 개간해서 농토로 이용하긴 하지만 개인적으로 소유할 수 있는 종류라고는 전혀 생각하지 못했다. 그런데 생면부지의 사람이 와서 하천에 흔한 돌덩이 몇 개 옮겨 놓고 모두 자기 땅이라고 하니 어안이 벙벙했다.

박혁은 그런 주민들을 요령껏 구슬렸다. 하천부지가 나라의 것이었다가 지금은 자신의 것으로 소유가 바뀌긴 했지만 주민들이 농토를 붙이던 기득권은 모두 인정한다는 것이다. 그러니 당장 땅을 내놓는 것도 아니고 다음 대에 가서나 해결 보아야 할 일이니 그런 것에 너무 민감해 할 필요가 없지 않겠느냐는 것이다. 그리고 현재 붙이고 있는 땅에 대해서도 기득권을 인정하여 일정

액의 보상비를 드리겠다는 것이다. 주민들 입장에서는 어딘가 찜찜하긴 했지만 어차피 내 것이 아닌 것은 마찬가지였다. 그리고 재벌이란 존재는 나라의 권력이나 마찬가지로 무소불위의 존재여서 감히 상대해서 권리를 다툴 상대가 아니라고 체념하는 것이다. 그렇게 하여 박혁은 왕산골의 대지주가 된 것이다.

청수는 이러다 마을이 송두리째 없어질 것 같아 안달이다. 흔히 들어 온 돌이 앉은 돌을 빼낸다는 식으로 청수의 영향력이 자꾸만 줄어들었다. 사실 폐교가 된 학교가 팔릴 때도 청수는 끝내 반대했지만 어쩔 수 없었다. 그런데 그의 반대가 정당하다는 것이 후일에 더욱 드러나기 시작했다. 박혁이 학교건물과 그 부지 일대를 사들인 값은 기천만원이다. 그런데 그 학교 부지에 자라고 있는 관상용 전나무 같은 것은 값으로 치지도 않았다. 수십 그루의 전나무가 개교 이래로 학교의 울타리 구실을 했었는데 그게 모두 관상수처럼 자라서 보기에 여간 좋지 않았다. 그런데 박혁이 학교를 사들이면서 제일 먼저 한 일은 그 잣나무들을 팔아넘긴 것이다. 잣나무 한 그루가 백여만 원이 넘었다니 그것만으로도 학교를 사들인 값을 치르고도 남았을 것이다. 재벌이 돈 버는 솜씨는 이렇게 뛰어나다. 산골사람들로서는 상상도 못했던 일이다.

물이 범람하면서 왕산골 큰마을은 온통 아수라장이다. 리장인 청수가 마을 사람들을 이끌고 비교적 높은 지대인 교회로 옮기는데 물줄기가 하늘로 치뻗는다. 산봉우리의 물이 밑으로 흐르는 것이 아니라 하늘로 치솟는 것이다. 산들이 모두 맹렬하게 물을 내뿜었다. 계곡으로는 큰 바윗돌이 굴러내린다. 바윗돌과 바윗돌이 부딪치면서 쾅쾅 소리와 더불어 번쩍번쩍 번갯불이 친다. 거대한 바윗돌이 서로 부딪치며 스파크 현상이 생긴 것이다. 돌을 쪼갤 때처럼 화약냄새가 고약하다. 바윗돌이 부딪치며 내는 냄새다. 냄새가 빠질 곳이 없어 골짜기 가득 넘친다. 전에 결코 겪어보지 못한 일이었다. 하늘이 놀라고 땅이 요동치는 엄청난 일이 벌어지고 있었다. 천지개벽이란 이런 때 쓰는 말이다.

청수는 저도 몰래 선산이 있는 수리봉을 바라보았다. 청수네는 5대째 이곳에서 살아왔다. 5대조 할아버지가 난을 피해 이곳에 자리잡은 이래로 청수네가 이 마을의 터줏대감 행세를 해 왔던 것이다. 청수가 리장이 된 것도 그런 인연 때문인데 할아버지 아버지에 이어서 대물림 리장 일을 보게 된 것이다. 리장이란 게 지금은 그저 마을의 심부름꾼에 지나지 않지만 예전엔 마을의 어른으로 대접받는 자리였다. 그래서 이곳 왕산리 리장은 으레 전씨네가 맡아야 하는 걸로 알 정도였다.

수리봉은 대기리와 이어지는 길목이어서 마을에서 영을 넘자면 이 길을 반드시 거쳐야 한다. 그래서 마을의 서낭당도 수리봉 고개마루에 자리잡게 되었다. 큰마을에서는 해마다 5월 단오를 전후해서 이 서낭당에서 마을 제사를 드렸다. 그리고 개인의 어려움이 있을 때에도 이 서낭당에서 치성을 드렸다. 그러다 보니 마을 사람들은 어떤 어려움에 봉착할 때마다 수리봉을 쳐다보는 것이 습관이 되다싶이 한 것이다.

172

청수는 마을 사람들을 인솔하여 일단 둔덕에 있는 교회건물로 대피시키고 개천의 뚝방쪽으로 발을 옮겼다. 마을이 물에 잠긴 일은 전고에 없는 일이다. 박혁이 뚝방을 쌓아서 생긴 재난인 것이다. 하천부지 쪽으로 물줄기가 넓게만 흘러도 이런 일은 없었을 것이다. 사실 박혁이 뚝방을 쌓을 때도 청수는 그것을 반대했다. 반드시 이런 일을 예견했다기 보다 박혁이 이런저런 핑계로 일을 벌이는 것이 불안했던 것이다.

　그러나 아무도 청수의 편을 드는 사람이 없었다. 하긴 있었다 해도 박혁의 위세를 감당하지 못했을 것이다. 지금에 이르러 그런 일로 짜증을 부리면 무엇 할 것인가? 청수는 그렇게 자신의 감정을 달래면서도 마을을 이 지경으로 만든 작자를 그냥 두어서 되겠느냐는 생각도 함께 떠올랐다. 아무리 산촌 무지렁이로 살아간다 하더라도 당장의 피해가 방축 때문이 아니냔 말이다. 아무튼 이 작자를 물구덩이 속으로 처박기라도 해야 분이 풀릴 것 같았다.

　청수가 그렇게 씩씩거리며 박혁을 찾아 나섰는데 정작 박혁은 물길이 마을을 덮쳐도 태연했다. 역시 선견지명이 있었다 싶었다. 제 때에 뚝방을 높이 쌓은 덕택으로 자신이 사들인 하천부지 쪽은 매우 안심이었다. 지금 건너편 큰마을은 쑥밭이다. 큰 물 지난 뒤면 앞 쪽 마을은 아예 개천바닥 같이 자갈 돌투성이가 될 것이다. 그런 땅은 농사를 지을 수도 없다. 그런 곳에다 다시 집을 짓는다는 것은 엄두도 못 낼 일이다. 마을 사람들 대부분이 마을을 등지고 떠나갈 것이다. 병자년 대홍수 이후에 상당수의 마을이 폐쇄되고 주민들이 다른 곳으로 옮겨 간 것처럼 말이다.

박혁은 잘만하면 왕산골을 송두리째 차지할 수 있다는 생각을 했다. 주민들 대부분이 모여 사는 큰마을이 폐허가 되어 주민들이 이곳을 떠나면 이런저런 민원을 피할 수 있을 것이기 때문에 쉽게 이곳을 소유할 수 있을 것이다. 큰비가 내려 왕산골 전체가 물난리를 겪는 것은 불행한 일이지만 일부러 자신이 비를 내리게 한 것도 아니고 하늘의 재앙인 것을 누군들 막을 수 있을 것인가? 그가 마음속으로 계획하고 있던 바가 이제 이루어지려는 것이다. 하늘이 기회를 주는 것이다. 삼성의 이병철에게만 기회를 주는 것이 아니다. 용인 골짜기에 삼성의 에버랜드가 들어서면서 그쪽의 땅들이 금쪽이 되었듯이 이 왕산골이야 말로 이용하기에 따라서는 무릉도원이 될 수도 있을 것이다. 그는 그렇게 기대에 넘쳤다.

도도한 물줄기가 미친 듯이 광란했다. 물줄기뿐 아니라 그 물줄기를 따라 집채같은 바윗돌이 우랑퉁탕 굴러 내리는 것이다. 바위끼리 부딪는 소리가 천둥소리에 필적했다. 거기에다 바윗돌이 부딪치며 부싯돌 부딪듯 불광이 번쩍번쩍 했다. 그 불광과 더불어 매캐한 화약 냄새가 골짜기를 뒤덮었다. 돌산을 캐낼 때 폭약을 터뜨려 나는 냄새와 유사했다.

박혁은 승용차를 뚝방에 세운 채 마을이 물에 잠기는 모습을 바라보았다. 그러자 청수가 물길을 철벅철벅 걸어 그에게로 다가오고 있었다. 주먹을 휘두르는 품이 너 죽고 나 죽자 하는 식이었다.

"저 친구 일내겠는데요."

몸집 좋은 수행비서가 코웃음을 치며 말한다.

"화가 날 만도 하지. 제 놈의 집도 이제 지붕만 남았네."

뚝방이 아니라면 물이 예전의 하천부지로 넓게 흘러서 마을 전체가 물속에 잠기는 것만은 피할 수 있을 것인데 지금은 그렇지 못했다. 무엇이라 욕지거리를 내뱉으며 다가오던 청수가 저만치 멈추어 섰다. 워낙 거센 물줄기 때문에 뚝방까지 다가올 수 없는 것이다. 그러자 주먹을 휘두르며 욕지거리다.

"개새끼야. 재벌이면 다냐? 이 마을이 물에 잠기는 게 안 보이냐?"

"저새끼 손좀 볼까요.

"그냥 둬. 제풀에 그만 두겠지. 아무튼 대단한 비일세.

"그러게 말입니다. 비가 밑으로 쏟아지는 게 아니라 위로 치솟네요."

그 말 그대로다. 빗줄기가 위로 치솟는다. 그래서 산봉우리마다 폭포수다. 거기에다 거센 바람 때문에 나무가 꺾이고 바위가 굴러 내리고 산이 무너져서 산사태가 나고, 그야 말로 난리다. 그렇게 구경하고 섰는데 울탕퉁탕 굴러내리던 바윗돌이 새로 만든 뚝방의 다리에 쌓이기 시작한다.

"저런, 저러다 물길이 개천을 막겠어."

물길이 밑으로 흘러내려야 하는데 바윗돌이 새로 만든 다리의 교각을 드리받고 멈추고 쌓이니 개울물이 폭포처럼 하늘로 치솟는다. 개천이 곧추서서 뻣뻣이 걸어온다는 표현이 적절하다. 그런 광경은 결코 전에 보지 못했다. 저러다 개천이 막히면 더구나 마을은 쑥대밭이 될 것이다.

청수는 하늘로 치솟는 개천의 물길을 바라보며 발을 동동 구른다. 하천에 새로 현대식 다리를 놓을 때만 해도 상당수의 노인들이 그것을 말렸다. 예전엔 통나무 다리여서 큰물이 한 번 날 때마다 다리가 떠내려가서 해마다 새로 놓다 싶이 했다. 그런 불편에도 불구하고 노인들은 말했다.

"병자년 폭락 때 이야기인데, 그 해에 학교가 새로 들어서는 바람에 남는 자재로 튼튼한 다리를 놓았다네. 그런데 폭락 때 산에서 뽑힌 나무들이 그냥 흘러가지 못하고 다리에 걸려서 개천을 막는 바람에 마을이 온통 물에 잠겼다는 게여. 오랜 예전 일이라 우리가 직접 겪지는 못했지만 예전 일이라고 우습게 볼일도 아닌 게여."

그러나 그런 노인들의 이야기는 웃음거리에 지나지 않았다. 환경이 예전과는 다르다. 누가 매년 물에 떠내려가는 다리를 놓을 것인가. 자동차가 마음대로 다닐 수 있도록 콘크리트로 튼튼한 다리를 놓아서 영구적이게 하는 것이야 말로 옳다. 통나무 다리로 늘 불편함을 참아야 할 시대가 아닌 것이다. 그런데 그 다리의 교각에 뽑혀 온 통나무들이 가로막고 바윗돌이 가로막고 그래서 물이 제대로 빠지지 못해 물길이 하늘로 치뻗는 것이다.

청수는 뚝방으로 다가가지도 못하고 발만 동동 구르다가 물에 잠긴 큰마을을 바라보았다. 이제 개천의 물마저 마을 쪽으로 방향을 바꾸게 되면 마을은 하천 바닥으로 변하게 될 것이다. 그리하여 병자년 대홍수때 그랬던 것처럼 새로운 물길이 만들어질 것이다. 마을이 개천이 되고 하천부지가 마을이 되는 개벽이 생기는 것이다. 박혁이란 한 인간이 만든 방축이 이런 큰 변화를 주도하게 되는 것이다. 분한 마음 같으면 지금 낫으로 박혁의 모가지를 댕겅 잘라버리고 싶지만 당장 발 앞을 가로 막고 있는 도도한 물길을 헤쳐 갈 재주가 없었다.

청수는 절망적인 심정이 되어 수리봉을 바라보았다. 선대로부터의 선영이 모두 이곳에 있었다. 5대조. 고조, 중조, 조부모, 부모의 묘소가 한 눈에 들어왔다. 마을의 터줏대감이라는 증표처럼 그 묘소들은 일정한 간격으로 배열되어 모두 마을을 한 눈에 바라볼 수 있는 위치였다. 지나가는 사람들이 한 번 씩은 눈길을 주는 그런 명당이라고 소문이 나 있었다. 그 묘소의 위쪽으로 서낭당 고목이 바람에 휘청거리고 있었다. 엄청난 폭풍과 폭우가 서낭당의 고목들을 송두리째 날려 버릴 것 같았다. 오랜 세월 마을을 지켜 온 신령이라 하더라도 이 폭풍과 폭우에는 속수무책이었다. 무슨 방도가 있을 것인가?

청수가 그런 절망적인 시선으로 선산을 바라보고 있는 바로 그 순간에 전혀 예상치 못한 일이 일어났다. 수리봉이 움직이기 시작한 것이다. 매우 큰 산이 스르르 움직였다. 산의 바윗돌, 소나무, 묘소들이 모두 그대로인 채 선산 봉우리가 큰 산줄기의 지맥에서 떨어지며 스르르 자리를 옮기는 것이다. 그러다 개천의 가장자리에서 멈추었다. 여느 때의 산사태와는 전혀 달랐다. 산사태란 것은 산의 한 모서리가 무너지며 흙과 돌덩이들이 쏟아져 내리는 것이다. 그런데 이번의 경우는 그렇게 흙과 돌덩이를 드러내지 않고 산 전체가 스르르 옮겨오는 것이다. 그렇게 옮겨 온 산이 개천의 한쪽을 막아섰다. 그러자 마을 쪽으로 쏟기던 물줄기가 뻣뻣이 곧추서서 반대편의 방축을 향해 달려들었다.

청수의 입에서 어어 하는 비명이 터졌다. 방축길에서 마을이 물에 잠기는 것을 구경하던 박혁도 놀라서 어어 하는 비명을 질렀다. 그 순간 물길이 방축을 뒤덮으며 방축의 한 쪽에 펑 구멍이 뚫리고 개천의 물이 순식간에 예전의 물길을 찾아 맹렬하게 흘렀다. 방축이 힘없이 무너지며 박혁이 탄 차도 물길 속에 갇혔다. 박혁이 차를 후진시키려고 몇 번 시도하는 중에 차체가 물벼락을 맞고 휘청 흔들리더니 그대로 물속에 처박혔다.

한번 물꼬가 트이니 물줄기가 예전의 하천을 향해서 맹렬하게 흐른다. 막힌 자신의 영토를 찾아가는 모양이다. 순식간에 뚝방이 뚫리더니 하천기슭에 있던 십여 채의 별장은 순식간에 물길의 소용돌이에 잠겨 버렸다. 그리고 물길은 약간 언덕에 있던 학교의 한쪽 기둥을 세차게 치고 나간다. 학교의 한쪽 기둥이 기울어지는가 싶더니 건물 전체가 물길에 폭삭 휩쓸린다.

박혁의 젊은 아내인 도자기 예술가는 그 때 막 일터에서 벗어나고 있었다. 그녀는 폭풍이 지나가든 폭우가 쏟아지든. 아랑곳 하지 않고 도자기 만들기에 여념이 없었다. 그리고 지금껏 만든 도자기를 어떻게 구을 것인가를 생각하며 막 교실을 나서던 참인데 우지끈 하는 소리와 더불어 학교의 기둥이 기울더니 그냥 물 속으로 휩쓸리는 것이다. 너무나 놀라운 광경이었다. 그녀는 예전의 학교 사택이었던 자신의 숙소로 달아나며 뒤를 돌아보니 학교 건물은 이미 흔적도 없었다. 그리고 도도한 물줄기가 예전의 사택을 향해서 무섭게 으르렁거리며 달려들고 있었다.

숙소에 들어가서도 좌불안석이다. 으스름 저녁이라 어찌해야 좋을지 생각이 나지 않는다. 오들오들 떨고 있는데 무엇이 무너지는 요란한 소리가 들린다. 내다보니 사택의 흙담이 무너지는 소리였다. 그녀는 서둘러 밖으로 나와 산 위로 치달렸다. 한참 올라가면 절간 암자가 있다는 것을 알고 있었다. 그리로 가서 몸을 피해야겠다는 생각이었다. 그런데 산 위로 몇 걸음 오르던 그녀는 그것도 쉽지 않다는 것을 깨달았다. 물줄기가 산 위고 밑이고 없었다. 산 위는 위대로 폭포수고 아래는 아래대로 폭포수다. 거기에다 산의 바윗돌이 수시로 굴러 떨어진다. 구르는 바위에 발목이 엉킨다. 암자는커녕 단 몇 발작도 걷기 어렵다.

물에 휩쓸리지 않으려면 무엇이라도 끌어안아야 한다. 마침 오래된 굴참나무가 눈에 뜨이자 그리로 달려갔다. 그녀는 발밑으로 지나가는 물줄기를 피해 나무를 타고 올랐다. 바람에 나뭇가지가 획획 휜다. 더 이상 오르기도 어렵다. 겨우 굵은 나뭇가지에 올라탄 채 부들부들 떨었다. 바위돌 구르는 소리. 거친 물소리. 어둠 속에선 아무것도 분간되지 않았다.

바람에 쓸리지 않으려고 나무 둥치를 죽어라 끌어안아야 했다. 밤새도록 그렇게 떨었다. 용변도 나무 위에서 보았다. 방법이 없었다. 졸음도 없었다. 살아야 한다는 인식만이 온 몸을 지배했다. 밤새도록 나무에서 떨던 그녀는 새벽녘에야 기진한 채 늘어졌다. 빗줄기와 바람이 잦아들기 시작했던 것이다.

밤새도록 요란한 빗줄기에 놀라서 떨고 있던 암자의 주지가 밤새 무슨 일이 일어난 것 같아 밑으로 내려오다가 나무에 매달린 박혁의 젊은 아내를 발견했다. 거의 기절 상태였다. 간신히 업어서 암자에 눕히고 방에 불을 지폈다. 그리고 의약품이라도 구해야겠다고 밑으로 내려오니 학교와 별장은 간곳이 없었다. 거대한 개천이 되었던 것이다. 병자년 대홍수 이전의 개천으로 돌아간 것이다.

개천의 물이 하천부지 쪽으로 몰려서 마을엔 물이 빠지기 시작했다. 마을 사람들이 무너져서 자리를 옮긴 수리봉을 바라보며 탄식한다.

"전가네 선산이 이 마을을 살린거여."

그들은 그렇게 말했다. 산사태를 만난 수리봉은 여전히 바윗돌과 나무들이 그대로 서 있다. 묘소도 원래의 모양 그대로다. 마치 나무 둥치에서 나뭇가지 하나가 떨어져 나온 것처럼 그렇게 떨어져 나온 산. 그러나 어딘가 생명이 끊어진 것처럼 느껴졌다.

이곳 경찰서장이 재벌 2세인 박혁사장의 실종 연락을 받고 직접 대원들을 이끌고 허둥지둥 왕산골에 나타났다. 암자의 중이 그에게 말했다.

"박사장님의 사모님이요. 매우 놀란 모양이지요. 암자에 눕혀 놓았는데 횡설수설 제정신이 아닌 것 같아요."

경찰서장이 급히 대원을 암자로 보내어 점검하니 박혁의 처는 너무 놀라서 정신이상이 된 것 같다는 보고다. 서둘러 들것에 태워 병원으로 옮기라고 지시를 내렸다. 마을 사람들이 박혁사장의 실종과정을 설명하면서 청수네 선산을 가리켰다.

"저기 보세요. 마을의 선산이 옮겨와 개천을 막았어요."

"산이 옮겨 왔다고?"

경찰서장은 처음엔 그게 무슨 말인지 알지 못했다. 그러나 주민들이 손짓해주는 것을 보고서야 사태를 확인했다. 산사태가 나서 산봉우리 하나가 통째로 자리를 옮겨서 개천의 한 쪽을 막아섰다. 산봉우리의 바위나 숲이 그대로인 채 말이다. 그리고 그 산 때문에 왕산골 큰마을이 물길에 휩쓸리지 않을 수 있었던 것이다. 참으로 놀라운 광경이었다. (*)

계란을 훔치는 도둑 구렁이

참 이상한 일도 있습니다.

우리 집 얼룩암탉이 낳는 계란이 자꾸만 없어집니다. 두메산골이라 외부사람들이 드나드는 일이 별로 없는데도 달걀이 자꾸만 없어집니다. 우리 집 토종암탉은 우리 집의 자랑입니다. 어머니께서 토종암탉을 처음 사오셨을 때 자랑이 이만저만이 아니었습니다.

"용아. 이 닭이 바로 우리나라 재래종인 순종 '조선닭'이란다. 색깔부터가 다른 닭과는 다르지 않던?"

어머니가 사오신 '조선닭'은 몸 색깔이 여간 찬란하지 않습니다. 장끼처럼 긴 꼬리가 있고 볏도 크고 새빨갛습니다. 그리고 빨강, 파랑, 보라색이 뒤섞여서 햇살이라도 비칠 양이면 반짝반짝 빛을 냅니다. 양계장에서 무더기로 키우는 하얀색 하나뿐인 레구혼과는 생김생김이 전혀 다릅니다. 우리 집 마당에 놓아기르는 여러 잡종 토종닭과도 뚜렷이 구분됩니다.

"힘도 세고 알도 큰놈으로 낳고 영양가도 많단다."

어머님의 자랑대로 조선닭은 다리도 굵고 걷는 모양도 늠름했습니다. 그놈은 순종 조선닭이어서 그렇다는 것입니다. 그 조선닭이 알을 낳기 시작했습니다. 소를 키우는 오양간 뒤의 횃대에 매달아 둔 둥우리에 올라가서 알을 낳고는 큰 소리로 꼬끼요- 하고 울었습니다.

"제가 알을 낳았다고 자랑하는 거란다."

토종암탉이 알을 낳았다고 자랑 할 만도 합니다. 알이 노르스름하고 매우 커서 다른 닭들의 것과는 다르다는 것을 한눈에 알아볼 수 있습니다. 보통놈들은 레구혼처럼 매일 알을 낳지는 않는다고 했지만 우리 집 조선닭은 토실토실 살이 찌고 건강해서 하루도 거르지 않고 알을 낳습니다.

"토종암탉이 낳은 달걀은 닭장에서 낳는 달걀 보다 영양가가 두 배 세 배도 넘는다더라."

어머님의 자랑은 끝이 없습니다. 그렇게 낳은 달걀은 으레 아버지의 아침 밥상에 오릅니다. 우리도 그 달걀을 먹어 보고 싶지만 어머니는 머리를 흔듭니다. 아버지는 남들보다 더 열심히 일하시고 또 힘든 일을 하시니까 그리고 집안의 어른이시니까 남들보다 더 영양가가 많은 달걀을 드셔야 한다고 주장하십니다. 그런 주장을 들을 때마다 아버지는 전에 없이 환하게 웃으십니다.

"당신도 이제 철이 드는 모양이요. 전엔 좋은 게 있으면 으레

용이 주어야 한다고 감추어 두더니 말이요."

"자라는 아이들이야 좋은 것 먹어 볼 기회가 얼마든지 있을 테지요."

그렇게 달라진 어머니의 태도 때문인지 아버지의 너털 웃음소리도 더 커졌습니다. 전처럼 술을 마시고 늦게 오는 일도 줄었습니다. 어머니와 말다툼을 벌이는 일도 없어졌습니다. 조선닭이라 불리는 토종암탉 덕분입니다.

그런데 어느 날부터 달걀이 없어지기 시작했습니다. 분명 꼬끼요- 하는 울음소리를 들었는데도 막상 둥우리에 가 보면 달걀이 없는 것입니다. 알을 낳지도 않고 거짓말로 그렇게 울 암탉이 아닌데도 말입니다. 그렇게 되자 어머니는 처음엔 누나를 의심하기 시작했습니다.

누나가 하숙생인 대학생을 좋아하기 때문입니다. 대학생아저씨는 몸이 아파서 산골로 휴양하러 온 것입니다. 그래서 우리 집에 하숙을 하게 된 것입니다. 누나는 그런 의심을 받자 펄쩍 뜁니다.

"제게는 아버지가 더 소중합니다."

누나가 그렇게 펄쩍 뛰니까 이번엔 대학생을 의심하기 시작했습니다.

"병에 좋다니까 몰래 그런 짓을 한 모양이지."

그러나 대학생아저씨는 그런 짓 할 사람이 아닙니다. 아저씨는 내게 동화책도 읽어 주고 만화책도 구해 줍니다. 사람은 책에서처럼 정직하고 착해야 한다고 깨우쳐 주기도 합니다. 그리고 내가 갖고 싶은 팽이도 깎아주고 딱지도 접어줍니다. 그리고 친구들과 어울려 즐겁게 놀아야 한다고 말합니다. 자라는 아이들은 씩씩해야 한다고 말하기도 합니다. 그런 아저씨가 계란도둑질을 할 턱이 없는 일이지요.

"물론 우리도 그 사람이 그런 짓 할 사람이 아니라고 생각한다. 그런데도 달걀은 자꾸만 없어지지 않니?"

어머니의 말씀대로 토종암탉이 낳은 달걀은 첫날 도둑질 당한 이래로 계속 없어집니다. 토종암탉이 알을 낳는 시각은 대체로 정오 무렵입니다. 그 시간이면 아버지 어머니는 밭에 나가 힘들게 일하십니다. 그리고 누나는 읍내의 고등학교에서 공부를 합니다. 나도 초등학교 2학년이니까 집에 없습니다. 낮동안 집에는 대학생 아저씨뿐입니다. 그래서 의심을 받는 거지요.

대학생아저씨는 자신이 그런 의심을 받는 것도 모르고 내게 한결 같이 잘 대해줍니다.

"용아. 숙제 다 했니? 아저씨가 도와주련?"

"요즈음은 왜 팽이를 치지 않니? 하나 더 깎아주련?"

그런 아저씨를 의심하니 나도 괴롭습니다. 그래서 한 번은 좋은 꾀를 생각해 냈습니다. 조퇴를 해서 누가 달걀을 훔쳐 가는지를 숨어서 엿볼 생각을 한 것입니다. 어찌 뒤늦게야 그런 생각을 하게 되었는지 모를 일입니다. 마침 토요일이어서 한 시간쯤만 일찍 조퇴를 하면 됩니다. 평소 모범생이어서 거짓말하고 조퇴를 한 적이 없지만 나는 큰마음 먹고 조퇴를 결심했습니다. 마음씨 착한 아저씨의 누명을 벗겨 드려야지요.

나는 둥우리가 바라보이는 언덕의 나무숲에 숨었습니다. 그리고 뚫어지게 닭의 둥우리를 바라보았습니다. 이제나저제나 기다리는데 마침내 토종암탉이 둥우리로 들어갔습니다. 얼마 있지 않아서 꼬끼요- 하고 웁니다. 그 동안 둥우리 가까이에서 얼씬하는 사람은 아무도 없었습니다. 아저씨는 낮잠이라도 자는 건지 방문이 굳게 닫힌 채였습니다.

나는 살금살금 걸어서 둥우리로 다가갔습니다. 그런데 이상합니다. 역시 달걀이 보이지 않는 겁니다. 그 동안 누군가가 재빨리 달걀을 도둑질해 간 겁니다. 토종암탉이 달걀을 낳지도 않고 거짓으로 그렇게 울 수는 없습니다. 그냥 울 때의 울음소리와 달걀을 낳고 난 후의 울음소리는 전혀 다릅니다. 토종암탉은 분명 달걀을 낳고 나서 큰일을 하고 난 다음의 후련한 목소리로 크게 울었던 것입니다. 그런데도 달걀은 없었습니다. 닭이 알을 낳지도 않고 그렇게 사기를 쳤을까요? 그럴 이유가 없지 않습니까? 아무도 암탉에게 달걀을 낳으라고 강요한 적이 없으니까요.

다음날은 일요일이어서 나는 아예 울담 밑에 숨어서 둥우리를 지키기로 했습니다. 정오쯤이 되자 토종암탉은 여전히 둥우리로 올라갔습니다. 그리고 알을 낳고 난 다음의 후련한 모습으로 날개짓을 치면서 '꼬끼요' 하고 울었습니다.

그런데 이게 어쩐 일입니까? 초가지붕의 시커먼 구멍에서 무엇인가가 불쑥 얼굴을 내밀었습니다. 처음엔 무슨 막대기만 같았습니다. 그러나 그것은 점점 커지면서 멍석자리를 감아 올린 새끼줄을 타고 내려오기 시작했습니다. 나는 그렇게 큰 먹구렁이를 전에 결코 본적이 없습니다. 빨간 혓바닥을 날름대며 구렁이는 멍석자리를 타고 닭의 둥우리로 다가갔습니다. 그리고 주둥이로 둥우리 안을 휘저었습니다. 그러자 구렁이의 목둘레로 계란 크기만큼 툭 불거진 혹이 생겼습니다. 구렁이는 천천히 기어서 땅으로 내려오더니 장독대쪽으로 사라졌습니다.

나는 너무나도 놀라서 그저 부들부들 떨기만 했습니다. 세상에서 그런 무서운 경험은 처음입니다.

"아저씨. 구렁이가 달걀 먹는 것 보았어?"

내가 아저씨가 머물고 있는 사랑방 문을 잡아채며 그렇게 물었습니다. 아저씨는 곤하게 낮잠을 자다가 내 말에 놀라서 깼습니다.

"나, 구렁이가 달걀 훔쳐먹는 것 보았다."

아저씨는 내 말을 믿을 수 없는 모양입니다. 그저 빙그레 웃더니

"용아. 너 꿈을 꾼 모양이다."

하고 웃었습니다.

"정말이라니까."

나는 내가 본 일들을 사실 그대로 말했습니다. 그러나 아저씨는 여전히 믿지 못하겠다는 표정입니다.

"아저씬 토종암탉이 낳은 달걀이 없어진다는 말을 듣지도 못했나 봐?"

"몇 번 듣긴 했지만…. 닭은 다른 곳에 가서 알을 낳기도 한단

다."

"우리 엄마가 아저씨를 의심하는 것도 모르지?"

"내가 훔쳐갔을 것이라고 말이냐?"

아저씨는 믿을 수 없다는 표정입니다.

"아저씨 누명을 벗겨 줄려고 이틀이나 둥우리 밑에 숨어 있었는데."

"그런데 구렁이가 그러더란 말이지?"

아저씨는 아직 덜 깬 졸음 때문인지 쩝쩝 입맛을 다시며 길게 하품을 했습니다.

"정 그렇다면 내일엔 내가 훔쳐보아야겠다."

다음날 학교에서 돌아오니 아저씨가 내 손목을 잡았습니다.

"용이 말이 맞더라. 아저씨도 그놈 구렁이를 보았다."

"굉장히 크지?"

"그래 굉장히 큰놈이야."

"어쩌면 좋지?"

"글쎄 말이다."

아저씨는 잠시 생각하는 표정이었습니다.

"우선 부모님께 알리자."

아저씨의 말에 나는 머리를 흔들었습니다. 집안에서 그렇게 소란을 부리면 그 구렁이가 다시는 나타나지 않을 것만 같았습니다. 그러면 아저씨와 나만 바보취급 당할 것이지요. 더구나 구렁이는 영물이라잖아요. 닭을 잡아먹을 수도 있을 텐데 매일 낳는 달걀만을 훔쳐먹는 것만 보아도 알 수 있지요. 닭을 잡아먹으면 더 이상 달걀은 못 먹을 것이니까요.

"아저씨. 이렇게 하면 어때요?"

나는 마침 한 가지 좋은 생각을 해 냈습니다.

"아저씨는 팽이를 잘 만들잖아요?"

"그야. 전부터 나무로 무엇이든 만드는 재주가 있었지."

"나무로 계란을 하나 만들어줘요."

"그걸로 뭘 하게?"

"구렁이를 속일 거예요."

"구렁이를 속이다니?"

"달걀 대신 나무달걀을 먹이는 거죠. 그러면 다시는 그런 못된 도둑질을 못하게 될 테지요. 달걀이라고 해서 다 먹을 수 있는 것은 아니란 것을 알게 될 테니까요."

"하지만 그놈이 속을까? 달걀과 나무는 다른데."

"그래도 한 번 해 보는 거죠."

내가 그렇게 조르니 아저씨는 어쩔 수 없다는 듯이 승낙을 했습니다.

아저씨는 나무달걀을 만들었습니다. 달걀을 옆에다 두고 그것과 꼭 같은 모양이 되도록 열심히 깎았습니다. 그리고 다 깎은 다음에는 겉면이 반질반질 하도록 사포로 여러 번 문질렀습니다. 구렁이가 속지 않으면 안되니까요. 그렇게 반질반질한 겉면에 다시 계란을 깨뜨려 기름을 먹였습니다. 나무에서 계란냄새가 나게 하기 위해섭니다. 아저씨의 손재주가 워낙 뛰어난 데다가 사포로 잘 문지르고 계란 노른자와 흰자로 기름까지 먹이고 보니 누구의 눈에도 나무알이 누런 계란덩어리로 보였습니다.

다음 토요일이 되어서 나는 다시 담 밑에 숨었습니다. 토종암탉이 알을 낳고 떠나자 나는 얼른 달려가 방금 낳은 달걀을 꺼내고 그 대신 나무로 만든 달걀을 제 자리에 두었습니다. 내가 순식간에 일을 치루고 담 밑에 와서 숨었더니 어김없이 구렁이가 둥우리로 다가가기 시작했습니다. 나는 숨을 죽이고 조마조마해서 지켜보았습니다. 아니나 다를까 구렁이의 목이 혹처럼 불룩 불거졌습니다. 나는 아저씨에게로 달려갔습니다.

"아저씨. 아저씨. 삼켰다. 삼켰어."

아저씨는 믿기지 않은 표정으로 물었습니다.

"그놈이 진짜로 나무달걀을 삼켰단 말이지?"

"그렇대두."

"그럼 어찌 될 것인가? 그놈은 항문이 없는데."

나는 어리둥절해서 물었습니다.

"항문이 없다고? 그러면 뭐로 똥을 쌀까?"

"그놈은 뱃속 소화액으로 모든 것들을 그냥 녹인단다?"

"뼈까지도?"

"물론이지."

"그럼 나무도 녹일까?"

"글쎄 말이다. 녹을 것 같지 않은데."

192

나는 슬그머니 걱정이 되기 시작했습니다. 그러다 죽으면 큰일이니까요? 도둑질하면 혼난다는 것만을 알려주면 되지 죽일 필요까지야 없지 않아요. 더구나 지붕 속에 사는 구렁이는 집을 지켜주는 지킴이라고 하는데요.

"입으로 도로 토해 내면 안되나요?"

"글쎄 말이다. 그놈들이 먹이를 토한다는 말을 들은 적이 없긴 하다만."

다음날은 일요일이어서 나는 종일 집 둘레를 어정거렸습니다. 그러나 구렁이를 만날 수는 없었습니다. 정오 무렵이 되어서 토종 암탉은 다시 둥우리로 올라가 알을 낳았습니다. '꼬끼요' 하는 울음소리가 들렸습니다. 나는 얼른 달려가서 둥우리를 지켰습니다. 이번에는 구렁이가 나오지 않았습니다. 둥우리 속을 들여다보니 이번에는 달걀이 그대로 있었습니다.

이제 그 먹구렁이는 어떻게 되었을까요?

내가 걱정을 하며 마루에 앉아 있자니까 집 뒤곁에서 나오던 아저씨가 나를 손짓해 불렀습니다. 아저씨는 손가락을 입술에 가져다 대었습니다. 말을 해서는 안 된다는 표시였습니다. 나는 영문을 모른 채 아저씨가 하는 대로 발걸음 소리를 죽이고 살금살금 걸었습니다. 그리고 햇살이 따뜻한 장독대에 이르렀습니다.

아저씨가 장독대 뒤에 서 있는 가죽나무를 가리켰습니다.

"저기 보이는 게 없니?"

그제야 나는 나무를 뚤뚤 감고 있는 먹구렁이를 볼 수 있었습니다.

"구렁이가 거기서 뭘 하지?"

"뱃속의 계란을 깨뜨려 보려는 거다."

아저씨의 말이었습니다.

"그놈은 계란을 먹고는 저런 방법으로 뱃속의 계란을 깨뜨린 모양이다."

그러니 구렁이는 자기 몸을 나무에 감고 힘을 줌으로써 뱃속의 계란을 깨뜨린 모양입니다. 그러나 이번은 뜻대로 되지 않는 모양입니다. 나무를 감고 힘을 주던 구렁이가 좀더 높이 기어오르기 시작했습니다. 그러더니 나무를 감았던 몸을 풀고 주루룩 땅으로 미끌어졌습니다. 구렁이가 땅바닥에 떨어지는 소리가 철썩 들렸습니다. 처음엔 나무를 감은 몸에 힘이 빠져서 그렇게 되는 줄 알았습니다. 그러나 그게 아니었습니다. 구렁이는 다시 나무 위로 기어올라가더니 앞서 했던 것처럼 다시 몸을 느슨하게 풀어서는 철썩 떨어져 내리는 것입니다. 몇 번이고 그 짓을 반복했습니다.

"나무를 감아서도 깨지지 않으니까 저렇게 스스로 심하게 떨어져서 뱃속의 계란을 깨뜨려 보려는 게다."

아저씨는 혀를 찼습니다.

"한갓 미물로만 여겼는데 그게 아닌 모양이다."

구렁이는 몇 번이나 같은 일을 되풀이했지만 끝내 성공을 하지 못했습니다. 그러자 구렁이는 힘이 하나도 없는 동작으로 슬슬 기어서 울타리 옆의 풀섶으로 갔습니다. 그리고는 쇠뜨기 풀만을 골라서 뜯기 시작했습니다.

"뱀도 풀잎을 먹나요?"

"글쎄다. 뱀딸기란 말이 있는걸 보면 딸기 정도는 먹는지도 모르지."

그러던 아저씨가 무릎을 치며 말했다.

"그래? 소를 먹일 때 어른들이 쇠뜨기는 먹이지 말라고 하셨지. 그걸 먹으면 설사를 했거든. 뱀도 그걸 아는 모양이다. 설사를 하고 싶은 모양이다."

"뱀은 항문이 없다고 하셨잖아요?"

"항문으로 설사를 못하면 입으로 토하기라도 할 테지."

아저씨는 그렇게 말했습니다. 얼마 동안이나 쇠뜨기풀을 뜯어 먹던 구렁이가 마침내 지쳤는지 긴 몸을 이끌고 울타리 밖으로 사라졌습니다.

나는 점점 더 걱정이 되었습니다.

"그렇게 큰놈이 나무달걀 하나쯤으로 죽지는 않겠지요?"

"너는 그 구렁이가 죽지 않기를 바라니?"

"그럼요. 달걀 몇 개 도둑질했다고 해서 죽이기까지 하는 건 너무 하잖아요?"

"그런가? 그렇다면 죽지 않을 게다. 저렇게 나무를 감아서 몸을 조일 줄도 알고, 높은 곳으로 올라가서 떨어져 내릴 줄도 알고, 더구나 쇠뜨기풀까지 뜯어먹을 정도의 영물이라면 무슨 방법이든 찾아 낼 게다."

그러나 그런 기대는 다음날 아침에 무너지고 말았습니다. 아침에 옹달샘으로 물을 길러 갔던 어머니의 비명에 모든 식구들이 놀라서 잠이 깨었습니다. 그리고 옹달샘 가까이로 달려 가 보니 큰 먹구렁이가 몸을 길게 늘이고 죽어 있었습니다. 몸의 한 가운데는 여전히 삭히지 못한 나무달걀로 해서 배가 혹처럼 불룩 했습니다.

"허. 그놈. 뭔가 못 먹을 것을 먹은 모양이다."

아버지는 지게작대기로 뱀을 들어올렸습니다. 죽은 놈이어서 그런 건지 더욱 무거워 보였습니다. 아버지는 돼지우리로 가서 그놈을 돼지의 코앞에다 던져 주었습니다.

"이놈. 잘 먹고 잘 커라."

아버지는 기분이 좋은 모양입니다. 구렁이를 먹이면 돼지는 아주 살이 찌고 잘 자란답니다.

"딸년 결혼잔치 때 손님들을 푸짐히 먹일 수 있도록 살이나 푹푹 쪄라."

어머니도 빙그레 미소를 지었습니다. 그러나 나만은 왠지 큰 죄를 지은 것 같은 느낌입니다. 그만 정도의 일로 구렁이가 죽을 것이라고는 상상도 못했거든요. 계란 몇 알 훔친 죄로 목숨까지 잃는다는 것은 너무 큰 대가가 아니겠어요. 그런 내 마음을 알아채셨는지 아저씨가 내 머리를 쓰다듬으시며 말했습니다.

"용아, 목숨은 하느님이 주관하신다. 그 구렁이는 그렇게 죽을 운명이란다. 네 탓이 아니란 말이다."

그러나 내게는 조금도 위로가 되지 않습니다. 죽은 구렁이가 너무나 불쌍해서지요. (*)

검은 새,
변종
독수리

승희는 굴뚝 옆 양지에 혼자 앉아 있었다. 햇볕을 쬐며 꼬박꼬박 졸았다. 아무의 눈에도 잘 띄지 않는 굴뚝 옆 양지에 혼자 졸고 있을 때가 제일 마음이 편했다. 오후의 나른한 햇살이 졸음을 몰고 왔다. 외출복 차림으로 대문을 나서던 엄마가 그런 승희를 보고 핀잔처럼 말했다.

"쬐끄만 계집애가 어쩜 그처럼 고독해 뵈냐?"

졸음에서 깬 승희가 물었다.

"어딜 가는데?"

"어디긴? 네 오빠 때문에 학교엘 가 보아야겠다."

오빠가 또 말썽을 부린 모양이다.

"대문 잠그고 집 잘 봐라."

엄마는 의례적인 말로 그렇게 내 뱉고는 대문을 꽝 소리가 나도록 닫았다. 승희는 그런 엄마의 뒷모습을 전송하고 다시 꼬박꼬박 졸았다. 나른한 햇살이 무더기로 쏟아져 내렸다. 쬐끄만 계집애가 어쩜 그처럼 고독해 뵈냐? 엄마의 목소리가 햇살과 더불어 스물스물 기어내린다. 꼭 앙큼한 암코양이 같구나. 엄마는 그렇게 덧붙이고 싶었을 것이다. 평소에 늘 그랬으니까. 그러나 오늘은 어지간히 바쁜 모양이었다. 그런 말도 생략하고 곧바로 달려가니 말이다.

승희는 자신의 몸뚱이가 자꾸만 졸아드는 느낌이다. 아니 그렇게 되었으면 좋겠다. 그렇게 졸아들고 뭉쳐져서 작고 동그란 공이 되어 굴뚝 구멍 속으로라도 사라지고 싶다. 그것이 요즈음 승희의 마음이다. 전에는 결코 그렇지 않았다. 느닷없이 찾아온 IMF로 아버지의 사업이 망하고 집안이 파산하고 빚더미에 올라앉기 전까지는 이렇지 않았다.

생각할수록 그것은 악몽이었다. 빚쟁이들이 우 - 하고 몰려 왔다. 평소 잘 알고 지내던 이웃들 이었는데, 모두들 눈에 불을 켰다. 눈에서 핏물이 튀는 것 같았다. 그들은 집안의 가구들을 들어내기 시작했다. 장롱이며 옷장은 물론이요 냉장고며 세탁기, TV 같은 가전제품, 그리고 그녀의 피아노와 오빠의 바이올린까지도 몽땅 들어냈다. 가구뿐이 아니었다. 찬장의 그릇마저도 남아나지 않았다. 심지어는 마당 한쪽에 만들어 놓은 닭장 안에까지 몰려갔다. 알을 낳을 수 있는 암탉만도 삼십여 수가 넘었다. 사람들이 몰려들자 닭들은 놀라서 꼬꼬댁거리며 온통 허공을 날았다. 닭들은 한 마리씩 잡혀서 목이 비틀리기 시작했다. 겨울이었다. 목뼈가 부러진 닭들이 흰 눈 위에 던져졌다. 새빨간 핏물이 하얀 눈 위에 선명하게 뿌려졌다. 오빠가 길길이 뛰었다. 그 닭들은 오빠가 기르던 오빠의 것이었다. 엄마가 오빠의 팔을 붙들고 매달렸다. 애야, 참아라. 참아야 한다. 승희는 집안이 망한다는 게 어떤 것인지 처음으로 체험할 수 있었다.

오빠는 더 이상 공부에 매달리지 않았다. 중3 전체에서 1등만 하는 수재라는 자랑도 사라져 버렸다. 오빠는 걸핏하면 싸움질이고 심지어는 가출까지 했다. 그럴 때마다 엄마는 학교에 불려가야 했다. 이제 중 1인 승희도 공부에 대한 관심을 잃었다. 전국 피아노 경연대회에서 특상까지 받은 승희지만 모든 게 시들했다 그저 으슥한 굴뚝 양지쪽에 쪼그려 앉아 졸고만 싶은 것이다. 어쩌면 암코양이처럼 감추어진 발톱을 갈고 있었는지도 모른다. 잔인한 빚쟁이들에게 보복할 날이 있을 거라고 벼르면서 말이다.

한 번 망하고 보니 이웃들의 시선이 그렇게 싸늘할 수 없었다. 망한 집안이라고 모두들 비웃었다. 경멸했다. 승희가 살고 있는 곳은 작은 지방도시라 주민들이 많지 않았다. 그래서 시시콜콜 작은 일도 숨기기가 어려웠다. 대부분 옆집 숟가락이 몇 벌인지까지 알고 있는 처지였다. 그러니 승희네가 망해서 빚잔치를 하게 된 것을 모르는 사람이 없었다.

"장사 좀 잘된다고 땅 사고 집 늘리고 가게 넓히고 부산이더니."
"수백만 원 한다는 피아노, 바이올린도 월부로 들여놓고 떵떵거리더니."

이웃들은 그런 식으로 흉을 보았다. 그런 이웃들의 비난이 턱없는 것만은 아니었다. 처음엔 다들 고만고만한 생활이었다. 승희네가 살고 있는 골목에선 승희네가 철물점을 경영하듯이 영희네는 구멍가게, 민자네는 식품점, 은희네는 세탁소, 영숙이네는 만화가게를 했다. 다들 비슷한 영세 상인들이었다. 그러니 사는 모습도 도토리 키재기로 비슷했다.

그런데 승희네가 철물점을 정리하고 건재상을 차리면서 상황이 갑자기 바뀌었다. 때마침 서울에서 일던 건축 붐이 시골까지 미치게 되면서 건축 자재들이 불티나게 팔렸던 것이다. 그런 호황이 없었다. 매일 저녁 가족들이 둘러앉아 돈 세기에 바쁠 정도였다. 오래 살던 단층집을 이층으로 증축하고 텃밭도 두 배로 늘렸다. 본래의 점포는 세를 주고 몫이 좋은 시장 어귀에 큰 점포를 새로 장만했다. 욕심껏 재산을 늘린 것이다.

서울 나들이가 잦은 아빠는 서울 사람들의 교육열에 뒤질 수 없다면서 승희에게 피아노를 사주고, 오빠 승용에겐 바이올린을 선물했다. 그리고 승희에게 피아노 과외를 시키고 중 3이 되어 가는 승용에겐 고등학교부터는 서울 유학을 시킬 것이라며 가정교사를 따로 두기까지 했다.

이런 것들이 모두 흉 거리가 된 것이다. IMF라는 된서리를 맞아 하루아침에 망하게 되었기 때문이다. 재산을 늘리느라 남의 빚을 쓰기도 했지만 사람 좋은 아빠가 여기저기 빚보증 선 것이 한꺼번에 구멍이 생긴 것이다. 재산을 다 팔고도 모자라서 빚잔치를 해야 했다. 지금 살고 있는 집도 팔릴 때까지 임시로 거쳐하고 있는 형편이었다.

너무나 엄청난 현실에 절망한 아빠는 매일 술이었다. 평소에는 당뇨기가 있다고 술을 자제하던 터였지만 집안이 파산하고 나니 울분을 참을 길 없는 모양이었다. 당연한 결과지만 과음으로 인하여 당뇨가 심해지고 그 합병증으로 신장염이 병발해서 몸저 눕고 말았다. 근래에는 기동도 어려웠다. 일주일에 한 번씩 병원에 가서 피를 맑게 하는 투석시술을 받아야 할 정도였다. 한 번 투석을 받을 때마다 십여 만원이 넘는 돈이 든다고 했다.

집안이 파산하고 아빠가 병들어 눕자 엄마가 혼자서 집안 살림을 떠맡아 동분서주했다. 그런데 오늘은 승용이 오빠 때문에 학교까지 가야 하는 모양이었다. 오빠의 하는 짓이란 빤했다. 친구들과의 싸움질이거나 아니면 닭서리 같은 도둑질이다. 싸움질을 좋아해서도 아니고 배가 고파서도 아니다. 공연히 그러는 것이다. 언젠가부터 오빠의 눈에 핏기가 돌았다. 그리고 무슨 짓이든 저지르려 들었다. 오빠는 자신이 키우고 있는 검은 색깔의 변종 독수리처럼 성질이 사나와지고 눈에는 증오가 넘쳤다.

오빠는 새까만 변종 독수리를 키우고 있었다. 처음에는 그 새의 이름을 알지 못했다. 코는 매처럼 끝이 꼬부라져 있고, 고양이처럼 날카로운 발톱과 수리처럼 커다란 날개를 지닌 놈이었다. 까마귀처럼 새까만 놈인데 두 눈이 반들거렸다. 칼날같이 날카로운 눈초리에 번득이는 살기가 느껴졌다. 어떤 사람은 그 새를 올빼미의 사촌이라고 말하고, 어떤 사람은 꿩 잡는 매의 종류라고 말했다. 그러다가 누군가가 동물도감에서 보았다며 변종 독수리라고 단정지었다. 오빠는 그 변종 독수리를 끔찍이 아꼈다.

승희는 오빠가 처음 그 새를 잡던 때의 모습을 잊을 수가 없다. 빚쟁이들이 몰려와서 가구들을 모두 들어낸 지 며칠 후였다. 눈 내린 오후였다. 뒷동산엘 올라가니 오빠가 까만 새 한 마리를 뒤 쫓고 있었다. 매처럼 사나와 보였다. 아직 새끼여서 제대로 날지도 못하는 놈이었다.

"오빠. 도와줄까?"

승희가 그렇게 묻자

"비켜. 끼어들면 혼내 줄꺼다."

오빠는 무섭게 눈을 부라렸다. 승희가 막대기 하나를 찾아들고 오빠에게 내밀었다.

"오빠. 이걸로 때려. 이걸로 때려잡으라고?"

그랬더니 오빠는 더욱 성을 내었다.

"비키라고 했잖아. 막대기 같은 건 필요 없어. 나는 이놈을 산채로 잡아야 돼."

그렇게 말하며 오빠는 종일 눈밭을 헤매었다. 땀을 뻘뻘 흘리며 숨을 헐떡였다. 지쳐서 금방 쓰러질 것 같았다. 그런데도 오빠는 조금도 멈추지 않았다. 새는 아직 날개가 다 자라지 못해 멀리 날지 못했다. 날개를 퍼덕이며 뒤뚱뒤뚱 걸었다. 새도 잡히지 않으려고 필사적이었다. 종일 쫓고 쫓기는 싸움이 계속 되었다. 그러다 저녁 무렵이 되어서 그 새는 마침내 지쳐서 눈 속에 목을 처박고 말았다. 마침내 오빠가 이긴 것이다.

오빠는 그 새를 텅 빈 닭장에 넣고 길렀다. 닭들을 키울 때보다 더 열심이었다. 매일 개구리를 잡으러 벌판 멀리까지 나가곤 했다. 매처럼 생긴 변종 독수리는 점점 생기를 회복하기 시작했다. 그러자 오빠는 뱀잡이 집게를 만들어서 뱀을 잡으러 나섰다.

"뱀을 먹여야 독해진단 말야."

오빠는 그렇게 말했다. 그리곤 언젠가 승희에게만 속삭이듯 말했다.

"내 닭을 빼앗아간 놈들을 결코 그냥 두지 않을 꺼야."

오빠는 그 검은 새를 길들여서 마침내 복수를 하고 말겠다는 결심을 했던 것이다. 새는 뱀을 먹기 시작하면서부터 더욱 생기가 돌았다. 까만 색깔이 더욱 까매지고, 눈알이 반들반들 빛을 뿜었다. 부리가 굽어지면서 더욱 단단해졌다. 발가락은 갈퀴처럼 휘었는데 발톱이 날카로웠다. 홰대에 올라앉아 주위를 두리번거릴 때에는 목덜미의 깃털이 곧추 섰다. 그놈이 독 오른 독사와 대결하는 장면은 정말 끔찍했다. 독사가 잔뜩 독을 쓰면서 머리를 세우고 기회를 노리다가 휙 솟구치는 순간 그놈은 날쌔게 날개를 파닥이며 뱀의 모가지를 정확하게 공격했다. 새가 억센 부리로 쪼아대자 독사는 금방 척 늘어진 시체가 되었다. 승희는 두려워하면서도 그 끔찍한 광경을 똑똑히 보았다.

오빠가 새를 사육하는 동안 오빠와 새는 묘하게 닮아 가는 것

같았다. 오빠가 손을 내밀면 새는 그리로 날아와 앉았다. 그리고
한참이나 서로의 눈을 들여다보았다. 그렇게 서로의 마음을 읽었
다. 오빠는 어떨 때는 학교에도 가지 않고 새장 속에 들어가서
새와 놀았다. 그들은 너무나 호흡이 잘 맞았다. 그리하여 오빠가
그의 닭을 비틀어 죽인 빚쟁이들에게 복수하고 말겠다는 계획도
마침내는 이루어질 것만 같았다.

승희는 오빠의 속마음을 읽을 수 있었다. 남의 집에 쳐들어와서
가구를 들어내고 그리고 닭장으로 들어가 닭의 목을 비틀어 댄
자들은 벌을 받아야한다고 생각하는 것이다. 물론 빚진 자의 잘못
이 없는 것은 아니다. 그러나 이자를 꼬박꼬박 물었고 그리고 대
부분은 빚 보증이 아닌가? 한때는 좋은 이웃으로 웃고 지내던 사
이였는데 그렇게 몰인정 할 수 없었다. IMF란 게 어디 우리만의
일인가? 온 나라가 당한 갑작스런 재앙이라지 않는가? 그런데도
인정사정 없이 집안의 가구를 들어내고, 옷과 그릇까지 휩쓸어가
고, 닭의 목을 비틀던 자들을 어찌 용서할 것인가? 승희도 암코양
이처럼 발톱을 갈고 기다리다가 언젠가는 오빠의 복수에 가담할
것이라고 생각했다.

"승희야, 승희야."

승희는 아빠가 부르는 소리를 듣고 아빠가 기거하는 사랑방으
로 들어섰다. 아빠는 몸을 벽에 기댄 채 눈을 감고 있었다.

"승희야, 냉수 한 사발 떠 주겠니?"

아빠는 어깨로 숨을 할딱이며 힘겹게 말했다.

"아빠, 물 마시면 안 되잖아."

"목이 말라서 그런다. 내 혓바닥 좀 보렴."

아빠의 혓바닥엔 하얗게 백태가 끼고 손금처럼 몇 가닥으로 갈라져 있었다.

"엄마한테 혼나라고?"

승희는 아빠의 혓바닥을 외면했다. 전에도 아빠의 애원에 못 이겨 냉수 한 사발 떠드렸다가 엄마에게 혼쭐난 적이 있기 때문이다. 이년아, 내가 못하게 했지. 아빠 돌아가시는 게 소원이라면 그 따위 짓 해라. 엄마는 무섭게 호통 쳤다. 냉수 한 사발 때문에 아빠는 병원 응급실로 실려 가야 했던 것이다. 중증의 신장병 환자는 몸 속으로 들어 온 물을 걸러낼 능력이 없기 때문에 시원한 냉수 한 사발도 마음대로 마실 수 없었다. 당뇨 때문에 폭음은 않더라도 술을 즐기시고 호탕하다는 평을 듣던 아빠였다. 그런데 지금은 술은커녕 냉수 한 사발조차 마실 수 없는 신세가 된 것이다. IMF라는 재앙이 닥쳐온 지 1년도 안 되어 생긴 집안의 변화였다.

"승희야, 엄마에겐 내가 잘 말할 테다. 알겠니?"

그러나 승희는 아빠의 말을 들을 수 없었다. 또 응급실로 실려 가게 할 수는 없었다. 승희가 말을 듣지 않자 아빠는 화를 내었다.

"아빠 말이 말 같지 않아?"

"또 응급실에 실려 갈려고?"

"실려 갈 땐 가더라도 말이다. 냉수 한 그릇도 못 마시면서 더 살면 뭣하냐?"

"난 몰라."

"이년이. 아빠가 시키는 일인데 못 하겠다는 건 뭐고?"

아빠가 시키는 일이라도 못 하는 건 못 하는 거다. 승희는 그렇게 생각했다. 아빠는 죽고 싶으신 거야. 그런 생각도 했다. 하필 엄마가 없을 때 딸에게 냉수를 부탁하니 말이다. 아마도 아빠는 거동만 자유로우면 냉수 한 사발이 아니라 열 사발도 더 마실 것이다. 아빠는 매주 투석 때마다 엄마와 다투었다. 가만 내버려달라는 것이다. 제 명에 죽고 싶다고도 했다. 아빠는 집안에 돈이라고는 한 푼도 없다는 것을 누구보다도 잘 아신다. 한 번 망가진 신장은 다시 더 좋아지는 법이 없다고 한다. 그러니 병원에다 돈을 쳐들일 필요가 없다고 했다.

아빠는 엄마가 병구완을 위해서 얼마나 힘든 고생을 하는지 잘 알고 있다. 파산하고 빚잔치까지 한 사람에게 돈 한 푼 꿔 줄 사람이 어디에 있겠느냐 말이다. 나을 가망이 없는 병인데 하루 더 산들 무슨 소용이냐는 것이다. 자신이 하루 더 살면 온 가족들은 몇 년을 더 고생해야 한다는 것이다.

"승희야, 냉수 한 그릇 마시겠다는 소원도 못 들어 준대서야 어찌 딸자식이라고 하겠니. 그러니 딴 생각말고 딱 한 그릇만 떠다 오."

아빠는 사뭇 애원조였다. 승희는 더 이상 견딜 수 없어 후다닥 달아났다. 승희는 늘 하던 것처럼 굴뚝 옆으로 달려갔다. 그리고 쪼그려 앉은 두 무릎 사이에 얼굴을 묻고 쿨쩍쿨쩍 울기 시작했

다. 암코양이처럼 암상을 떨며 버티던 승회였지만 더 이상 어쩔
수 없었다. 집안이 망한다는 게 이런 것인가? 사람이 살아간다는
게 이처럼 어려운 것인가? 그런 저런 생각이 떠오르며 하염없이
눈물이 솟았다.

오빠는 닭장 속으로 들어가 검은 새를 불렀다. 새가 익숙해진
동작으로 오빠의 어깨에 날아와 앉았다. 오빠가 휘파람을 불며
오른손을 내밀자 새는 기다렸다는 듯이 풀썩 날아서 오빠의 오른
쪽 손등으로 옮아왔다. 오빠가 승회를 향하여 싱긋 웃었다. 어때?
내가 잘 훈련시켰지? 그런 흡족한 표정이었다.

"오빠. 아무리 훈련시켜도 대부분의 야생 동물들은 길들지 않는
데."

"누가 그러데?"

"생물선생님이."

"그 선생님이 이런 새를 키워 보았대?"

"그냥 아는 거지. 키워 보아야만 아나?"

"키워 보지 않고 그냥 어떻게 알아? 겪지 않고는 누구든 알지
못해."

오빠는 단호한 목소리로 말했다.

"이 검은 새를 봐라."

오빠가 왼손을 내밀고 휘파람을 불자 새는 오빠의 왼손 손등으
로 옮겼다. 오른손으로 허공을 가리키며 휘파람을 불자 허공을
한 바퀴 돌아 횃대에 가서 앉았다. 순간 오빠의 감추어진 손에서

개구리 한 마리가 튀어 나갔다. 날카로운 휘파람 소리와 더불어 새는 쏜살같이 내리 꽂히더니 개구리의 몸뚱이를 갈고리 같은 발톱으로 움켰다. 다시 휘파람을 불자 새는 놀랍게도 개구리를 제자리에 둔 채 본래의 횃대로 돌아갔다.

"이 검은 새는 굉장히 영리한 놈이야. 휘파람의 종류도 가릴 줄 알고 손짓의 의미도 잘 알아챈다고. 생물선생이 아니라 생물학자라도 이런 건 생각도 못 했을 거야."

오빠는 어깨를 으쓱 하며 덧붙였다.

"이런 걸 가능하게 하는 것은 사랑이야. 알겠니? 내가 이놈을 사랑하는 줄 이놈도 느끼거든. 우리는 서로의 눈을 바라보며 사랑을 확인하는 거야. 그렇게 서로를 바라보며 사랑을 확인한 다음에 훈련을 시켜야 훈련이 잘 되지. 야생 동물이라고 해서 만만히 보아서는 안 되는 거라고."

오빠는 확신을 갖고 말했다. 승희는 점차로 그 확신에 대해서 수긍하지 않을 수 없었다. 갈고리 같은 발톱에 움켜잡았던 먹이를 휘파람 지시만으로 포기하게 한다는 것은 쉬운 일이 아닐 것이다. 그런데 오빠는 그런 것이 가능하다는 것을 분명히 보여 주었다. 승희는 그 검은 새가 오빠의 의도대로 훈련되는 것을 확인하자 일말의 불안을 느끼지 않을 수 없었다. 우리 집으로 쳐들어 온 빚쟁이들, 그들은 대부분 이웃들이기도 한데, 은밀히 휘파람 하나로 눈알이 뽑히고, 코가 뜯기고, 귓바퀴가 찢겨지는 불상사가 나지 말란 법도 없었다. 그러다 생명을 잃는 경우도 생긴다면… 그것은 생각만으로도 끔찍한 일이었다. 그런데 점점 표독해지는 오빠를 보면서 오빠는 충분히 그런 계획을 실행에 옮길 것이라는 느낌이 들기 시작했다.

"쯧쯧, 또 새냐?"

외출에서 돌아오시던 엄마가 짜증을 냈다.

"싸움질하려면 말로 해야지, 이빨이 두 대나 나갔단다. 치과에 들렀다. 돈 백 없어지게 생겼다. 돈도 돈이지만 젊은애의 이빨을 두 대나 부러뜨렸으니, 평생 병신 만든 거다. 정신 좀 차려라. 그렇지 않아도 돈이 아쉬운데, 그런데다 돈을 써야겠니?"

엄마의 잔소리에 오빠는 묵묵부답이다.

"그리고 그 독수리 새끼인지 까마귀 에민지. 그놈도 날려보내라. 공부할 생각을 해야지. 고등학교에 진학해야 할 녀석이 공부는 않고 새만 끼고 돌아서 될 일이냐?"

"공부하고 새하고 무슨 상관이 있다고…"

"그게 어디 보통 새냐? 눈에 살기가 돌아. 그 부리며 발톱을 보아라. 그런 놈은 남에게 이익이 안 돼. 틀림없이 남을 해칠 놈이야. 네가 그놈만 끼고 도니 닮아서 매일 싸움질인 거야. 그러니 날려보내란 말이다."

"공연히 새는 왜 들먹여요. 이놈을 이만큼 훈련시키느라 얼마나 고생했는데요."

"그렇게 훈련시켜서 어쩔래? 꿩이라도 잡아올래?"

"꿩쯤은 아무 것도 아니라고요."

오빠는 씩씩거리며 말했다. 꿩쭘이야. 오빠는 그렇게 중얼거렸다. 닭의 목을 비틀어 죽인 놈들이 어떤 꼴을 당하나 똑똑히 보시라고요. 오빠의 꼭 다문 입술이 그런 결심을 더욱 다짐하는 듯했다. 엄마는 그런 오빠를 보자 한숨을 내쉬었다.

"어쩌다 집안이 이 꼴이 되었는지…. 뭐든, 제대로 되는 게 없어. 애새끼들마저 엄마 말을 우습게 여기니…."

엄마의 말처럼 무엇이든 제대로 되는 게 없었다. 이런 집안이 되리라고는 전에는 상상도 할 수 없었다. 엄마는 못내 화를 누를 길이 없는지 오빠를 향해서 쏘아 붙였다.

"네가 그놈의 새에게 쏟는 지극 정성의 반만이라도 아빠에게 쏟아 보아라. 아빠의 병이 벌써 나았을 것이다. 학교에서 싸움질할 시간은 있고, 아빠를 간병할 시간은 없다는 게 말이 되니? 아빠가 화장실도 못 갈 정도로 앓아 누웠어도 너는 한 번도 병 수발한 일이 없다. 어린 승희보다 못하단 말이다. 아빠가 부탁하는 잔심부름 정도는 해 줘야지. 그런 모든 것들이 왜 너와는 상관이 없고 나와 승희만의 몫이란 말이냐?"

엄마의 질책이 전에 없이 심해서 오빠는 감히 대꾸할 엄두도 내지 못했다. 사실 오빠는 집안이 파산한 이후에 집이 싫어서 밖으로만 나돌았다. 어쩌다 집에 오는 것도 다만 새를 돌보기 위해서였다. 그러다 보니 엄마 말처럼 앓고 있는 아빠의 사랑방엔 한 번도 가까이 한 적이 없었다. 웬만한 사소한 심부름은 착한 승희가 모두 맡아주었기 때문이다.

승희가 학교에서 돌아오니 집 대문 옆에 앰뷸런스 한 대가 주차되어 있었다. 승희는 가슴이 철렁했다. 승희가 달음박질 쳐서 집 앞에 이르기 전에 앰뷸런스는 그 독특한 엔진소리와 더불어 먼지를 뿜으며 달려갔다. 집 안은 텅 비어 있었다. 아빠가 기거하던 사랑방도 비어 있었다. 아빠의 병세가 심하게 악화된 모양이었다. 승희는 책가방을 마루에 던져두고 아빠가 치료받던 종합병원으로 달려갔다. 응급실로 들어가니 오빠 혼자서 멍-하니 앉아 있었다.

"아빠는?"

"저어기."

오빠는 얼이 빠진 얼굴로 수술실을 가리켰다.

"엄마는?"

"저어기."

오빠는 같은 모양으로 손가락질 하다가 갑자기 엉- 하고 울음을 터뜨렸다.

"오빠, 왜 그래?"

승희가 놀라서 물었다. 그러나 오빠는 더 이상 대꾸도 없이 응급실 밖으로 달려나갔다. 승희가 뒤따라 나왔지만 오빠는 이미 큰길 저쪽으로 무작정 달리고 있었다. 승희가 다시 응급실로 들어가니 얼굴이 새까매진 엄마가 수술실에서 나왔다.

"아빠 어때? 위독한 거야?"

승희의 말에 엄마는 힘없이 머리를 끄덕였다. 엄마의 두 눈에서 눈물이 비 오듯 흘렀다. 응급실 간이의자에 기대앉은 엄마는 제정신이 아니었다.

"엄마, 정신 차려. 응급실에 온 게 어디 한두 번인가?"

아빠가 위독해서 응급실을 찾은 것은 서너 차례가 넘었다.

"세상에. 승용이 그놈, 네 오빠 그놈 말이다. 아빠가 달란다고 냉장고 속의 냉수를 주전자 채 드렸다는구나."

승희는 그만 눈앞이 캄캄했다. 냉수 한 사발만으로도 응급실로 실려 오는 아빠였다. 그런데 그걸 주전자 채 드렸으니…. 승희는 더 이상 듣지 않아도 짐작할 수 있었다. 엄마의 꾸중을 들은 오빠가 모처럼 아빠의 방에 얼굴을 디밀었으리라. 그리고 아빠는 냉수를 찾았을 것이다. 아내나 딸에게 부탁해 보아야 소용이 없다는 것을 아시니까 말이다. 기왕이면 주전자 채 가져오라고 하셨을 것이다. 평소 그토록 마시고 싶어하시던 냉수였다. 배터지게 마셔 보는 게 소원이라고 하셨다. 그러다 죽게 되면 할 수 없는 일이 아니냐고 하셨다. 냉수 한 그릇 실컷 마시지도 못하면서 더 살면 뭣할 것이냐고도 하셨다.

오빠는 그런 아빠의 의도를 짐작도 못했으리라. 모처럼 아빠의 병 수발을 하게 된 것만을 다행으로 생각했을 것이다. 냉수 한 그릇의 소망쯤이야. 그러나 그 냉수 한 그릇이 경우에 따라서는 생명을 빼앗는 치명적인 독약이란 것을 어찌 짐작이나 했으랴.

아빠는 그렇게 해서 세상을 떠났다. 아빠의 죽음은 이미 예견된 것이긴 했지만 자살이나 다름없는 방법을 택하셨기 때문에 가족들의 마음에 큰 상처를 남겼다. 특히 오빠에겐 말이다. 엄마의 경우도 마찬가지였다.

"내 자식이 아니라 원수다 원수야."

엄마는 몸저 누우시고 음식도 들지 않으셨다.

"엄마, 그건 아빠의 선택이야. 엄마와 자식들을 위한 선택이라고."

승희가 엄마를 위로했다.

"그럴 지도 모른다. 그렇지만 이럴 수 있니?"

엄마는 후- 한숨을 쉬었다.

"승용이가 네 반만 되었어도. 이렇게 어른스런 동생의 반만 되었어도 위로가 되련만."

엄마는 눈물을 흘리셨다.

"그리고 저놈의 새는 내쫓을 수 없겠니? 그놈의 새만 보면 몸서리가 쳐진다."

승희는 엄마의 마음을 이해할 수 있었다. 오빠를 사랑하는 엄마는 오빠의 비뚤어진 행동이 모두 그 검은 새 탓이라고, 그렇게 돌리고 싶으신 것이다. 그러면서도 오빠가 워낙 새를 아끼니까 어쩌지 못하고 애만 태우시는 것이다. 사실 새를 내쫓는 일은 조금도 어려운 일이 아니다. 닭장의 문을 열어주면 되니 말이다.

"엄마가 일어나신다고 약속하면 제가 그 새를 내쫓겠어요."

"네가?"

"그럼요. 그깐 새 한 마리가 뭐라고."

승희는 발딱 자리에서 일어났다.

승희가 닭장으로 다가가자 검은 새는 그동안 익숙해진 얼굴이라 승희를 보고도 반갑다는 듯이 날갯짓을 쳤다. 승희는 닭장의 문을 활짝 열었다. 그리고 오빠가 새를 훈련시키느라 사용한 막대로 새를 닭장 밖으로 내몰았다. 새는 갑작스런 공격에 놀라서 퍼덕이다가 닭장 밖으로 쫓겨 나왔다. 그렇게 쫓겨 나온 새는 믿어지지 않는 듯이 주위를 한 바퀴 돌았다. 새는 자신이 놀랍게도 닭장의 세계가 아니라 자유로워진 새로운 세계에 진입한 것을 깨닫기 시작한 모양이었다. 새는 하늘 높이 치솟았다가 닭장으로 내려 왔다가 다시 하늘 높이 치솟기를 반복했다.

집안으로 들어서던 오빠가 그 광경을 보았다. 오빠는 길길이 뛰었다. 이리 내려와. 오빠가 악을 썼다. 새를 훈련시키던 특이한 발음의 휘파람을 불기도 했다. 그때마다 검은 새는 오빠의 머리까지 가까이 내려왔다. 그러나 오빠의 팔뚝에 내려 앉으려고는 하지 않았다. 새는 며칠이나 우리 집 허공에 빙빙 돌았다. 그러나 평소에 했던 것처럼 오빠의 팔뚝으로 내려오지는 않았다. 오빠가 악을 쓰며 울부짖었다. 이리 내려와. 내려와 앉으라고. 하지만 새는 결코 내려오지는 않았다. 생물 선생님의 말씀처럼 길들여지지 않는 야생 종류인지도 모른다.

"네가 날려보냈지?"

오빠가 승희를 노려보았다. 당장이라도 주먹 세례를 퍼부을 태세였다.

"엄마가 시킨 일이야. 엄마는 그 새만 보면 몸서리가 처진대."

"그게 나와 무슨 상관이야."

"엄마는 오빠의 엄마이기도 하니까. 엄마보다 그 새가 더 소중한 건 아니겠지."

"그런 억지가 어디 있어?"

"그게 왜 억지야. 길들지 않는 야생 새를 길들이겠다는 게 억지지."

"나는 길들일 수 있어."

"그런데 왜 그 새는 돌아오지 않아. 오빠가 그처럼 애타게 불러도."

말이 막힌 오빠가 한참 동안이나 승희를 노려보았다. 검은 새가 먹이를 노리듯 눈동자에 살기가 번득였다. 죽이고 말테야. 모두 죽여 버리고 말 테라고. 그러나 승희는 기죽지 않고 오빠를 쏘아보았다.

"오빤 이 집의 장남이야. 아빠가 안 계시니까 이젠 호주야. 그런데 그 따위 검은 새가 다 뭐야. 엄마를 위로해 드려야지."

"이 집에 나 같은 놈은 필요가 없어. 아빠에게 냉수나 떠드리는 못난 놈이 무슨 장남이야."

오빠는 그렇게 말하면 휙- 몸을 돌렸다. 그렇게 집을 나가면 어쩌면 영영 돌아오지 않을런지도 모른다는 생각이 들었다. 오빠는 자신이 아빠를 죽였다는 죄책감을 지니고 있었다. 한 사발의 냉수도 버거운 아빠께 냉수를 주전자 채 드렸으니 말이다. 그는 밖으로만 나돌았음으로 한 사발의 냉수가 아빠에게 치명상이 된다는 사실을 알지 못했던 것이다. 그 결과로 아빠는 돌아가신 것이다. 승희가 어느덧 오빠의 앞을 가로막았다.

"이대론 못 나가. 엄마 허락을 받아야지."

"아니, 쬐끄만 것이. 네가 뭔데?"

"오빠의 동생이니까."

승희의 말에 오빠가 찔끔한 표정을 지었다.

"아빠가 돌아가신 것은 아빠 자신의 선택이었어. 가족을 사랑하는 마음에서지. 나을 가망도 없는 병인데, 엄마가 꾸어대는 병원비가 집안을 두 번 파산시킨다는 것을 알고 계셨지. 우리를 사랑해서 그런 선택을 하신 거야. 오빠는 이용당했을 뿐이라고. 오빠는 아무 것도 알지 못했으니까. 그러니 아빠의 죽음은 오빠 때문이 아니야."

승희가 단숨에 내뱉었다. 승희는 이 말을 오빠에게 반드시 들려줄 것이라고 벼르고 또 별렀다. 굴뚝 옆에 암코양이처럼 웅크리고 앉아서 인정 없는 이웃들에게 발톱을 보여 줄 것이라고 벼르면서도 그런 생각을 했던 것이다.

"야생 새에게도 사랑을 주면서 자기 가족을 사랑할 줄 모른다면 그게 사람이야. 사람이냐구."

승희의 돌출된 행동에 오빠는 멍- 한 표정이 되었다. 마냥 어리게만 여겼던 동생이 어쩌면 이처럼 어른스런 말을 할 수 있을까 싶기도 했다. 그런 오빠를 향해서 승희는 호소하듯 덧붙였다.

"오빠, 이제 더 이상 새나 키우며 어린애 흉내를 낼 수는 없단 말야. 아빠가 안 계시니까. 오빠는 이제 이 집안의 아빠 노릇까지 해야 되거든."

승희의 눈에 눈물이 흘렀다. 이제 나도 굴뚝 옆의 암코양이 노릇을 하지는 않을 거야. 나도 앓아 누운 엄마 노릇을 대신 해야 하니까. 승희의 그런 결심이 얼굴에 내비쳤다. 승용은 그렇게 단단한 결심을 보여주는 동생을 밀치고 차마 대문 밖으로 뛰쳐나갈 수는 없었다. (*)

모기
한마리

강검사는 지금이야말로 인생의 절정기란 느낌을 갖곤 했다. 그 야말로 안 되는 것이 없었다. 미해결 강력범 사건 같은 것도 그가 일을 떠맡으면 죄인이 제 발로 걸어 와서 자수를 하는 판이었다. 그러니 남들의 부러움을 살만도 했다.

새 정부가 들어서서 개혁 바람이 불자 안면 있는 재벌들이 연신 찾아 왔다. 금융실명제에다 토지실명제 그리고 전직대통령 비자금 문제로 돈 가진 재벌들의 자세가 한껏 낮아졌다. 그만큼 경제통 검사인 그로서는 목에 힘깨나 세울만 했다.

그 날도 강검사는 모 재벌 회장의 초대에 응했다가 제법 취기가 도도해서 집으로 돌아 왔다. 아내는 떡두껍 같은 둘째 아들을 출산하느라 친정에 가 있었다. 그는 거실로 들어오자 방바닥에 길게 누웠다.

그는 재벌회장이 주머니에 찔러준 수표의 액수를 생각하며 행복한 미소를 떠올렸다. 시골 가난한 농사군의 아들로 태어나 온갖 고난을 겪으며 대학을 다녔다. 그런 보람이 있어서 사법고시에 합격하고 검사가 되었다. 그리고 지금은 자타가 공인하는 유능한 검사로서 앞길이 탄탄했다. 거기다가 아파트와 자가용을 갖고 시집 온 아내가 떡두껍 같은 아들을 둘이나 낳아주니 더 바랄 것이 없었다. 그가 스스로 생각해도 더 이상 욕심부릴 일이 없었다.

일은 바로 그 순간에 일어났다.

모기 한 마리가 앵- 하며 귓바퀴에 매달렸다. 그는 얼결에 모기를 향하여 손바닥을 날렸다. 그러자 모기는 손바닥의 공격과 더불어 귓구멍이라는 함정 속으로 곤두박질쳤다.

강검사는 "앵" 하던 모기 울음소리의 여운이 끝나기도 전에 귓속을 파고드는 날개짓 소리를 들어야 했다. 그 날개짓은 너무나도 맹렬해서 헬리콥터의 프로펠러가 돌아가는 것 만큼이나 요란했다. 강검사는 놀라서 일어났다. 그리고는 서둘러 성냥가치 하나를 꺼내서는 귓속을 후볐다. 그러자 상황은 더욱 나빠졌다.

모기는 등짝을 찍어누르는 무서운 힘에 놀라서 죽을힘을 다하여 귓속 함정의 저 깊은 바닥까지 기어들었다. 모기는 이 함정을 탈출할 수 있는 유일한 출구가 그곳이라고 생각했다. 그러나 모기는 곧 유연하지만 질긴 어떤 벽에 부딪쳤다. 다급한 심정으로 거세게 밀어붙일 때마다 그 벽은 휘장처럼 흔들렸다. 잘만 한다면 뜻밖의 새로운 통로가 열릴 것만 같았다. 모기는 자신의 생명을 건 전심전력의 투쟁을 전개하지 않을 수 없었다.

강검사는 고막을 두들기는 모기의 날개짓에 정신을 차릴 수 없었다. 그것은 천둥소리였고 우주가 흔들리는 소리였다. 지구가 돌 때 광장한 크기의 소리를 낸다는 말은 들었지만 고막에 달라붙은 한 마리의 모기가 만드는 날개짓이 그 소리에 필적할 것이라고는 전에는 감히 상상도 할 수 없었던 일이었다.

강검사는 성냥가치로 귓속을 후비는 짓을 단념하고 말았다. 그리고 모기가 마음을 바꾸어 주기를 기대했다. 즉 고막을 뚫고 지나가려고 발버둥칠 것이 아니라 출구가 전혀 반대에 있다는 것을 깨달아 주는 일이었다. 아니면 적어도 인간의 고막이 얼마나 견고한 벽인가를 깨닫고 그것을 뚫겠다는 모기 식의 무모함에서 빨리 벗어나는 일이었다. 적어도 좀더 빨리 절망하고 포기해 주는 일이었다.

그러나 비록 미물일지라도 모기는 모기다운 용기와 끈기가 있었다. 모기다운 생명의 귀중함이 있었다. 그리고 모기다운 무모함이 있었다. 그 모기는 귀의 고막이 아니라 견고한 콘크리트 벽이라 하더라도 생명이 다 하는 때까지 그 벽을 허물려고 마지막까지 발버둥 쳤을 지도 모른다. 그렇게 모기는 발버둥질을 계속했다.

강검사가 집 앞에 있는 개인 병원으로 달려 간 것은 자정이 이미 지난 시간이었다. 병원의 문은 닫혀 있었다. 그가 거칠게 문을 두들기자 의사가 나왔다. 나이든 의사였다. 그는 졸음에 겨운 눈으로 그를 바라보았다.

"귓속에 모기가 들어갔소."

"그래요?"

의사는 심드렁한 목소리로 말했다.

"여기는 보시다시피 산부인과라서요."

"고막에 붙어서 날개짓 치는데 죽을 지경이오."

"이비인후과로 가 보시오."

"그걸 몰라서 그러는 게 아니라. 지금 이 시간에 문이 열린 병원이 없지 않소?"

"하지만 여긴 귓속을 살피는 기구도 없고…. 애를 낳게 하는 것과는 다른 일이라."

"뱃속의 애도 꺼내는데 귓속의 모기 한 마리 못 잡아낸다는 말이요?"

"손님, 취하셨군요."

의사는 그를 밖으로 밀어내고 문을 닫았다.

강검사는 할 수 없이 자신의 방으로 돌아왔다. 귓속의 모기도 웬만큼 지친 모양이었다. 때때로 숨을 죽이듯 가만히 있었다. 그러나 그것은 견고한 벽을 뚫기 위해서 힘을 저축하려는 것일 뿐이었다. 모기는 다시 발작적으로 고막에 달라붙어서 전심전력으로 밀어 붙였다. 그러자 곧 우주가 무너져 내리는 소리가 들렸다. 천둥이 치고 우박이 떨어졌다. 아니 예루살렘의 성곽이 지진으로 무너지고 화산으로 폭발했다.

새벽빛이 뿌옇게 스며들기 시작했다.

강검사는 거의 녹초가 되어 있었다. 갑자기 그의 머리에 종합병원 응급실 생각이 났다. 그는 몹시 취한 상태였지만 서둘러 차를 몰았다. 그가 거칠게 차를 몰아 종합병원의 응급실 앞에서 멎자 몇 사람의 간호원이 놀라서 쳐다보았다.

"무슨 일인가요?"

"여기가 응급실이요?"

"그런데요?"

"응급 환자가 있소."

"어느 분인데요?"

"나요."

간호원들이 의아해서 서로 눈짓을 했다. 우락부락하게 생긴 의료종사원이 눈을 부라렸다.

"여보시오. 여기는 병원이요. 술 취한 사람이 들어 올 데가 아니란 말이요."

"임마. 어따 대고 함부로 말해. 내가 환자란 말이야."

"허 참. 갈수록 태산이네. 저리 나가요. 나가라고요."

사내가 강검사의 팔을 나꾸어 잡았다. 그리고 그를 응급실 밖으로 끌어냈다. 강검사의 손바닥이 대뜸 사내의 뺨을 후려쳤다.

"임마, 내가 환자라고 말했잖아?"

"어라. 이게 누구를 치는 거야. 야. 이 새끼야. 술 처먹었으면 곱게 처먹어!"

그가 강검사의 멱살을 바짝 움켜쥐고 여차하면 짓이겨 놓고 말겠다는 태도인데 마침 그 옆을 지나치던 푸른 가운의 의사가 그를 만류했다.

"김군. 무슨 짓인가?"

그는 멱살 잡은 손을 놓게 하고는 강검사를 향해서 물었다.

"무슨 일입니까?"

"모기 한 마리가 귓구멍 속으로 들어갔소."

"모기가요?"

의사는 술 취한 사람을 달래는 길은 참을성밖에 없다고 믿는 눈치였다.

"어느 쪽 귀요?"

"왼쪽입니다."

의사는 간호원을 불렀다.

"라이트를 가져 와요."

의사는 작은 후래쉬로 귓속을 비추어 보았다.

"육안으로는 아무 것도 보이지 않습니다. 이비인후과 의사가 나오려면 9시나 되어야 됩니다."

"귓속에서 그놈이 날개짓 치는 소리에 정신을 차리지 못하겠소."

"지금도요?"

"어제 밤부터 지금까지 밤새도록 그렇소."

의사는 잠시 난처한 표정을 지었다. 어디까지를 믿어야 할지 모르는 모양이었다.

"왜? 하필 모기라고 생각하십니까?"

"젠장. 모기니까 모기라고 생각하는 거요."

강검사는 다시 버럭 화를 내었다.

"모기 우는 소리가 앵 - 울렸다 그 말이요. 그래서 얼결에 손바닥으로 탁- 쳤지요. 그랬더니 그놈이 귓속으로 쏙- 들어간 거요. 내가 답답하니까 성냥가치로 쿡- 쑤셨지요. 그랬더니 그 놈이 더 깊숙이 들어가서 마침내 고막에 짝- 붙은 거요. 그리고 팔짝-팔짝- 날개짓 치고 있는 거요. 이렇게 자세히 설명해도 무슨 말인지 모르겠소?"

의사는 귓속을 살피도록 만든 라이트를 귓속 깊이까지 들이밀고 다시 살피었다. 그래도 잡히는 것이 없었다.

"환자 분은 귓속이 매우 좁고 특이합니다. 그래서 귓속 깊이까지가 잘 보이지 않습니다. 그래서 현재 상태로는 잘 파악할 수 없습니다."

"그렇더라도 이놈이 날개짓 치는 거야 막을 수 있을 게 아니요?"

"아. 그거야…. 할 수 있겠지요. 간호원."

그는 간호원을 불러서 주사기에 알콜을 채워오게 했다. 그는 강검사를 침대에 뉘고 귓속으로 알콜을 물총처럼 쏘았다. 그렇게 두어 번 쏘아대자 귓속의 모기가 마지막 발악으로 발버둥질 치기 시작했다. 그러다 곧 잠잠해졌다.

"어떻습니까?"

"지금 죽었소."

간호원이 긴가 민가 싶어하며 말했다.

"지난번 날파리가 들어간 환자 분은요. 이렇게 귀를 평평하게 하니까 날파리가 물위로 떠오르데요."

의사는 간호원의 말대로 강검사를 오른 쪽으로 뉘고 귓속으로 좀더 많은 알콜을 넣었다. 그리고 귓바퀴를 잡고 이리저리 흔들어 보았다. 그러나 아무 것도 떠오르는 게 없었다.

9시가 되어서 이비인후과 전문의가 나왔다. 막 전문의 과정을 끝냈는지 서른 안팎의 젊은이였다. 그는 응급실에서 작성한 차드를 일별한 후에 후래쉬로 귓속을 살폈다. 그리고 불쑥 물었다.

"왜? 모기가 귓속으로 들어갔다고 생각하십니까?"

"왜, 귓속으로 들어가다니?"

강검사는 잔뜩 화가 났지만 응급실에서 한 말을 되풀이 할 수밖에 없었다.

"응급실에서 알콜을 쏘아 넣지 않았다면 그놈은 아직도 살아 있었을 꺼요."

의사는 머리를 흔들었다.

"환자 분은 전에 중이염을 심하게 앓았습니다. 그래서 이명(耳鳴)을 들을 수도 있습니다. 이명 중에는 모기 울음소리같이 들리는 경우도 있거든요."

"그럴 수도 있겠지요. 그러나 이번의 경우는 다르오. 내 귓속에 분명 모기의 시체가 들어 있을 꺼요. 그러니 그걸 끄집어 내시오."

"죄송하지만 그런 것을 판단하는 것은 의사입니다."

강검사는 울컥 치솟는 분통을 참느라 얼굴이 찌그러졌다. 당신이 의사라면 나도 검사야. 강인배 검사라고 하면 알 사람은 다 알아. 젠장. 화가 나는 대로라면 네놈들 싹쓸어 잡아다가 감옥에 넣을 꺼야. 이런 돌팔이에다가 불신분자들만 득실거리니 나라꼴이 어찌 되겠어. 그는 그렇게 속으로 분통을 터뜨리며 다시 말했다.

"다시 한 번 보시오. 분명 모기의 시체가 있을 꺼요."

그러나 의사는 끝내 모기의 시체를 찾아내지 못했다.

"고막 한 구석에 거므스름한 딱지 같은 것이 있긴 합니다. 그러나 그건 모기의 시체라기 보다는 중이염 치료 때 생긴 상처로 보입니다."

"그게 바로 모기의 시체요. 잡아내시오."

강검사는 그렇게 주장했다. 의사는 강검사의 강요에 못 이겨 흡입기를 귓속 깊이까지 처박고 그 거므스름한 딱지를 흡입해 보려고 애를 썼다. 그러다 보니 고막의 여러 곳에 상처를 내고 말았다. 그러고도 끝내 그 거므스름한 딱지를 제거하지 못했다.

"아무래도 모기의 시체는 아닙니다."

"그럼 뭐요?"

강검사가 계속 다그치자 의사는 더 이상 참지 못하겠다는 듯이 말했다.

"환자께서는 술이 깬 다음에 다시 오십시오."

의사는 더 이상의 시비에 휘말리지 않겠다는 듯이 방을 나가고 말았다. 강검사는 하는 수 없이 집으로 일단 돌아 올 수밖에 없었다. 그는 기진맥진해서 집으로 돌아와 소파에 깊숙이 몸을 눕혔다.

그러자 귀의 고막이 쿡쿡 쑤시기 시작했다. 의사가 모기의 시체를 끄집어낸다며 고막에 상처를 낸 것이다. 그런 통증을 참고 있노라니 갑자기 모기의 날개짓 소리가 다시 울리기 시작했다. 모기가 다시 살아난 모양이었다. 알콜에 적셔져서 질식했던 모기가 다시 살아나서 천둥소리를 내며 날개짓 치기 시작했다.

"네깐 게 뭔데. 검사가 뭔데? 권력이 뭔데?"

모기는 악을 써대며 그렇게 그를 조소했다. 모기 한 마리가 지금껏 쌓아 온 그의 인생 전부를 조롱하는 것만 같았다. (*)

영혼의
아름다움

제과점을 경영하는 필녀가 보살님이라고 불리는 연화 무당에게 들려 신수점을 보는데, 무당이 상을 잔뜩 찌푸리며 말했다.

"재물이 많으면 뭘하누? 이웃에게 좀 베풀고 그래라. 내년엔 이미 죽은 목숨이여."

필녀가 화들짝 놀라 물었다.

"보살님요. 무슨 말을 그렇게 하요. 내년이란 게 이제 두어 달 밖에 더 남은 기요."

그런 필녀의 항의에 무당은 한 술 더 떴다.

"그야 낸들 그렇게 말하고 싶것나마는. 점괘가 그리 나오는 게야. 그러니께 재물 불리는 일에 더 이상 악착 떨 일도 아닌 기라."

연화무당의 말에 필녀는 정신이 아득했다. 그녀가 재산을 모으느라 악착을 떤 것은 사실이었다. 남편이 교회의 전도사라 벌어들이는 수입이 없었다. 목사가 될 가망도 별로 없는데 남편은 오로지 교회에 봉사하는 것만으로 보람을 삼았다. 피붙이라고는 딸년 하나뿐인데, 어려서 소아마비를 앓은 후유증을 아직도 겪고 있어서 중학교도 못 마치고 집에서 빈둥대는 처지였다. 그러니 그녀 자신이라도 악착을 떨어야 입에 밥이 들어갈 형편이었다.

그나마 다행인 것은 제과점이 제법 잘 되었다. 빵맛이 좋다고 소문이 나서 사람들이 아주 붐비었다. 그래서 시내의 요지에다 지점을 두 군데나 내었는데, 제과점 세 군데가 모두 잘 되었다. 배운 것 없는 필녀가 사장님 소리를 들으며 얼굴 쳐들고 살만한 것도 그 덕택이었다.

그리하여 경제적인 궁핍은 면할 수 있었지만 세 군데의 제과점을 돌아보아야 하기 때문에 잠시도 쉴 틈이 없었다. 몸뚱이를 셋으로 쪼갤 수 있으면 얼마나 좋을까 하는 생각이 들 정도였다. 그러다 보니 과로가 겹친 것인지 안 아픈 곳이 없었다. 머리가 아프고, 어깨가 결리고, 여기저기 뼈마디가 쑤셨다. 혹이나 몹쓸 병에 걸린 것은 아닌가 하고 걱정하던 중에 뜻밖의 말을 듣게 된 것이다.

연화 무당은 관상이나, 사주, 그리고 손금도 제법 보았고, 운수점도 수준급이어서 부녀자들이 자주 찾았다. 집안에 재액이 있거나 사업이 잘 안되거나 할 때는 연화 무당이 만들어주는 부적의 효험을 기대하기도 했다. 가슴이 답답하고 막힌 심정일 때 무당의 말은 의사의 처방만큼이나 위안이 되었다.

그러나 이번처럼 뜻밖의 말을 듣고 보니 눈앞이 아득했다. 당황하고 황망해서 다른 것을 더 물어 볼 엄두도 내지 못했다. 두어 달 후에 죽을 목숨이라니. 이런 일이 또 어디에 있을까? 필녀는 허둥지둥 집으로 돌아왔다. 어떻게 돌아왔는지 기억나지 않았다. 그만큼 큰 충격을 받았던 것이다.

그러나 막상 집으로 돌아와 생각하니 자신이 너무 경솔했다는 것을 깨닫지 않을 수 없었다. 기왕에 그런 말을 들었으니 자세한 것을 더 물어 보았어야 할 일이었다. 점괘가 그리 나왔다면 그 액을 피할 방법도 있을 터였다.

사실 따지고 보면 어떤 재앙도 예방법은 모두 있기 마련이다. 그러니 무당이 굿을 하고, 신도들이 깊은 산속 기도처를 찾아가 기도를 하고, 치성을 드리는 것이 아닌가? 막힌 운명을 틔우지 못한다면 무당이 무슨 필요가 있겠고, 경을 읽거나, 치성을 드리는 것이 무슨 필요가 있을까? 절에 가서 정성을 들여 불공을 드리고, 하느님께 기도를 드리는 것도 다 다가오는 액운을 피해보자는 것이다.

살다 보면 운세가 매년 좋을 수만은 없을 것이다. 살이 낀 해도 있고, 마가 들어 신통치 못한 해도 있을 것이다. 그리고 그런 것들을 극복할 수 있는 약방문도 늘 있어 왔다. 돈이 없으면 모를까? 공들여서 안 될 일이 어디 있는가? 필녀는 자신의 돈을 내세워서 그렇게 자신을 위로하기도 했다.

필녀는 연화 무당을 다시 만나 자세히 물어 보아야겠다고 별렀다. 어떤 운세가 어떻게 막힌 것인지. 막힌 운세를 비켜갈 방법엔 또 어떤 것들이 있는지. 물어야 할 일은 많았다. 돈 몇 푼이 왔다 갔다하는 문제가 아니라 목숨이 왔다갔다하는 문제였다.

그렇게 마음으로 벼르기만 하면서 선뜻 시간을 내지 못하던 중에 갑자기 감기가 왔는지 몸이 오슬오슬 떨리더니 본격적으로 열이 오르고 온 몸이 쑤시기 시작했다. 보일러의 온도를 잔뜩 높이고 이불을 뒤집어써도 온몸이 떨리기는 마찬가지였다. 그렇게 아프니 더욱 연화 무당의 말이 떠오르고 이러다 죽는 게 아닌가 하는 걱정도 되었다.

더 늦기 전에 무당을 만나야겠다는 생각이 더욱 간절했다. 아무래도 자세한 말을 더 들어야 했다. 돈이 있어도 죽으면 무슨 소용인가? 돈이든 쌀이든 필요한 만큼 내놓을 용의가 있었다. 평소에도 적지 않은 복채를 내놓곤 했던 것이다. 그런데, 죽을 운세라니. 잠시라도 시간이 없다고 뜸들이고 기다릴 일이 아니었다.

필녀는 마음을 단단히 먹고 다시 연화 무당을 찾았다. 그런데 가는 날이 장날이라고, 그날 따라 굿당에는 온통 사람들로 붐비었다. 어느 돈 있는 집안의 가장이 죽어서 천도제를 지내게 되었다는 것이다. 연화 무당이 천도제를 주관하는 터여서 그녀와 이야기를 나눌 틈이 없었다. 필녀는 무당과 단 둘이 있을 기회를 만들어보고자 했지만 가망이 없었다. 답답한 심정으로 무당의 주위로 빙빙 도는데 어느 순간 필녀와 눈이 마주친 그녀가 깜짝 놀라는 시늉을 했다.

"저런 변이 있나. 이미 죽은 줄 알았는데, 허깨비가 되어 나타난 것도 아니 것고."

그 말을 듣는 순간 필녀의 등줄기로 쭈빗 소름이 돋았다. 온몸에 식은땀이 흘렀다. 너무나 황망하여 혼백이 허공에 붕 뜨는 느낌이었다. 필녀는 더 이상 다른 말을 들을 엄두도 내지 못했다. 무당의 말이 너무나 범상했기 때문이다. 강아지를 보고, 저런 배가 홀쭉 했네, 밥을 주어야 할 때로군. 하고 말할 때의 말투와 조금도 다르지 않았다.

필녀는 그 길로 몸져눕고 말았다. 몸뚱이가 물먹은 솜처럼 무거웠다. 아니 무쇠덩이 같았다. 몸이 자꾸만 땅바닥으로 꺼져 들어가는 것만 같았다. 연화 무당이 그녀를 아예 저승 사람 보듯 하던 모습이 눈에 선했다. 그동안 아등바등 발버둥치며 살아 온 것이 더 없이 허망했다. 눈을 뜨던 감던, 온통 죽은 사람 보듯하던 연화 무당의 말과 표정만이 생생했다.

필녀가 연화 무당의 말에 충격을 받고 몸져눕자 당장 급하게 된 것은 남편 영태였다. 교회의 전도사란 직업은 보수는 별로 없으면서 해야 할 일은 너무나 많았다. 우선 아침마다 새벽기도에 참석해야 하고 주일마다 주일학교 교사 노릇을 해야 했다. 토요일엔 교회 임원들과 주일예배를 위한 준비모임을 가져야 했고, 수요일엔 청소년들에게 성경공부를 시켜야 했다. 거기에다 신도들의 집을 심방해야 하고, 아픈 교우가 있으면 병원에도 찾아가야 했다. 일주일 내내 잠시도 쉴 틈이 없었다.

그렇게 바쁜 중에 아내가 덜컥 누우니 평소 먹고살려고 발버둥 치던 아내의 몫이 고스란히 그에게로 돌아왔다. 우선 세 군데나 되는 제과점을 관리해야 했다. 돈의 수금이며, 원료의 공급, 종업 원들의 관리는 물론 빵의 판매상태도 세밀히 살펴야 했다. 그뿐인 가. 매달 지불해야 하는 가게의 월세, 물세, 전기세에다 은행 빚 이자며 그 밖의 생활비와 아파트 관리비까지 챙겨야 했다. 자질구 레한 일들이 끝도 없이 많았다.

영태가 교회 일에 소홀해 지자 답답해진 것은 황목사였다. 그는 개척교회 때부터 영태를 데리고 있었는데 영태의 정신적 아버지 였다. 황목사는 교회의 중요한 일은 늘 영태에게 맡겼다. 그런데 근래에 눈에 띄게 교회 일에 소홀하다 싶어서 근황을 물었다.

"아내가 몸져 누워서요"

영태는 아내가 몸져 눕게 된 자초지종을 소상히 말씀드리지 않 을 수 없었다.

"허, 마귀가 들었군"

황목사는 단정적으로 말했다.

영태도 그 말에 수긍하지 않을 수 없었다. 필녀가 연화무당을 만나고 와서 저 꼴로 누워 버렸으니 말이다.

"어떻게 하면 좋겠습니까?"

"어떻게 하긴. 마귀를 쫓아야지."

황목사는 눈살을 찌푸렸다. "그 여자 내 그럴 줄 알았지" 그런 표정이 역력했다. 사실 황목사는 영태가 필녀와 결혼하는 것을 탐탁하게 여기지 않았다.

"억세게 생긴 여자는 팔자가 드센 법이여"

황목사는 필녀를 소개받은 후에 그렇게 말했다.

"관상학적으로 보아도 단명할 팔자고, 더구나 자네와는 성격적으로 맞지가 않아."

황목사는 주역, 관상, 사주 같은 분야에 상당한 조예를 갖고 있는 것으로 알려져 있었다. 그런 황목사가 영태의 결혼을 완곡하게 반대했지만 그 때 이미 필녀의 뱃속에는 아이가 자라고 있었던 터라 도리킬 수 있는 형편도 못되었다.

결혼 후에 영태는 아버지 같은 황목사의 조언을 듣지 않은 데 대해서 후회했다. 황목사의 말대로 우선 성격이 맞지 않았다. 그런데 성격뿐 아니라 체질까지도 정반대였다. 영태는 일찍 자고 일찍 일어나는데 필녀는 늦게 자고 늦게 일어났다. 영태는 더위를 견딜 수 없는데 필녀는 추위를 견디지 못했다. 영태는 짜고 매운 것이 질색인데 필녀는 그 반대였다.

그러다 보니 매사에 티격태격인데 특히 십일조 문제는 심각했다. 제과점을 경영하면서 수입이 늘자 갈등은 더욱 커졌다.

"십일조란 먹고 남는 것의 십분의 일이 아닐세. 수입이 천만 원이면 백만 원을 내야 제대로 된 십일조가 되는 거야."

"그렇게 내면 우린 뭘 먹고살지요. 가게 세며, 인건비며, 세금은 누가 대신 내주나요."

"하느님께서 다 갚아주시는 거야"

"글쎄요. 나는 하느님이 남의 빚 갚아 준다는 말을 들은 적이 없네요."

필녀는 그렇게 말하더니 급기야 교회에 발길을 끊어버렸다.

"당신은 당신이 번 돈으로 십일조를 내세요. 나는 내가 번 돈으로 절간에다 헌금할 테니까요" 그렇게 선언하는 것이었다.

영태가 전도사로 버는 수입이란 그야말로 자신의 용돈도 되지 않았다. 신도들은 영태가 제과점을 세 군데나 운영한다는 것을 잘 알고 있는 터인데 십일조라고 몇 천 원을 내놓을 수는 없는 일이었다. 그러니 매달 첫 주일만 되면 아내와 티격태격하기 마련이었고, 그것이 두 부부 사이의 냉전으로 발전되었다. 거기에다 하나뿐인 딸마저 소아마비로 부실하니 이래저래 가정에는 찬바람만이 불었다.

그러나 어쩌겠는가? 당장 죽어가는 사람을 살리는 일이 급선무였다. 그래서 영태는 매달리는 심정으로 황목사에게 말했다.

"목사님, 안수 기도를 해 주십시오. 그 길밖에 없지 않습니까? 목사님께서는 저의 부친이나 다름없습니다."

"자네의 일이 내 일이지. 안수 기도는 어렵지 않네만, 본인의 신심이 문제야. 믿음이 있어야 구원받을 게 아닌가?"

"워낙 중병이라 본인도 달라졌을 것입니다."

영태는 그렇게 간절히 청해서 마침내 날을 받았다. 영태가 집에 돌아와 필녀에게 말하니 필녀도 수긍했다. 평소같으면 처녀 때부터 다니던 절간에 가서 불공을 드리는 게 더 마음 편하다고 반대했을 것이 분명한데 이번에는 워낙 죽을 지경인지라 아무런 반대도 하지 않았다. 아니 한 술 더 떠서 그동안 등한히 한 십일조를 제대로 챙겼는지 묻기까지 했다.

"그런 것들은 나중에 생각하고 당신 몸 나을 걱정이나 합시다."

영태는 그렇게 아내를 위로하고 황목사와 약속한 시간에 그녀를 데리러 올 것이니 준비나 잘 하라고 일렀다.

사실 필녀로서는 이것저것 다 해보고 싶은 심정이었다. 연화 무당을 만나고 난 이래로 중병이 든 것처럼 몸도 마음도 내 것이 아니었다. 그러던 차에 전도사인 남편이 황목사에게 특별 안수를 받도록 주선했다니 한 가닥 희망을 갖게 되었다. 필녀 자신이야 교회에 등한히 했지만 남편은 단 한 번도 새벽기도에 빠진 적이 없었고, 주일날을 지키지 않은 적도 없었다. 그런 지극정성으로 하느님을 섬겼으니 아내의 병쯤은 낫게 할 수도 있을 것이라는 기대감을 가져보는 것이다.

필녀는 특별 안수기도를 받자면 우선 자신의 몸부터 깨끗이 씻어야 한다고 생각했다. 예부터 목욕재계란 말이 있다. 목욕을 깨끗이 해서 몸에 쌓인 악귀들을 다 떨쳐내는 것이다. 아침부터 목욕탕에 들어가서 더운 물을 틀었다. 몇 날을 누워만 있었던 터라 몸에서 악취가 풍기는 것 같았다. 뜨거운 물에 씻고 또 씻으니 한결 기운이 돌아왔다.

화장을 하나 어쩌나. 여자가 외출을 하는데 화장이 필수가 아니겠느냐고 생각이 들다가도 병객이 안수기도를 받으러 가면서 얼굴에 분칠이니 하는 것이 가당한 일이냐는 부정적 생각도 들었다. 그래도 화장하지 않은 여자의 얼굴이란 아무래도 흉할 것 만 같아서 목욕탕의 거울을 들여다보니 수증기가 뿌옇게 흐려서 제대로 보이지 않았다. 거실로 나가서 체경에 얼굴을 비추어 보니 아무래도 화장하지 않은 얼굴이라 한심했다. 더구나 그동안 앓던 얼굴이라 피부가 누렇게 떠 있었던 것이다.

욕실로 다시 돌아와 머리를 마저 감고나서 화장을 좀 하긴 해야지 하며 목욕을 끝냈을 때였다. 거실의 전화벨이 요란하게 울렸다. 대뜸 남편의 전화일 것이라는 생각이 들었다. 안수기도를 받을 시간이 되어가니 데리러 오겠다는 전화일 것이다.

필녀는 목욕수건도 두르지 못하고 급히 거실로 나왔다. 어서 빨리 전화를 받아야지 하는 생각뿐이었다. 그녀가 전화기 쪽으로 급히 다가가는데 햇살 속에 고인 물기가 보였다. 좀 전에 체경에 얼굴을 비추어 보느라 잠시 나왔던 때에 흘러내린 물기였다. 전에도 맨발 물기에 미끌어진 경험이 있는 터라 조심해야지 싶었다.

그런 생각에 멈칫하는 순간에 그녀의 몸뚱이가 미끈덩 미끌어지며 꽈당하고 넘어지고 말았다. 햇살에 드러난 물기만 보았지 그 그늘에 숨겨진 물기를 보지 못한 것이다. 꽈당 넘어지며 머리를 크게 다친 것인지 정신이 혼몽해 왔다. 어서 수화기를 잡아야지. 그리고 살려달라고 소리를 쳐야지. 그렇게 생각하며 손을 내뻗었지만 수화기에 손이 미치지 않았다. 어떻게든 잡아보려고 안간힘을 쓰다가 끝내 잡지 못하고 혼몽한 혼수상태로 빠져들고 말왔다.

영태가 불길한 예감을 느끼고 집으로 달려 왔을 때 필녀는 이미 의식을 잃고 있었다. 부랴부랴 119에 전화를 해서 종합병원의 응급실로 달려갔다. 뇌진탕이었다. 필녀는 급히 뇌수술을 받아야 했다.

"허, 당신 살았네. 무당이 말한 액땜을 했네."

필녀의 의식이 돌아오자 영태는 그런 말로 아내를 위로했다. 듣고 보니 그럴 것 같기도 했다. 죽을 운수라면 그렇게 어처구니 없이 미끄러져 죽을 수도 있겠기 때문이다. 흔히들 재수가 없으면 접시물에도 코를 박고 죽는다지 않던가? 하필 목욕 중에 온 전화며, 그리고 거실의 물기를 보고 충분히 조심한다고 했는데도 쫘당 미끌어졌으니 말이다.

"하필 황목사님 안수기도 전화에 변을 당했으니…. 매우 독한 마귀인가 보네."

말하자면 안수기도를 받지 못하게 하려고 마귀가 선수를 쳤다는 것이다. 영태는 그런 말로 생색을 내지만 마귀가 미리 손쓰는 것도 알지 못한 하느님은 또 뭔가. 다른 전화도 아니고 안수기도 가자는 전화를 받으려다 당한 변이니 하느님의 능력도 미지수가 아닐 수 없었다.

병원에 입원한지 한 달이 넘어서야 퇴원을 했지만 필녀의 몸은 개운치 않았다. 뇌진탕의 후유증인지 머리가 지끈거리고 눈앞이 뿌옇게 흐려지곤 했다. 무엇보다 견딜 수 없는 것은 불면증이었다. 밤새도록 잠을 자지 못한 터라 한낮 동안도 머릿속이 흐리멍텅했다. 그래서 아무런 일도 할 수 없었다. 거기에다 걸핏하면 가위에 눌리곤 했다. 가위에 눌린다는 말을 일반인들은 잘 알지 못한다. 꿈인지 생시인지 도무지 구분이 안 되는 그런 상태에서 이상한 일을 겪게 되는 것이다.

필녀의 경우는 어떤 이상한 사내의 내방이다. 사내는 필녀의 몸에 겹쳐 눕곤했다. 필녀의 알몸에 사내의 알몸이 겹쳐지면 이상하게 온몸에 냉기가 돌았다. 아니 뼛속까지 시렸다. 살이 없는 사내의 뼈마디마디가 살갗에 감촉되었다. 사내는 그렇게 필녀를 짓눌렀는데 그럴 때는 숨이 컥컥 막혔다. 그렇게 밤새도록 시달리다가 창문이 희부연히 밝아지면 사내는 그림자처럼 묽어지고 사라지는 것이다.

"공연한 환상이지. 악몽이란 말이네."

"악몽이라면 꿈인데. 이건 꿈이 아니란 말이요."

꿈이라면 매번 똑같은 체험을 하기는 어려울 것이다. 더구나 가위눌리기 직전 필녀는 이미 사내가 다가오는 낌새를 느낄 수 있었다. 냉기와 더불어 사내는 다가와 필녀의 몸에 실리는 것이다. 때로는 속삭이기도 했다.

"내가 올 것을 알고 있었지?"

필녀는 머리를 끄덕이지 않을 수 없었다.

"기다리고 있었던가?"

필녀는 단호하게 머리를 저었다.

"흠. 물론 환영받지 못한다는 것은 알고 있지. 내가 누군지는 아는가?"

필녀는 머리를 저었다.

"잘 생각해 보라구. 내가 누군지."

사내는 뼈마디가 느껴지는 몸으로 필녀를 짓누르며 그렇게 말하기도 했다. 내가 누군지 생각해 보라구. 필녀는 치를 떨며 그가 누군지를 생각해 보려고 했다. 언뜻 기억날 것도 같은 느낌 때문이었다. 그러나 전혀 생각나지 않았다. 이이가 누굴까? 그런 생각에 골몰하며 사내의 몸에서 내뿜는 얼음짱에 하얗게 얼어야 했다. 냉동실의 생선처럼 서리가 허옇게 쌓이며 꽁꽁 얼었다.

그렇게 사내가 다녀가는 횟수가 거듭될수록 필녀는 점점 말라갔다. 몸에 물끼가 빠지고 피가 말랐다. 몇 달 되지 않아서 순녀의 몰골은 말이 아니었다. 거기에다 뼈가 시리고 아팠다. 허리뼈가 쑤시고 무릎뼈가 쑤셨다. 안 아픈 곳이 없었다. 거실바닥에 넘어져 뇌진탕을 일으킨 것만으로도 액땜이 되지 않는 모양이었다. 액땜은커녕 그게 겨우 시작일 뿐이라는 듯이 필녀의 병은 더욱 깊어만 갔다. 어둠 깊숙이 숨어 있던 좀벌레들이 눈에 띄지 않게 필녀의 생명을 갉아먹었다. 뼈를 갉아먹고 피를 갉아먹고 살을 갉아먹었다.

"아무래도 안되겠는걸. 황목사님께 안수 기도를 다시 부탁해 보자구."

영태는 필녀가 하루가 다르게 파리해지는 모습을 보며 그렇게 말했다. 그러나 필녀는 머리를 저었다. 왠지 이미 기회를 놓친 것만 같았다. 안수 기도를 받겠다고 목욕재계하고 들떠 있던 예전의 마음 상태가 돌아오지 않았다. 안수기도로 병이 나을 것이라는 확신을 지니지 못한 마음으로 안수를 받는 일은 일종의 속임수다. 하느님을 속이는 일이다. 무엇보다 자신을 속이는 일이다. 그런 속임수로 어떻게 병이 나을까?

"허, 이 사람. 생명이란 소중한 것이야. 무슨 수든 다 써 봐야지. 속임수든, 공갈, 협박이든. 살고 봐야지."

영태는 자신이 신앙심 깊은 전도사란 것도 잊고 그렇게 필녀를 달래기도 했다. 그러나 이미 한 번 돌아 선 마음을 돌이킬 수가 없었다.

이제 필녀는 대꼬챙이처럼 마른 몸으로 죽을 날만을 기다리고 있었다. 아니 그 이상한 내방자와 동거생활을 하고 있는 것이다. 날이 우중충한 저녁이면 이미 흉흉한 기운이 다가옴을 느낄 수 있었다. 필녀는 이제 그 기운에 대항할 힘마저 잃고 있었다. 체념한 채 마침내 사내의 몸이 자신에게 실리기를 기다리고 있었다. 뼈가 시리고 피가 마르지만 어느 새 그 사내에게 길들여지고 익숙해져서 사내와의 대화에 더욱 깊이 빠져들었다.

"당신이 누구라 했지요."

"그런 건 묻는 게 아니야. 스스로 깨달아야지."

"깨달아지지 않으니까 그렇지요."

"이만큼 친근해졌으면 어떤 느낌이라도 있어야지."

"글쎄요. 뭔가 짚이는 것 같기도 하고요. 그러면서도 도무지 알 수 없네요."

"하긴 그런 게 사람살이인지도 모르지."

사내는 그렇게 지껄이며 그녀의 뼈에서 살을 발라내는 일을 계속했다. 뼛속 속속들이 밀려오는 냉기와 뼈저림. 물기를 짜내 듯 입술이 타고 피가 말랐다. 물기를 잃어버린 고사목의 체험을 하고 있는 느낌이기도 했다.

"이봐요. 내게 무슨 원한이라도 있는 거요."

어떨 때 필녀는 짜증스럽게 으르렁대기도 했다. 그럴 때면 사내는 빙긋 웃으며 이빨에서 썩는 냄새를 풍겼다. 죽음의 냄새가 이런 것 아니겠느냐는 표정이기도 했다. 그렇게 화를 낸다고 두려워할 내가 아니지. 찾아오지 않을 내가 아니지. 이미 우리는 한 몸으로 붙어 있어서 서로 분리해 낼 방법이 없기도 하고. 그렇지 않은가? 사내는 그렇게 음흉한 표정을 지어 보이며 웃는 것이다.

영태는 답답하기 이를 데 없었다. 필녀가 병원도 마다하고, 안수 기도도 마다하고 마냥 누워만 있으니 말이다. 더구나 근래에는 거의 매일이다 싶이 가위에 눌리고 있었다. 그러니 뼈만 앙상하다는 이상한 사내와 밤마다 동거생활을 하고 있는 셈이다. 죽음의 목전에 이르면 대부분 그런 이상한 체험을 하게 되는 것일까? 영태는 새벽마다 교회에 나가 아내를 살려달라고 간절히 기도했다. 이런 경우 하느님께 매달리는 외에 더 이상의 방법이 없었다. 주여. 산다는 것은 무엇입니까? 그리고 죽는다는 것은 무엇입니까?

영태는 그렇게 외치며 흐느끼기도 했다.

영태는 아내의 죽음이 이제 목전에 이르렀다고 생각했다. 돌이켜 생각하니 지금껏 아내를 위해서 잘 해준 일이 아무 것도 없었다. 우선 전도사란 직업은 경제적으로 무능력했다. 하느님 사업이란 게 돈과는 거리가 멀었다. 그러니 필녀는 결혼 초부터 가난에서 벗어날 수 없었다. 가난과 결혼을 한 셈이다. 거기에다 매일 바빴다. 그게 하느님 사업이다. 외국 여행이 유행처럼 번지는데도 그들은 외국은커녕 국내여행 한 번도 하지 못했다.

가정생활도 그랬다. 큰 희망이던 딸애가 소아마비 불구자가 되자 필녀는 아이를 가질 엄두도 내지 못했다. 거기에다 영태는 날이 밝기도 전에 새벽기도에 나가고는 그 길로 교회 일에 전념하는지라 아내와 밥상을 함께 할 겨를도 없었다. 필녀는 필녀대로 제과점이 세 개나 되니 자신의 시간을 따로 챙겨야 했다. 그러니 부부생활인들 제대로 될 리가 없었다.

그런 저런 불만에도 불구하고 그나마 근래에 들어 제과점이 번창해서 여생이 좀 편할려나 하고 기대했던 것인데 그만 덜컥 병으로 눕고 만 것이다. 병으로 누워도 간병해 줄 친정붙이도 없었다. 강원도 어느 바닷가가 고향이라는 말을 언뜻 하긴 했지만 필녀는 한번도 고향타령을 한 적이 없다. 고향에 대한 온갖 나쁜 기억들을 깡그리 잊고 싶어하는 눈치였다. 그녀에게 과거사를 물을라치면, 어려서부터 양친이 돌아가시고 홀로 고아가 되어 떠돌다가 서울까지 오게 되었고, 식순이, 공순이 안 해본 것이 없다는 정도의 설명이 고작이었다. 그러다 우연히 교회에 나오게 되고 그게 기회가 되어 영태를 만났다는 것이다.

사람이 태어나서 한 번쯤 호강해 볼 기회도 있어야지 평생을 지지리 고생만 하다 죽는다는 것은 너무나 억울한 일이다. 그리고 그런 고생을 하도록 원인을 제공한 것이 남편인 영태 자신이란 생각이 들었다. 돈도 못 버는 주제에 십일조 문제로 아내를 구박하고, 병신 자식 둔 것도 아내 탓으로 돌리고, 하느님 일에 바쁘다는 핑계로 남들같이 살가운 정을 드러내 보지도 못했다. 그런데 저렇게 덜컥 죽게 되면 이 노릇을 어찌할 거냐?

영태는 아내를 살려달라고 하나님께 밤샘기도를 거듭했다. 그러다 조금 정신이 흩어지는 때가 되면 아내에 대한 연민의 정이 폭포수처럼 밀려왔다. 그래서 아내에 대한 온갖 잡념에 잠기는 것이다. 그렇게 기도하고 잡념에 헤매기를 거듭하는 중에 정신이 혼미해지면서 깊은 잠의 나락으로 빠져들었다. 비몽사몽이라던가 그런 꿈속에 어디선가 목탁소리와 더불어 독경소리가 선명하게 들려왔다. 영태는 놀라서 주위를 들러 보았다. 흰 구름이 산봉우리에 떠돌고 있는 첩첩산중이었다. 개울 옆 작은 암자에 나이 든 비구니 하나가 부처님 앞에 불공을 드리고 있었다. 허무하다. 허무하다. 딱따구리가 나무 둥치를 쪼듯 목탁소리는 자꾸만 그렇게 탄식했다. 인생이 허무하다는 말이야 노상 듣는 말이지만 목탁소리 리듬에 실린 그 말이 어찌나 구슬픈지 가슴이 찢어지는 것 같았다. 영태는 저도 몰래 통곡하기 시작했다. 울음을 주체할 수 없었다.

영태는 퍼뜩 혼몽함에서 벗어났다. 그리고 아직도 흐느끼는 자신을 발견했다. 꿈을 깨서도 찢어질 것 같은 가슴의 통증은 조금도 가시지 않았다. 이상도 하지. 영태는 그렇게 생각했다. 이렇게 찢어지는 듯한 가슴의 통증은 처음이었다. 지금 이 시각 아내가 죽기라도 한 것일까? 그런 두려움이 밀려왔다. 하느님을 모시는 성스런 예배당에서 절간 꿈은 무엇이며, 목탁소리는 무엇이란 말인가? 어서 아내에게 가 보아야지. 생각은 그렇게 하면서 다시 깜물 정신이 나갔다.

영태는 열심히 절간 길을 찾고 있었다. 방금 전에 꿈꾸었던 절간을 찾아 헤매는 것이다. 첩첩 산중, 구름 걸린 봉우리는 저만치 보이는데 길의 입구를 찾을 수 없었다. 목탁소리가 들리는 방향으로 헤매다 보니 그만 바위 벼랑길에 올라서고 있었다. 험한 바위 벼랑 저 밑으로는 검푸른 파도가 사납게 휘돌이치고 있었다. 고해의 바다. 그 사나운 파도가 바위 벼랑을 때리고 하얗게 흩날리는 포말이 영태의 옷을 적셨다.

영태는 더 이상 목탁소리를 좇아갈 수 없다고 생각했다. 그래서 오던 길을 되짚어 돌아가야겠다고 생각했다. 그러나 이미 벼랑의 높이를 깨달은 후라서 그런 걸까. 현깃증이 일어 어느 쪽으로도 발을 내딛을 수 없었다. 이런 땐 정말 날개라도 있어서 훌훌 나는 수밖에 없는데, 그럴 수밖에 없는데. 그렇게 애를 태우다가 그만 벼랑 밑으로 곤두박질치고 말았다.

아찔한 순간을 지나 정신을 차려보니 그는 암벽 동굴 바닥에 누워 있었다. 파도가 그를 휩쓸어서 그리로 패대기친 모양이었다. 동굴의 어둠 저쪽으로 작은 구멍이 보였다. 그리로 햇살이 스며들었다. 영태는 그 햇살을 향해서 걷기 시작했다. 동굴은 좁고 길었다. 그가 휩쓸려 온 쪽의 입구로는 파도소리가 요란했다. 사나운 파도가 이빨을 갈며 으르렁대는 소리가 공명이 되어 굴 전체를 부르르 떨리게 했다. 파도가 검은 손의 갈퀴를 내밀어 금방이라도 그의 목덜미를 휘어잡을 것 만 같았다. 그는 파도의 무서운 이빨에서 놓여 날 요량으로 허둥지둥 달렸다. 얼마를 달렸을까. 동굴의 어둠이 끝나는 순간 문득 앞을 막아서는 절간을 만날 수 있었다. 그러고 보니 비구니가 목탁을 두들기던 절간은 바다로 통하는 통로의 다른 끝에 있었던 것이다.

방금 전의 비구니가 여전한 모습으로 목탁을 두들기고 있었다. 허무하다. 허무하다. 가슴이 찢어질 것 같은 슬픈 탄식이 여전히 이어지고 있었다.

"이봐요. 뭐가 그리 허무하요."

영태는 이 비구니와 단단히 따져 보아야겠다고 결심했다. 비구니가 슬픈 눈으로 영태를 바라보았다. 어쩌면 필녀를 퍽이나 닮아 있었다. 나이가 훨씬 더 들어서 필녀의 미래를 보는 것 같았다.

"댁이 그처럼 청승을 떨어서 내 아내가 아픈 거요. 당장 집어쳐요."

비구니는 영태의 닦달에는 아랑곳도 않고 '이 한심한 인간아'. 그런 표정을 지었다.

"한심하던 아니던 이건 내 몫이요. 당신이 간여할 일이 아니란 말이요."

영태가 비구니의 목탁을 거칠게 잡아채는 순간 갑자기 꿈이 묽어지며 그는 현실로 돌아왔다. 그러자 오싹 소름이 돋았다. 틀림없이 아내에게 무슨 변고가 생긴 모양이었다. 영태는 새벽기도고 뭐고 다 집어치우고 차를 몰아 자신의 아파트로 달려갔다.

"그래요? 그런 꿈을 꾸었다고요?"

필녀가 사실여부를 확인하듯 몇 번이고 되풀이해서 물었다.

"그렇다니까. 비몽사몽이라지 않아. 꿈같지도 않아. 여북하면 기도도 다 못 끝내고 달려 왔을까."

영태의 말에 필녀는 깊은 사색에 잠기는 표정이더니 마침내 결심이라도 선 듯 말했다.

"나를 좀 일으켜줘요."

영태의 부축을 받고 간신히 일어난 필녀는 화장대로 다가갔다. 그리고는 뼈만 남은 자신의 몰골을 한참이나 바라보았다. 눈구멍이 푹 파이고, 누렇게 뜬 피부가 해골 그대로였다. 필녀는 루즈를 찾아서 자신의 입술에 문질렀다. 해골에다 루즈를 덧칠한 것 같아서 그 몰골이 더욱 사나웠다. 그렇거나 말거나 필녀는 분첩을 찾아서 분가루를 뒤집어쓰기 시작했다.

"이 사람. 갑작스레 웬 화장인가?"

영태의 말에는 개의치도 않고 얼굴 화장을 계속하던 필녀가 이번에는 옷장에서 옷들을 찾아내기 시작했다. 이것저것 몸에 걸쳐 보더니 그 중 마음에 든 옷으로 갈아입었다.

"이 사람 제정신인가? 그 몸으로 어디를 가겠다는 거야. 병원이라면 몰라도."

"당신이 꿈에 보았다는 그 곳 요. 내 고향 요."

필녀의 말에 영태의 가슴이 다시 무너져 내리기 시작했다. 아. 죽음의 시간이 임박해 오는구나. 평소에 고향이란 말을 한 번도 입에 담지 않았던 필녀였다. 그녀에게 지긋지긋한 가난과 시련의 추억만을 남겨 주었던 고향. 그래서 그녀는 고향이란 말을 특별한 금기의 언어로 여겼던 것이다. 그러던 그녀가 이제 고향으로 가겠단다. 평소 전혀 기동을 못하던 그녀가 화장까지 하고서 몸을 움직인 것이다. 죽음에 임박해서 반짝 살아나는 영혼. 대개 임종 직전에 그렇게 반짝 살아난다지 않는가. 하늘이 기회를 주는 것이다. 자신의 마지막을 정리할 기회를 말이다. 어떤 종류의 코끼리나 거북은 자신의 죽음 장소를 정확히 찾아간다는 것이다. 그래서 산 속 어떤 곳은 코끼리 상아의 무덤이 산같이 생기고. 어느 곳의 바다, 바위 굴속에는 거북의 죽은 시체가 산더미를 이룬다지.

영태는 더 이상 만류할 엄두를 내지 못하고 필녀의 뜻대로 차를 몰기 시작했다.

"대관령을 넘는다고 했던가?"

"그래요."

필녀는 집을 떠날 때의 기세와는 전혀 다르게 가쁜 숨을 몰아쉬며 짧게 대답했다.

"뭘 좀 먹어야 되지 않겠어."

"됐어요. 물이면 돼요."

필녀는 준비해 간 물병의 물로 말라가는 입술을 축일 뿐 음식을 전혀 들지 못했다. 차의 시트에 몸을 눕히듯 하고 가쁜 숨만을 몰아쉬었다. 눈까지 감고 있어서 죽은 시체의 모습과 흡사했다. 백밀러로 아내의 모습을 흘끔거리며 영태는 조심스럽게 차를 몰았다. 차가 대관령을 넘고 작은 도시를 관통하자 바다가 나왔다. 강원도의 동해바다였다. 영태는 필녀가 시키는 대로 바닷마을로 이어지고 있는 해안도로를 타고 북쪽으로 차를 몰았다. 얼마를 달렸을까. 마침내 필녀가 고향이라고 말하는 작은 포구가 나왔다.

필녀의 고향인 어촌 마을은 동해안 어디에서나 볼 수 있는 그런 풍경이었다. 북쪽으로 작은 산의 구릉이 병풍처럼 둘러섰고 남쪽으로는 굽이치는 시냇물 따라 훤히 트인 들판이 펼쳐졌다. 바다에 면한 부두에는 출항하지 않은 서너 척의 배가 일렁이고 있었다. 그 옆으로 아직 공사중인 방파제가 이어지고 있었는데 방파제 끝에는 간이 등대가 서 있었다.

필녀는 부두 옆의 작은 구멍가게 앞에 차를 세우게 했다. 차문을 열고 밖으로 나가자 세찬 바닷바람이 그녀의 몸을 감쌌다. 영태가 놀라서 그녀를 부축했다.

"뭐가 필요한데?"

필녀는 영태의 물음에 대꾸도 없이 구멍가게 안을 휘둘러보았다. 몇 번을 돌아보다가 구멍가게 노파를 향하여 힘없이 묻는다.

"됫병 소주는 없나요?"

"요즈음 그런 게 어디 있남."

"예전엔 있었잖아요?"

"예전엔 있었지. 요즈음은 4홉 소주가 그 중 큰놈이여."

노파는 선반에 진열된 4홉 소주를 가리켜 보였다. 모두 다섯 병이었다.

"저것 모두 주세요."

노파의 눈이 둥그래진다.

"다섯 병이나? 요즈음은 모두 2홉 소주만 찾는데."

그러면서 진열장에 놓인 4홉 소주병을 비닐 봉지에 옮겨 담았다.

"다른 것은?"

구멍가게 노파의 말을 받아 영태도 물었다.

"더 필요한 것 없어?"

"그거면 됐어요."

필녀는 그렇게 말했다. 다른 무엇이 더 필요하랴! 필녀의 아버지 박영만은 그야말로 술꾼이었다. 호주가였다. 술만 있으면 만사 형통이다. 가출한지 20여 년 만에 문득 돌아온 딸이 아버지에게 무슨 말로 변명하랴. 그런 딸에게 아버지는 또 무어라 할 것인가? "아빠. 술 가져왔어요. 술 드세요" 딸은 그 한마디 밖에 할 말이 없었다. 그러면 아버지는 아마도 "웬 술이냐? 이렇게 많이" 그렇게 말하시며 겸연쩍은 웃음으로 얼버무릴 것이다. 술 없이는 한 번도 자신의 의견을 말해 보지 못한 아버지였다. 술병만 보면 저절로 입이 벌어지는 아버지였다. 그런 아버지를 위해서 예전의 됫병 술이 없어서 4홉 소주 5병을 산 것이다.

필녀는 그러면서도 어머니에 대해서는 생각하지 않았다. 어머니가 무얼 좋아하는 지는 전혀 알지 못했다. 어머니는 한번도 당신이 무얼 좋아한다는 내색을 하지 않았다. 어쩌면 할 수가 없었는지 모른다. 어머니는 말 못하는 벙어리였다. 그래서 통 말이 없었다. 집안의 한 구석에 우두커니 서 있는 기둥처럼, 주춧돌처럼 있어야 할 자리에 그냥 있을 뿐이었다.

아버지도 성한 사람은 아니다. 어려서부터 절름발이었다. 한쪽 다리가 매우 가늘고 짧았다. 그래도 손 힘만은 무섭게 세었다. 아버지는 아무나 보고 팔씨름하자고 대들었다. 멋모르고 팔씨름 상대가 되었다가 손목뼈가 불어진 사람까지 있었다.

"병신 고운데 없다고, 팔심만 세면 다냐?"

손목뼈가 불어진 사람이 걸핏하면 싸움을 걸어왔다.

"아무거나 잘하면 됐지."

"병신 주제에. 절름발이 주제에."

그렇게 싸움이 붙으면 아버지는 그자의 멱살을 잡으려고 달려들고 그 자는 붙잡히지 않을만한 거리에서 빙빙 돌며 약을 올렸다. 그럴 때 아버지의 다리는 더욱 절름거려서 금방이라도 땅바닥

에 나뒹굴 것만 같았다. 그런 병신 아버지가 싫어서, 병신 어머니
가 싫어서 필녀는 중학교를 마치자 졸업하는 날로 가출을 해 버리
고 말았던 것이다. 아무도 그녀의 내력을 알지 못하는 먼 곳 서울
로 도망을 친 것이다.

구멍가게에서 나온 필녀는 다시 차에 올랐다. 그때 구멍가게
노파가 서둘러 다가와 말을 붙였다.

"보레이. 바우재 절뚝이네, 아니 버버리네 딸 필녀 아니가?"

필녀가 대꾸를 않자 노파가 머리를 절래절래 흔들었다.

"지 에미를 쏙 빼닮은 걸. 아니라면 모를까? 네가 필녀제?"

필녀는 끝내 그녀를 외면했다. 그리고 영태를 재촉해서 차를
몰게 했다. 차가 어촌 마을을 가로질러 언덕으로 오르자 서낭당
고갯길이 나왔다. 필녀는 그곳에 차를 멈추게 했다.

"여기서 기다려요."

"나도 함께 가면 안 되나?"

"여기서 기달리래두요."

필녀가 짜증을 냈다. 영태는 환자의 비위를 건드리지 않으려고
조심하면서 말했다.

"그런 허약한 몸으로…, 불안해서 그런 거지."

"내가 알아서 할 거라고요."

그러면서 필녀는 4홉들이 소주병 5개가 든 비닐 봉지를 힘들게
들고서 끙끙거리며 서낭당 고갯길을 혼자 넘어가는 것이었다. 걸
으면서도 구멍가게 노파가 꽤씸한 생각이 들었다. 바우재 필녀가

아니가? 했어도 좋을 일을 절뚝발이네, 버버리네 딸, 하며 약점을
들추던 것이다. 사실 어렸을 때 필녀는 그런 말을 무수히 들었다.
시골사람들은 남의 약점을 별명으로 삼아야 직성이 풀리는 모양
이었다. 지지리 못 사는 가난뱅이 주제에도 남을 무시하고 얕보는
것으로 위안을 삼는지도 모를 일이다. 본인이 듣던 말던, 버버리,
절뚝발이, 얼금뱅이, 조막손이... 집집마다 그런 별명 한가지쯤은
지니고 있었다. 육신이 멀쩡해도 개똥이네, 똥술네, 돌뿔네, 코쟁
이네... 하는 식의 별명을 붙였다. 그런데 필녀네는 두 가지나 되
는 별명이 있었으니, 시골 사람들은 그 둘을 모두 불러서 필녀네
를 비하했다. 절뚝발이네, 그 버버리네 말이지.

서낭당 고갯길을 넘자 저만치 외딴 집이 눈에 들어왔다. 그녀가
태어나고 자란 집이다. 다가갈수록 가슴이 울렁거렸다. 이년, 필
녀 아니가? 아버지의 투박하고 험한 목소리. 버버리 어머니는 그
저 눈물만 훔칠 것이고. 이년, 그래 그동안 굶지는 않았능가? 집
떠나면 고생인데, 이 싸가지 없는 년아. 그렇게 입에 담을 수 있는
욕질은 다 할 테지만, 그것이 애정인 것을, 그런 욕설을 기대하며
필녀는 휘청이는 발걸음을 재촉했다.

함석지붕이 보이고 흙담이 보이고 삽작문이 보이고 그렇게 점
점 다가가면서 필녀는 점점 발걸음이 무거워졌다. 함석지붕의 검
은 색이 벌겋게 낡아 있고, 돌이 듬성듬성 박힌 흙담은 무너져
구멍이 뻥 뚫린 채였으며 삽작문은 아예 있지도 않았다. 마당으로

들어서니 뒤쪽에서는 미처 몰랐었는데 기둥 두어 개가 내려앉아서 이미 오래 전부터 사람 살지 않은 폐가였음을 알 수 있었다.

집은 낡아 무너져 내려도 늦은 봄이라 예전의 풀들이 사방에 자라고 있었다. 화단 자리에는 원추리꽃 흔적이 그냥 남아 있고, 마당 둘레로는 뽕나무 잎새가 제법 자라 있었다. 뒤켠 언덕에는 꽃술만 남은 복숭아나무들이 듬성듬성 자라고 있었다. 그 복숭아나무들을 보자 어린 시절이 갑자기 떠올랐다.

농촌은 항상 바빴다. 필녀가 잠이 깨면 이미 해는 중천에 솟아 있고 사람들은 아무도 없었다. 양친은 아침 먹기 전에 이미 밭일하러 들판으로 나간다. 문을 열면 가까이 밭들이 보이고 개천이 보이고 그 너머로 논들이 보이고 그 너머에 해변의 솔숲이 보이고 그 너머에 거무스름한 바다가 보이고 수평선이 보였다.

햇살이 포근한 마루로 나오면 바람결에 꽃향기가 가득 묻어왔다. 코를 벌름대며 눈을 돌리면 화사하게 핀 복숭아꽃이 와르르 가슴에 무너져 내렸다. 그뿐인가? 꽃향기와 더불어 붕붕대는 꿀벌들의 속삭임을 들을 수 있었고, 꿈결같은 날개짓 소리에 이끌려 언덕을 오르면 필녀도 한 마리의 꿀벌이 되고 나비가 되는 것이다. 어머니가 벙어리란 것도 알지 못했고 아버지가 절름발이란 것도 알지 못했다. 그저 양친의 사랑을 듬뿍 받고 부족한 것 없이 살았던 유년기였다.

술취한 아버지의 고함소리를 구별하기 시작한 것은 언제 적 부터였을까? 아버지는 우람한 황소가 끌고 있는 우차에 앉아 채찍으로 소의 등짝을 후려치며 고래고래 고함을 질렀다. 그래 이 박영만이가 절룸발이면 어쩔테. 나만큼 황소를 잘 다루는 놈 있으면 나와보라고. 나만큼 팔힘이 좋은 놈 있으면 나와 보란 말이여. 내 아내 순득이가 버버리면 어쩔테. 순득이만큼 일 잘하는 미인이 있으면 나와 보라고. 딸 아들 쑥쑥 잘 낳겠다. 미인이겠다. 일 잘하겠다. 언놈이 뒷말이여. 흉잡힐 일이 뭐냔 말여. 왜 남의 말을 해. 말질이냔 말여.

아마 술좌석에서 누군가와 시비가 붙었던 모양이었다. 절룸발이 주제에. 버버리 여편네와 살면서. 하고 비아냥거렸던 모양이다. 아버지는 그 말만은 절대로 참지 못했다. 그래서 죽기살기로 싸우고 홧김에 엄청 술을 마시고, 술에는 박영만이 당할 사람 없다는 말을 증명이라도 하듯 말술을 마시고 억병으로 취해서 우차를 끌고 마치 그자가 옆에 있기라도 하듯 삿대질을 하며 호통호통 치는 것이다.

농삿군들은 박영만의 성미를 잘 알아서 그런 약점을 함부로 건들지 않지만, 버릇 고약한 어부들은 일부러 약점을 건들어서 박영만이 노발대발하는 것을 큰 재미로 삼았다. 그러다 서로 엉켜서 치고받고 싸우기도 했다. 뱃사람들의 기질이야 소문나게 못 되어 먹었지만 그러다 박영만의 손아귀에 잡히고 보면 팔이 꺾이고 손목이 부러지는 사단이 생기곤 했다. 그렇게 한 번 다친 뱃사람들은 한동안 바다에 나갈 수 없는 처지가 되고 보니 당장 생계가 막막해지는 것이다. 그러니 한풀이하듯 박영만이 낀 술좌석으로 찾아와 약을 올리는 것이다. 네 아내 말이다. 그 순득이 말이여. 동네 남자들이 다 한번씩 치마를 들춘거라. 그래도 버버리니까. 말도 못하고 그런거여. 맨날 딸자식, 아들자식 자랑하지만 네 자식이란 증거가 없는기라.

그런 말을 듣고 그냥 참고 있을 박영만이 아니다. 에라이. 개같은 놈. 네 놈, 오늘 내 손에 죽었다. 오늘이 네 제삿날이여. 그렇게 싸움이 그치지 않고, 술 취한 고함소리가 서낭당 고갯길에 메아리 치고, 그러면서 필녀는 병신 부모를 부끄럽게 여길 줄 알게 되고, 그렇게 하여 중학교를 졸업하면서 바로 가출해 버리고 말았던 것이다.

필녀는 폐가가 된 자신의 집을 몇 번이나 돌아보았다. 구멍난 돌담이며 무너진 기둥, 마당에 무성한 잡초들…. 그녀의 고향이 시체가 되어 썩고 있었다. 고향의 실체이기도 한 그녀의 집, 아무도 돌보지 않아서 그녀의 기억에다 돌을 던지듯 시체가 되어 썩어가고 있었다. 그리고 항의했다.

"모두들 떠나갔다. 그러니 난들 어쩌란 말이냐?"

모두들 어디로 떠났단 말인가? 아버지는, 어머니는, 그리고 남동생은? 필녀만 고향을 떠난 것이 아니었다. 그녀의 기억 속에는 예전의 아버지, 예전의 어머니, 예전의 남동생이 그대로 남아 있는데, 그리고 필녀 자신만 변했다고 생각했는데, 지금 그녀가 생각하는 예전의 것은 아무 것도 없었다.

필녀는 남편 영태가 그녀의 등을 흔들어서야 겨우 정신이 돌아왔다. 영태는 무너진 집채를 둘러보고는 모든 사태를 짐작했다. 그래서 더 이상 묻지 않고 퇴락한 툇마루에 놓인 4홉들이 소주 5병이 든 비닐 봉지를 집어 들었다. 그리고 필녀를 부축하여 서낭당 언덕길을 걷기 시작했다. 가파른 언덕길을 걸으며 필녀는 숨을 헐떡였다. 이제 마지막 기력마저 모두 소진해 버린 듯 기진맥진한 그녀에게는 가파른 언덕길이 너무나 힘들었다. 두어 발자국 걷다가 멈추어 선 그녀의 눈에 서낭당 언덕으로 치달리는 하얀 오솔길과 그 너머에 파란 하늘이 한꺼번에 밀려 왔다.

그래 아직 변하지 않은 게 있어. 이 길, 이 하늘. 필녀는 자신을 다독거리듯 그렇게 생각했다. 이 하늘, 이 길이 남아 있는 한, 어딘가에 아버지며, 어머니며, 그리고 남동생이 그녀를 기다리고 있을 터였다. 기다리고 있을 거야. 필녀는 흔들리는 자신을 격려하듯 되풀이 생각했다. 어딘가에서 기다리고 있을 거야. 전쟁 때도 아니고, 천지개벽 때도 아닌데, 그렇게 모두 감쪽같이 사라질 수는 없는 일이었다. 비록 그녀는 도망치듯 고향을 떠났어도, 그리고 불구자 집안의 부끄러움을 감추고 싶었어도, 그녀의 마음 속 고향은 한시도 잊은 적이 없었다. 항상 생생하게 살아 있던 고향이었다. 그런데 정작 고향 찾아와서야 고향이 없어져 버렸다는 것을 깨달아야 했다. 하지만 그것을 어찌 사실이라고 믿을 수 있을까?

필녀가 그렇게 절망 속에 헤매는 중에 영태는 그녀를 부축해서 차에 태웠다. 그리고 더 어째 볼 수 없지 않느냐는 듯이 오던 길로 되돌아 차를 몰았다. 서낭당 언덕길을 내려가자 작은 부두가 나왔다. 그리고 이어지는 해안도로, 방풍림으로 심은 해송들이 줄지어 선 해변엔 오랜 공동묘지가 있었다. 무너진 묘지에는 조잡하게 만든 십자가며 꺼멓게 퇴색된 표석들이 기우뚱 꽂혀 있었다. 누구의 눈에도 버려진 묘지임을 느낄 수 있었다. 버려진 죽음들. 그렇다. 산 자들만이 버려지는 것이 아니다. 죽은 자들도 이렇게 버려지는 것이다.

"차를 멈춰요."

필녀가 갑자기 소리쳤다. 영태가 어리둥절해서 쳐다보자 필녀가 다시 외쳤다.

"차를 돌리란 말예요."

영태는 파랗게 질려 있는 필녀의 비위를 건드리지 않으려는 듯 차를 멈추었다. 차를 몇 번 후진시킨 다음 방향을 돌렸다. 그리고 어쩔 것이냐는 듯이 필녀를 돌아보았다.

"돌아가요. 그 구멍가게 수퍼로요."

"왜? 술병 돌려주려고? 한 번 판 걸 다시 물려주겠어? 요즈음은 시골 사람들도 여간 영악하지 않아. 공연히 망신이나 당하지."

영태의 말에 필녀는 아무 대꾸도 하지 않았다. 차가 부두 옆의 구멍가게에 멎자 필녀가 차를 내렸다. 그리고 곧장 구멍가게 안으로 들어갔다. 노파가 시큰둥한 표정으로 그녀를 쳐다 보았다.

"할머니. 제가 바우재 절름발이네, 버벌이네 딸 필녀가 맞아요.

우리 부모, 어디 가셨지요?"

"그러게, 내가 그 말하려고 물어 본 건 데. 그 집에 가야 지금은 아무도 없다고. 그런데 찬 바람 쌩- 일구며 그냥 가는 걸 난들 어쩌누. 아무리 도회물 먹어도 그렇지, 나이든 사람이 말을 하면 듣는 시늉이라도 해야지. 나는 반가워서 물었건만 그렇게 쌩- 하니 늙은 사람 체면이 어찌되누."

"할머니. 그건 제가 잘못했구요."

필녀는 바짝 타들어가는 입술을 축이며 사과했다.

"우리 부모 어디 가셨지요?"

"그러게. 말하자면 길지. 길어. 어떻게 시작해야 하나. 다 고약한 세상 때문이여. 하긴 내가 아는 것도 별로 많진 않지만. 그야 자세한 것을 알려면 장실 고모한테 가면 더 잘 알 테지. 장실에 사는 고모 생각이 나남. 예전 그 자리에 그냥 살지. 주막집도 여전하고…."

필녀는 구멍가게 노파의 말을 더 이상 듣지 않았다. 들을 필요가 없었다. 곧장 발길을 돌린 그녀는 영태로 하여금 차를 몰게 했다.

"그냥 곧장 가요"

차는 곧장 앞으로 나아갔다. 읍내로 통하는 길이었다. 해안도로와 읍내의 큰길이 마주치는 십자로에 오래 된 주막집이 나왔다. 예전의 주막집도 이젠 "장실수퍼"란 간판을 달았다. 부두의 구멍가게가 "영진수퍼"가 되었듯이 간판 이름은 모두 뻥튀기 되어 그럴 듯했지만 예전의 주막집은 변한 데가 없었다. 가판대에 값싼 과자봉지 몇 개 더 놓인 것뿐이었다. 읍내 시장을 오가는 마을 사람들이 잠시 쉬어가면서 막걸리 한 잔 하는 곳이었다.

"아니 이게 누구야. 너 필녀지? 필녀 맞지? 어쩜 지 엄마를 그렇게 빼 닮았을까?"

고모는 필녀를 보자 와락 끌어안고 울음을 터뜨렸다.

"어쩌다 몸이 이꼴이고. 죽을 때 지 에미꼴 하고 어쩜 이리 닮았을까? 필녀야. 도회에 나가서 잘 산다고 들었건만 이게 무슨 꼴이고. 이 못된 년아."

필녀를 붙들고 꺼이꺼이 우는 고모를 달래는 것이 쉽지 않았다. 한참을 울던 고모는 그제야 영태를 발견한 모양이었다.

"니 신랑이가?"

"그래요. 여보. 고모예요. 인사하세요."

영태가 큰절을 하겠다고 거실로 올라서자 고모가 만류한다.

"큰절은 무슨. 이렇게 보면 됐지. 어서 앉게나. 원 집이 누추해서. 예전이나 지금이나 살기가 어려워서. 그저 이렇네."

젊어서 과부가 되어 평생토록 주막집을 경영해 온 고모지만 예전 품성이 조금도 변하지 않아서 그저 조심스럽고 수줍은 것이다. 필녀는 그런 고모를 다그쳐서 남편의 큰절을 받게 했다. 그리고 곧장 물었다.

"고모, 방금 엄마가 돌아가셨다고 했던가요?"

필녀의 물음에 고모는 다시 울음을 터뜨렸다.

"세상에. 불쌍하다 불쌍하다 해도 너희 엄마 같은 사람 없다. 말 못하는 서러움도 하늘같거늘, 자식들 공부시켜 놓으니, 그게 쉬운 일이냐? 농부가 자식 공부시키는 게 쉬운 일이냐고? 쌀팔아 논팔아 온갖 정성 다 기울여서 공부시켜 놓으니 제 잘났다고 훌훌 떠나서는 일절 소식이 없으니. 너는 중학 마치자 바로 떠났고, 네 동생 필수 말이다. 그 녀석은 고등학교 졸업하자 바로 떠났다. 그러니 부모심정 오죽하냐? 네 아빠는 술이라도 마시고 술 주정이라도 하지만 말 못하는 네 어미는 어쩌냔 말이다. 장실 여기 바로 앞이 정류장이 아니냐? 자식새끼 돌아오는가 이제나저제나 우두커니 길옆에서 기다리네. 처음에는 명절 때만 그러더니 나중에는 시도 때도 없어. 특히 비라도 내릴려고 날씨라도 궂은 날이면 밤 깊은 줄 모르고 기다리네. 그 꼴이 보기 좋겠냐? 네 아버지에게 매까지 맞았단다. 네 엄마라면 꺼북 죽는 사람이 여북하면 손찌검까지 하겠냐? 난들 올캐의 그 꼴이 보기에 좋겠냐? 그러니 내 눈도 피하고 네 아비의 눈도 피할려고 저 산모롱이까지 가서 숨어서 기다리다가, 그렇게 기다리다가."

고모는 더 이상 말을 못 잇고 다시 꺼이꺼이 울기 시작했다. 급기야는 방바닥을 치며 통곡했다.

"어이할거나, 어이할거나 그 불쌍한 것. 말도 못하는 답답한 심정 오죽했을까? 지금 니 년처럼 바짝 말라서 허깨비 같이 되어 가지고는 그래도 자식새끼 기다린다고. 비가 부슬부슬 내리는 날, 어둑어둑한 날씨에, 산모롱이 골목에 숨어 있는 여인을 보면 모두

놀래서, 운전자들이 놀래서, 장실에 귀신 나온다고 했지. 얼굴이
얼매나 곱노. 그 얼굴에 화장하고 머리 곱게 빗고, 좋은 옷 갈아입
고, 자식들 찾아오면 좋은 모습 보여준다고. 제 놈들도 사람이지,
내 뱃속으로 나온 자식들인데, 불구 아비 두고 말 못하는 어미
두고 어찌 코끝도 안 비칠테냐. 언젠가는 한 번 만이라도 찾아오
겠지. 그런 자식들에게 좋은 모양 보여야지. 그렇게 기다리다가.
그렇게 기다리다가....."

통곡하던 고모의 눈에 새파랗게 불똥이 일었다.

"예끼 못된 계집. 당장 나가라. 나가. 꼴도 보기 싫다. 어찌 그
럴 수 있냐? 네가 사람이여? 사람이냐구. 여시지? 부모 잡아먹는
여시여. 자식 키워보지 못한 내가 이렇게 분한데. 세상에 그렇게
분할 데가 어디 있냐고? 세상 사람들한테 다 물어보자. 세상에
어떤 모진 자식들이 그럴 수 있냐고? 보소 세상 사람들아. 이런
게 자식이라면 미쳤다고 자식 낳겠소."

그렇게 노발대발하는 고모를 진정시키는 일은 쉽지 않았다. 필
녀는 물론 영태까지 거들어서 겨우 고모를 진정시키고 들은 이야
기는 하늘이 무너지는 것 같았다. 필녀의 어머니는 그녀에게 홀린
듯한 오트바이에 치어서 죽은 것이다. 젊은 청년인데 귀신인 줄
알았다는 것이다. 너무 놀래서 부레이크를 잡지 못하고 그냥 밀어
버린 것이다. 청년도 중태여서 끝내 죽었다는 소문이 돌긴 했지만
확인하지는 못했다는 것이다.

필녀는 고모로부터 어머니가 돌아가신 전말을 들었다. 그리고 당연한 순서이지만 아버지에 대해서 묻지 않을 수 없었다.

"아버지는요?"

그러자 고모는 통곡하느라 기진한 몸으로 손사래를 쳤다.

"날 보고 무얼 더 말하라는 게냐. 네 아버지 이야기는 네 이모한테 들어라."

고모는 더 이상 입을 열지 않았다.

"이모는 예전 그 절간에 그대로 계신가요?"

"그래, 백운사라고, 그 절간이지."

필녀는 아버지의 소식을 듣기 위해 고모와 작별하고 다시 차에 올랐다. 영태는 걱정스런 눈으로 필녀를 살폈다. 필녀의 얼굴은 창백했다. 가뜩이나 병고에 시달리느라 뼈만 앙상한 몸인데 고모로부터 어머니의 죽음, 그것도 비명횡사한 죽음, 자식 기다리느라 오토바이에 치어 죽은 그런 끔찍한 소식을 듣게되니 충격이 이만저만 아니었던 것이다.

"저기 이정표가 보이지요. 오대산이라고요. 그쪽 방향으로 가세요."

차는 잘 포장된 국도에서 벗어나 노폭이 좁은 산간 도로로 접어들었다. 태백산맥의 준령들이 곧바로 쳐다보였다. 길 한쪽은 개천이어서 수양버들의 군락지가 이어졌다. 참새며 물총새 같은 것들이 간혹 날아올랐다. 비슷한 길을 차는 한참이나 그냥 달렸다.

"여기요. 백운사라는 푯말이 보이네요."

산간 도로에서 오솔길로 갈라지는 입구에 백운사라는 작은 푯
말이 보였다. 말뚝 크기만한 푯말에 검은 색 페인트로 쓴 글씨가
매우 조잡하고 어설펐다. 차가 들어갈 수 없을 정도의 좁은 오솔
길이라 길옆 공터에 차를 주차시키고 그들은 걷기 시작했다. 길은
산봉우리를 따라 구불거리며 이어졌다. 한참 걷느라니 작은 물도
랑도 슬그머니 달라붙었다. 사람의 발길이 많지 않아선가 길엔
잡초들이 제멋대로 자라고 그들의 발길에 놀라서 풀벌레들이 후
득후득 날아 올랐다.

"좀 쉬었다 가지"

영태가 뒤뚱거리는 필녀의 발걸음을 안쓰럽게 여겨 말했다. 그
들은 산모롱이에 있는 묘지의 잔디밭에 나란히 앉았다. 햇살이
따가워서 얼굴에 땀기가 느껴졌다.

"요즈음도 찻길이 없는 절간이 있던가?"

영태는 혼잣말처럼 말했다. 요즘은 잘 살게 되어서인지 웬만하
면 중들도 모두 자가용을 갖고 있었다. 신도들도 자가용 타고 공
양드리러 오는 터라 절간이 생기면 찻길부터 먼저 내는 것이 상식
이었다. 그런데 백운사로 가는 길은 차는커녕 달구지 하나도 제대
로 지나갈 수 없을 것 같았다. 필녀는 이 길이 예전 그대로인지
조금 넓어진 것인지 어쩐지를 알지 못했다. 다만 그 절간이 아버
지가 이모를 위해서 지은 것이란 것은 알고 있었다.

이모는 시집 갈 나이가 되어 가자 시름시름 앓기 시작했다. 그
러더니 방안에 있을 땐, 부엌에서 누군가가 밥을 훔쳐먹는다고도

했고, 부엌에 있을 땐, 누군가가 방안에 놓인 장농의 문짝을 밀치고 훔칠 물건을 찾고 있다고 중얼대었다. 이모는 몰래 들락거리는 자를 찾기 위해 느닷없이 부엌으로 뛰어 들었다가 갑자기 방안으로 뛰어들기를 반복했다. 그런 이모를 보고 외할머니의 눈이 뒤집혔다.

"또 그 년놈의 짓이여. 에이 독한 년놈들."

외할머니가 분개해서 길길이 뛰는 이유를 필녀는 나이가 들면서 조금씩 알게 되었다. 젊은 시절 외할머니는 빼어난 미모였다. 그 미모에 반해서 무당인 송골댁의 외아들이 상사병이 걸린 것이다. 이 마을의 오랜 무당인 송골댁이 매파를 보냈다. 죽게 된 아들을 살려달라는 것이다. 그러나 마을에서 양반을 자처하는 전주 이씨 이범부씨가 그러니 외할머니의 아버지가 그런 송골댁의 애원을 들어줄 턱이 없었다. 죽으면 제 자식이 죽는 거지 왜 남의 가문을 망치려 드느냐고, 고래고래 고함을 쳤다. 심지어는 송골댁의 머리채까지 끄들고 난리를 쳤다는 것이다. 그런 난리를 겪은 며칠 후에 송골댁 외아들 발복은 저승으로 가고 말았다.

무당인 송골댁의 철천의 한이 쌓여서였던가? 그녀의 저주가 효험이 있어서였던가? 외할머니는 시집가서 낳는 아들마다 서너 살이 되기 전에 죽곤했다. 그렇게 셋을 잃고 네 번 째가 딸이었다. 그런데 말 못하는 벙어리였다. 외할머니가 송골댁의 저주라고 이를 갈지 않을 수 없었다. 그런 차에 다섯 째로 태어난 이모는 예쁘기가 항아 같았다. 이제 제대로 된 딸자식을 두게 된 것이다. 이제야 운이 좀 돌아오려나 하는데 남편마저 덜컥 죽고 말았다.

한 때 외할머니가 정신이상의 증세를 보인 것도 무리는 아니었다. 그런 중에도 온전한 딸자식인 이모가 귀염둥이어서 온갖 재롱으로 엄마를 위안하는 것이었다. 총명하고 착해서 주위의 귀염을 독차지했다. 좋은 배필 만나 죽은 오빠 몫도 대신 살고, 불구 언니 몫도 대신 살고, 그렇게 잘 살아 줄 것이라고 기대를 모았다. 그런데 시집갈 나이가 되어가면서 정신이 혼미해 지는 것이다. 누군가가 몰래 자신의 주위로 맴돈다는 것이다. 거기에다 밤마다 가위에 눌리는 것이다. 어떤 사내가 찾아와서 몸을 포갠다는 것이다.

"그 놈이여. 무당년의 외아들 발복이란 놈이여. 그년의 저주가 실린거여"

외할머니는 분해서 펄펄 뛰었다. 그러나 발복이란 놈은 죽은 지 이미 오래고 무당인 송골댁도 칠순이 넘고 부터는 치매에 걸려서 정신이 오락가락 하는 터라 어디 가서 화풀이 할 데도 없었다. 의원집을 드나들며 약을 짓고, 용한 점장이를 찾아 점도 치고, 무당을 찾아 살풀이굿도 했지만, 이모의 병은 점점 심해져만 갔다. 외할머니만으로는 감당할 수 없어서 언니네인 필녀네에 와서 머물기도 했다.

그러던 중 시주를 나왔던 어느 비구니가 절간에 가 있으면 귀신이 근접할 수 없을 것이라는 말을 들려주었다. 그 말을 전해들은 후부터 이모는 자신이 밤마다 절간에 가 있는 꿈을 꾼다고 말했다. 그리고 그 절간의 모습을 소상하게 설명하는 것이다. 오대산의 능선이 동해로 처지는 봉우리 밑에 절간이 하나 있는데 지금은 폐허지만 예전엔 아주 컸던 절이었다며 그곳에 부처님이 보인다는 것이다. 매우 귀한 순금 불상인데 부처님의 화신이라고도 했다. 자꾸만 자신을 부른다는 것이다. 네가 있을 곳은 이곳이다라고.

이모가 여러 번 같은 말을 되풀이하니 답답해진 아버지가 그곳을 찾아 나섰다. 오대산이라면 영진리 마을에서 그리 먼 곳이 아니다. 한 때 우차를 끌고 땔나무를 해서 판 경험도 있는지라 웬만한 곳은 발길이 닿았던 것이다. 아버지는 처제가 말하는 지형을 찾아 헤매었다. 뜬구름 잡는 일이라 여겨지면서도 병이 깊어가는 처제의 몰골을 더 이상 보고만 있을 수 없었던 것이다. 그래서 심하게 저는 다리임에도 불구하고 산을 넘고 골짜기를 지나치며 꿈에 보았다는 절터를 찾아다닌 것이다.

그러던 어느 봄날, 백운봉 산자락 비탈에 온통 순이 파랗게 돋아난 고사리밭을 발견하게 되었다. 천여 평의 비탈이 온통 고사리 순이니 이런 횡재가 없었다. 이게 웬 고사리냐. 허겁지겁 꺾다보니 발 밑에 밟히는 주춧돌들이 그들먹한 것이다. 찬찬히 살피니 분명 예전의 큰 건물이 있었던 터였다. 더 자세히 살피니 깨어진 석등과 석탑도 나오고 무늬가 새겨진 기왓장도 나왔다. 분명 절터였다.

"처제의 꿈에 보인다던 절터가 정녕 이곳이구나"

그야말로 감격자체였다. 산과 골짜기를 헤매면서, 이게 모두 공연한 짓이지. 그렇게 몇 번이나 되풀이 생각한 터이지만 정작 그게 현실로 발견되니 얼마나 경탄스러운가. 이제 처제의 병은 내 손으로 고치는구나. 아버지는 그렇게 기뻐하며 예전의 절터를 본래의 모습으로 다듬어 나갔다. 그리고 마당 한 켠에 있는 예전의 우물을 파내다가 뜻 밖에도 이모가 꿈에 보았다던 금불상을 파내게 되었다. 참으로 신령스런 일이었다.

아버지는 그 길로 논 팔고 밭 팔고, 인부 사서 터를 닦고, 나무 베어 집을 짓고, 비록 삼간 초옥이지만 의젓한 절간을 복원했다. 처제가 혼자 살기에는 너무 적적한 깊은 산 속이라 외할머니도 함께 지내게 되었다. 그 때부터 처제의 병도 점점 차도가 나기 시작했다. 그것이 계기가 되어 이모는 백운사 비구니가 된 것이다.

한동안 땀을 식히고 다시 걷는데 골짜기는 더욱 깊어지고 물소리도 더욱 커지기 시작했다. 산속의 고요가 더욱 깊어졌다. 그러던 차에 어디서 나타났는지 한 무리의 부전나비들이 떼를 지어 몰려들기 시작했다. 크로버 잎 모양의 보랏빛 날개를 팔랑이며 작은 부전나비들이 필녀의 몸을 후광처럼 둘러쌌다. 걸음을 옮길수록 나비 떼는 더욱 많아지고 더러는 머리에 붙고 더러는 옷깃에 붙어 장식 리본처럼 보였다.

"이상도 하지. 웬 나비들일까?"

필녀는 머리를 갸우뚱했다. 그러다 문득 엄마와 이 산길을 걷던 먼 기억이 떠올랐다. 엄마는 비구니가 된 하나뿐인 여동생이 안쓰러운지 때만 되면 식량을 퍼 날랐다. 된장, 고추장이며, 김, 미역 같은 반찬거리도 수시로 가져갔다. 그런 때 어머니의 치마꼬리에 매달려 걷다보면 어디선가 부전나비들이 떼를 지어 몰려 왔다. 엄마의 머리에 바른 동백기름 냄새가 나비를 불러모으는 것이라고 함께 걷던 외할머니가 귀띔한 것도 같다. 그런데 지금은 동백기름을 바른 엄마도 없는데 웬 부전나비들이란 말인가?

엄마의 혼령인가? 초여름의 쨍쨍한 한 낮에 웬 혼령? 하긴 이처럼 호젓한 산길이니 혼령인들 없을 손가? 이처럼 반기는 모습 역력하니 필연 엄마의 혼령일께야. 필녀는 그런 생각이 들자 갑자기 콧마루가 찡 해지며 눈물이 솟구치기 시작했다. 통곡하던 고모 앞에서 차마 보이기 어렵던 눈물이 이제야 무진장 쏟기기 시작했다. 필녀는 더 이상 걷지 못하고 길옆 풀섶에 털썩 주저앉은 채 엉엉 통곡하기 시작했다. 엄마야. 몹쓸 년. 필녀가 왔어. 필녀가 왔다니까. 엄마야. 필녀는 땅을 치며 참았던 울음을 한꺼번에 쏟았다. 엄마야. 얼마나 부르고 싶었던 이름이던가? 몸이 아플 때, 마음이 괴로울 때, 고향이 그리울 때, 그리고 가족들이 생각날 때마다 외쳐 부르고 싶었던 그 이름. 엄마야. 필녀는 땅을 치고 통곡하며 엄마야를 계속 외쳤다.

필녀가 엄마 생각에 땅을 치며 통곡하는 그 정경이 너무 처절하여 영태는 차마 말려 볼 엄두도 내지 못했다. 그렇게 한 식경이나 지났을까? 필녀가 눈물을 수습하고 백운사 절간길을 다시 걷기 시작한 것은 해가 서녘으로 한참 기울어서였다. 산그늘이 길게 이어지는 산모롱이를 돌아서니 저만치 절간의 지붕이 보이기 시작했다. 저절로 발걸음이 빨라졌다. 개울길을 따라 또 하나의 산모롱이를 도는데 양지바른 무덤가에 회색 승복차림의 여인네가 그림자처럼 서 있었다.

"필녀구나. 네가 필녀지?"

비구니가 먼저 말을 붙였다.

"니가 필녀 맞지? 어쩜 지 엄마를 그리 빼 닮았을까? "

"이모. 나 필녀 맞어. 난 이모가 엄만 줄 알고 깜짝 놀랐네."

필녀는 이모에게서 엄마의 모습을 찾았고, 이모는 필녀에게서 언니의 모습을 찾았던 것이다. 필녀의 눈에서 다시 눈물이 솟구쳤다.

"이모. 우리 엄마 어디 있어?"

필녀가 가슴이 뭉클하여 응석을 부리듯 물었다.

"여기 있다. 여기가 엄마 아빠 무덤이다. 네가 오는가 싶어 아까부터 기다렸다. 왜 그리 늦었노?"

이모의 눈에서도 눈물이 쏟겼다.

"며칠 전부터 꿈자리에 네가 어른거리기에 네가 올려는가 보다고 생각했다. 지난밤은 꿈이 너무 선명해서 오늘은 틀림없이 오는가 싶어서 아침부터 기다렸다. 여기 오너라. 우선 절부터 해라."

그러니 이모는 아침부터 이 묘지에서 필녀를 기다리고 있었던 것이다.

"아빠도 돌아가셨단 말야?"

"그럼. 네 아빠도 돌아가셨다. 열녀 춘향 못지 않았지. 열녀는 여자만 있는 줄 알았더니 남자도 있더라."

필녀는 아빠마저 돌아가셨다는 말에 더 이상 서 있을 수가 없었다. 영태가 비틀거리는 아내를 부축하여 쌍분으로 모셔져 있는 무덤으로 올라섰다.

"어쩜, 이럴 수가. 아빠마저 돌아가셨다고?"

필녀는 너무 기가 막혀 울음도 나오지 않았다. 봉분 앞에 퍼질러 앉아 애꿎은 잔디만 뜯고 있는데 이모가 한탄하듯 말했다.

"세상에 어쩜 그러냐? 네 아빠 말이다."

필녀의 아버지 박영만은 아내가 오트바이에 치어 죽자 아내의 무덤을 백운동 계곡 절간 밑에 잡았다. 자신이 제 때 돌보지 못하면 처제라도 돌보아 달라는 뜻이기도 했다. 그리고는 농사에도 뜻이 없어 집도 농토도 다 버려두고 절간 밑에 초막 같은 삼간 초가집을 지었다.

"예전에 부모가 돌아가시면 무덤 옆에 초막을 짓고 삼 년을 살았다는 효자 이야기는 들었지만 아내 묘지 옆에 초막을 짓고 평생 살겠다는 남정네 이야기는 아예 들은 바가 없다."

필녀의 아버지는 농사일도 접어 버리고 매일 아내의 무덤을 다듬는 일에만 매달렸다. 굵은 바윗돌을 구해다 무덤 둘레로 탄탄하게 축대를 쌓고, 황토흙으로 봉분을 돋우는가 하면, 멀리서 좋은 잔디를 구해 봉분을 치장하고는 매일 같이 잡풀을 뽑아서 무덤이 잘 다듬어진 잔디로 자르르 윤기가 흐를 정도였다. 어쩌다 아까시아 나무가 뿌리를 내리면 기겁해서 뿌리 끝까지 뽑아내고, 기슭에서 칡넝쿨이 뻗어 오는 수도 있는데 그것마저 그 근원까지 추적하여 뿌리채 뽑아내야 직성이 풀렸다.

"묵은 밭의 농사는 어쩌고 맨날 묘지만 들여다보고 사요?"

보다 못해 비구니인 처제가 잔소리를 하자

"허, 처제가 몰라서 하는 말이여. 못된 나무 뿌리가 시신을 칭칭 감게 되면 산 자들의 몸에 병이 되느니."

"찾아오지도 않는 자식들 뭐가 이쁘다고 별 걱정 다 하요?"

"그래도 자식이 아닌감. 이 사람 자식 그리움에 속이 까맣게 탔으리. 죽어서라고 그 마음 변할까? 그 녀석들 어느 땐가는 찾아 와서 잘 다듬어진 묘지 보면 한결 덜 슬프리."

"자식 걱정 나중하고 형부 몸 걱정이나 하소. 허구헌 날 술이니 그 몸 견디겠소."

"내 몸이야 태어날 때부터 무쇠덩이인걸. 술 때문에 탈나진 않네"

영만은 하루도 술 없이는 못 살았다. 평소에도 술을 끔찍이 좋아했지만 아내가 죽고는 병적일 정도로 술에 집착했다. 주막에서부터 잔뜩 취해 가지고 비틀거리며 백운동 험한 산길로 걸어왔다. 어떨 때는 초막까지 오지도 못하고 아내의 봉분을 베개삼아 그냥 잠들기도 하는 것이다.

"집을 코앞에 두고 왜 한데서 잔다요?"

"여기가 좋네. 마음이 편타니까."

"열녀 춘향 나왔다고 남들이 흉봐요."

"흉 보래지. 지 놈들이 뭘 알어. 아무도 내 속을 모르는기라."

"모르긴 뭘 몰라. 죽은 아내 못 잊어 그런다는 걸 남들도 다 아네. 그러니 팔불출이라고 흉보지"

"팔불출이든 칠불출이든 나는 내 식대로 사는 거여. 처제도 더 이상 간섭 말기라고."

영만은 그렇게 버럭 화를 냈다. 평소 끔찍이 생각하는 처제에게도 그 모양이니 다른 사람은 아무도 말려 볼 엄두를 내지 못했다. 술이 취한 채 밤의 한기를 쐬며 묘지에서 잠들기를 거듭하니 아무리 무쇠같은 장정이라고 하나 골병이 안들 턱이 없었다. 영만은 해소병이 들어 기침을 연신 콜록대면서도 자신의 버릇을 고치려 들지 않았다.

"절간에다 술을 담가 놓을 테니 주막엔 나가지 마요. 절간에 올라와서 마시라고요."

처제가 그렇게 달래도 막무가내였다.

"술은 술집에서 마셔야 제 맛이 나는 거여."

영만은 십리 길 걸어서 마을의 주막으로 나가 술을 마신다. 그리고 같은 농삿군이라 이런저런 안면이 있게 마련인 마을 사람들에게 아내 자랑을 늘어놓는다. 치마만 둘렀다고 다 여자는 아닌 기라. 우선 얼굴이 예뻐야 하고, 그보다 마음씨가 더 고와야 하는 거여. 남자를 배려 할 줄 알아야 하고 무엇 보다 부드러워야 한다 이 말이여. 여자답다는 게 바로 그거여. 부드럽게 안기는 그 감칠 맛이란 살아보지 않고는 모르는 기라. 남자를 받아들이는 그 부드러운 속살이야말로 그러니 부드러운 흙이라야 씨앗이 잘 싹트듯이 그게 바로 제대로 된 생명인 게여.

영만의 아내 자랑은 처음엔 들을 만 했다. 이곳 농삿군들은 뱃사람들과는 달리 유순하고 착해서 아내 잃은 영만을 위로해 주는 편이었다. 때로는 술까지 사주면서 아내 자랑이니 못 들어 줄 이유도 없었다. 그러나 하루 이틀도 아니고 몇 달이나 같은 모양이니 진력이 나지 않을 수 없었다. 어, 그 팔불출 영만이가 오네. 우리는 그만 파하세. 영만이 나타나면 술꾼들은 슬금슬금 자리를 떴다. 외톨이가 된 영만은 주모를 상대로 아내 자랑을 해야 했다. 그러나 주몬들 더 이상 어떻게 견디랴. 이야기를 듣는 시늉을 하다가 코를 골며 잠드는 수도 있는데 그렇게 잠든 주모를 향해서 영만은 자신의 이야기를 계속 지껄여대는 것이다.

"그러니 말이네. 그런 여자는 천년에 한 번 있을까 말까 라네. 물론 내가 천년을 살아 본 것은 아니지만 말이네. 선녀란 게 따로 있는 게 아닐세. 인간세상 사람이 아니여. 그래서 일찍 간 거지. 그런 마음씨로는 이 세상에 오래 살기 어려운 법이거든."

영만의 병은 매우 깊어서 누구의 눈에도 그리 오래 살 것 같지 않았다. 그러다 재작년에 루사라는 태풍이 불어왔다. 시간당 백미리라니 그래서 하루에 8백미리라는 기록적인 폭우가 쏟아져서 물도랑이 넘치고 물난리가 났다. 영만은 술도 팽개치고 삽을 들고 묘지를 지켰다. 묘지가 물도랑 옆이라 물이 넘치면 묘지가 쓸릴 염려가 컸던 것이다.

"참 지독한 비였느니라. 병자년 폭우라는 옛 얘기는 들었지만 그것 보다 더 했다는 게 아니냐? 절간 옆으로 흐르는 계곡도 넘쳤는데, 글쎄 키넘는 물길이 뻣뻣이 서서 달려드는 기라. 놀라서 마당 앞의 감나무 위로 기어올랐네. 아침 9시에 시작한 물이 저녁 9시까지도 빠지지 않아서 감나무에서 용변을 볼 정도였느니."

영만도 물길이 그렇게 달려들자 아내의 무덤 뒤의 소나무 위로 올라가 대피를 했다. 세찬 물길이 아내의 무덤을 휩쓸자 그냥 사색이 되었다. 하지만 어째 볼 수 없었다. 그렇게 발을 동동 구르며 밤을 밝히고 물길이 쓸리고 난 후에 보니 묘지가 반이나 패어나갔다. 그러나 평소 축대를 쌓고 흙으로 다지고 잔디를 입히고 보살핀 정성 때문이었던지 요행히도 봉분 자체는 그대로 남아 있었다. 그동안 열심히 가꾼 공덕도 있겠지만 나무 위에서 간절히 기도한 보람이 아니겠는가?

"그런 정성 덕택에 무덤은 지켰는지 몰라도 밤새도록 비를 맞으며 속을 태운 터라 아침이 되어 무덤에 가보니 이미 초죽음이 되었더구나. 서둘러 병원으로 옮겼지만 끝내 숨을 거두고 말았다. 글쎄 유언다운 유언도 없었지만 그래도 아내 옆에 묻어 달라는 말은 하고 갔다. 세상에. 그 말 한 마디 하려고 어찌나 애를 쓰던지. 입술이 새까맣게 탔더라. 열녀 춘향인들 그보다 더 할까? 생각 같아서는 합장하고 싶더라만 그래도 자식들이 오면 봉분이 둘이라야 아빠 엄마라는 실감이 날게 아니냐. 그래서 쌍분으로 모셨다. 영가(靈駕)야 절간에 모시면 되지만 그래도 묘지로 남아 흔적이라도 남겨야 자식들 마음 덜 아프지."

이모의 말이 계속되는 중에 해는 서서히 넘어가고 어둑한 어둠의 그림자가 묘등지를 덮어 왔다.

필녀는 이모가 절간에 돌아오자 곧바로 앓기 시작했다. 고향 찾아와서 겪은 충격이 너무 컸던 모양이다. 그렇지 않아도 성한 몸이 아닌데, 보고 듣는 것이 모두 충격 자체이니 어찌 견디랴. 온 삭신이 쑤시고 거기에다 부모를 잃은 슬픔까지 겹쳐서 금방이라도 숨이 넘어갈 것 같았다. 고향 찾아와 죽으려고 그렇게 기를 쓰고 내려 온 모양이다. 영태는 그런 생각에 안절부절이다. 그러나 비구니인 이모는 태연하다.

"죽을 목숨이 아닐세. 걱정 말게나."

"저렇게 정신이 혼미한데요."

"그동안 멍든 가슴이 낫느라고 그러는 거여. 불구인 엄마 아빠를 버려두고 고향 못 돌아가는 죄의식 얼마나 컸으리. 그게 가슴에 멍이 들고 병이 된 거네."

"매일 헛것이 보인다고 했지요. 그리고 가위에 눌린다고 했어요. 어떤 사내가 찾아와 가슴을 짓누른다고요. 뼈가 시리다고 했지요."

영태의 말에 비구니는 눈을 감은 채 한참동안 말이 없었다. 그때 잠결에 들었던지 필녀가 숨넘어가는 소리로 거들었다.

"이모. 정말이야. 매일 가위에 눌렸어. 알 듯한 남자였는데, 뼈마디가 느껴질 정도야. 얼음짱처럼 차가워서 뼈가 시리더라고."

필녀의 말에도 대답이 없던 비구니가 한참 만에 입을 열었다.

"인연이란 게 그처럼 끈질기구나. 네 외할머니, 그러니 내겐 어머니 되는 분의 일이지. 무당집 아들이 그분 짝 사랑하다가 죽은 얘기는 들었겠지?"

"우리 마을에선 모두들 아는 이야기잖아."

"네 어머니가 벙어리가 된 것도, 내가 몹쓸 병을 앓게 된 것도 모두 그 업보였느니라."

"듣고 보니 이모도 예전에 가위 눌렸었던 것 같아."

"그래 내가 앓던 것과 똑 같은 병을 네가 앓고 있는 거야."

"무당집 아들 귀신 때문일까?"

"그 탓도 없는 건 아니겠지만, 우선 내 마음에 그런 생각을 떠올린 자체가 문제란다. 그러니 내가 내 병을 키우는 게지."

"나는 자세히 알지도 못하는 이야기인데."

"어린 시절이라 잘 기억나지는 않겠지만 어른들 말을 귀동냥으로 들었을 것이고, 그게 마음의 병으로 자란 것이지."

이모의 말에 영태가 솔깃해서 물었다.

"그러면 자기 자신이 병을 만들었다는 말인데, 그렇게 앓고 싶은 사람이 누가 있겠어요?"

"그래서 부처님은 세상만사가 마음에 달렸다고 한 게지. 마음에 한 의혹이 생기면 그것이 자라서 큰 나무가 되고, 덤불이 되어 사람을 괴롭히는 근원이 된다는 게야. 한 번 마음을 바꾸면 모든 게 바뀌어서 아무 것도 아닌 것이 된다네."

"납득이 잘 안되네요."

"중국의 유명한 고승 한 분이 참선 중에 극락으로 가게 되었네. 그분 이야기는 그곳에서는 모두 둘러앉아 부처님 말씀을 듣는데, 부처님이 아이가 되면 대중 모두 아이가 되고, 부처님이 노인이 되면 그 말을 듣는 대중들도 모두 노인이 되네. 그렇게 마음 하나로 모두 변하게 되니 극락에서의 설법은 부처님 뜻대로 제대로 전달되는 것이지. 마음이 사람을 바꾸고 우주를 바꾸네. 모든 것은 마음 가질 탓이야. 병이란 자신이 키우는 것이고. 병의 실체를 내 보여라. 하면 아무 것도 없네. 없는 병을 마음에 키우면서 스스로 있다고 생각하는 것이야. 그렇다고 신령이 아예 없다고 하는 것은 아니고…"

이모는 한동안 침묵하다가 말을 이었다.

"내가 처음 신들린 상태였을 땐데, 사람 얼굴을 보면 그 내장까지도 모두 보이네. 스스로 놀랄 수밖에. 간이 처진 사람 . 심장이 비대해진 사람. 그런 게 그냥 보여. 그래서 치료 방법을 알려주고 약을 쓰면 백발백중이지. 한 번은 내가 용하다는 말을 듣고 어떤 남정네가 찾아온 거야. 가출한 아내를 찾아달라는 게지. 술주정이 심한 사람인데 아직 어린 자식이 서너 명이나 있어. 아내 없이 혼자서 애들을 돌볼 수 없는 형편이야. 더구나 성격까지 난폭하니 자칫 애들을 상하게 할 우려가 있어서 모르는 척 할 수가 없더라고. 그래서 남정네와 더불어 찾아 나섰네. 그냥 보이는 거야. 삼척

정라진 바닷가인데, 어느 음식점 부엌으로 들어가니 여자가 설거지하고 있는 중이야. 함께 찾아나선 남정네도 기겁하고. 부엌에서 일하던 여자도 기겁하데. 아무도 모르게 숨어살던 것을 찾아냈으니 말이네."

"그럼 영이 정말 있는 거군요?"

"전도사라면서 그런 확신도 없나?"

"아직 직접적으로 체험한 바는 없으니까요."

"어느 순간 깨닫게 되겠지."

"그렇다면 그런 방향으로 나갈 수도 있었을 것인데요?"

"무당 말인가? 아니면 점쟁이던가?"

"모두 보이신다면서요."

"처음엔 그런 영험이 너무나 대견해서 그런 생각도 했었지. 하지만 그런 것에 습관이 되니 온갖 잡신들이 따라 붙는 거야. 잡신이란 제 좋을 대로 길흉화복에만 매달리는 거라. 당장의 병은 고칠 수 있지만 그게 그 사람의 평생을 위해서 도움이 될 것인지 어떨지, 확신을 지니는 것은 쉬운 일이 아니야. 건강해서 죄를 짓는 경우보다 절름발이가 되어서 죄를 짓지 않는다면 그게 더 행복일 수 있거든."

"잡신과 참신을 어떻게 구별하지요?"

"그게 쉽지 않아. 부처님의 영험만큼 잡신들도 때로는 같은 영험을 갖고 있네. 그러니 어떤 사람의 운세를 보고 순간적인 화액을 면하게 해 줄 수는 있지만 그게 그 사람에게 평생토록 정말

이익이 되는지 어쩐지는 알 수 없어. 병이니, 뭐니 하는 게 모두 평생운과 결부되어 있어서 자칫 하늘의 운세를 잘못 풀어 버리면 평생 그 업에서 벗어나지 못하네. 섣불리 그런 짓을 하면 정말 큰 죄인이 되는 게 아니겠나?"

"잘은 모르겠습니다만 성경에도 그런 말이 있긴 합니다. 아브라함이 늙어서 아들 하나를 두었는데, 어느 날 하느님이 그 아들을 제물로 쓰라고 하는 것입니다. 아브라함은 많은 고민을 합니다. 그게 정말 하느님 목소리인지, 사탄의 목소리인지 구별이 쉽지 않거든요. 사탄도 하느님에 버금가는 신령스런 능력을 갖고 있다는 것입니다. 아브라함은 워낙 독실한 분이라 마침내 그것이 하느님의 음성임을 확신하고 끝내 아들을 제물로 삼기로 결심하지요. 마지막 순간 하나님은 명령을 거두고 아들 대신 양을 사용하도록 하였습니다만."

"그래. 때로는 알게 된 영험을 그냥 참기가 쉽지 않을 때도 있어. 그러니 그때 박정희 대통령 시해 당일이었어. 우연히 청와대 앞을 지나치다가 문득 환영이 떠오르는 거야. 대통령이 총을 맞고 쓰러지는 모습인데. 피가 흥건하고. 두 명의 여자들이 사색이 되어 떨고 있고. 총든 사내가 얼빠진 모습으로 허둥대고. 그게 모두 보여. 후일 신문 기사를 보고 내가 본 환영과 너무나 흡사해서 나 자신 깜짝 놀라기도 했지만. 아무튼 큰일났다 싶어서 청와대 정문 순경에게 말했지. 무서운 일이 일어날 테니 경호실에 전화를 해달라고. 오늘 안가에서 변고가 생길테니 대통령의 계획을 바꾸라고. 보초를 섰던 순경이 빙긋이 웃으며, 스님, 어서 갈 길이나 가세요. 정신병원에 들러 보시구요. 내가 발을 구르고 애원해도 막무가내야. 그 보초순경 후일 내 말을 기억했을 테지만 발설은 못했겠지. 운명을 바꿀 수 있는지 어쩐지는 모르지만 그런 순간을 당하면 도저히 그냥 외면하지 못하네."

"믿기지 않네요."

"그래. 사람이란 존재는 너무나 신령해서 믿을 수 없는 일도 많이 겪게 되네. 기(氣)가 소통하는 것이 사람마다 같지가 않아. 그러니 나 같은 여자는 그저 절간이 제일 적격이야. 안전하기도 하고."

"안전하다니요?"

"절간은 산의 정기가 모이는 곳이라 잡신들이 근접하기가 쉽지 않아. 부처님의 영기가 바윗덩이처럼 굳건히 자리잡고 있어서 마음을 호수처럼 가라앉히네. 바람 불 때 저 산등성이로 잡신들이 우- 하고 울부짖으며 떠도는 모습이 보이고 귀에 들리네. 제길 찾지 못해 떠도는 불쌍한 영혼들이지. 아침저녁으로 제를 지내고 그들의 영혼을 위무해 주네. 좋은 곳으로 가서 좋은 인연으로 다시 태어나라고."

비구니인 이모의 말은 도무지 믿기지 않는 것들이어서 필녀는 그저 어리둥절할 뿐이었다. 영태도 더 이상 항의할 엄두를 내지 못했다. 그런 특이한 영의 세계가 따로 있는 모양이라고 짐작할 뿐이었다.

백운사 절간에서 며칠 묵는 동안 영태에게는 전화가 빗발 같이 걸려왔다. 우선 목사님으로부터의 채근이었다. "자네. 교회 일은 어쩌려고 그러나. 하느님 일이 첫째 아닌가?" 교회의 장노님들로부터도 호통이었다. "이 사람아. 지금 얼마나 중요한 시기인가. 바야흐로 교회의 중흥기를 맞아서 신도가 불같이 불어나는데, 전도사가 있어야지. 목사님 한 분만으로는 어림도 없네. 어서 돌아오게." 신도들로부터도 야단이었다. "전도사님이 안 계시니 교회가 텅 빈 것 같아요" 그렇게 모두 전도사의 귀경을 요구했다.

영태는 평소 말없이 교회 일에만 전념한 터여서 교인들이 영태의 존재 가치를 별로 알지 못하다가 막상 사람이 없으니 그의 존재가 얼마나 필요한지가 절실한 것이다.

"죄송합니다. 아내가 사경을 헤맵니다."

"이 사람아. 아무리 그래도 그렇지. 하나님 사업보다 중요한 일이 또 어디에 있나?"

하나님을 물고늘어지는 데야 더 할 말이 없다. 비구니인 이모가 말했다.

"필녀는 걱정말고 자넨 올라가게. 주일날은 하나님 일을 거들고 시간 날 때 내려오게. 내가 돌봄세."

"그렇지만, 저렇게 혼미해서 내일을 예측 못하는데 어떻게 자리를 비웁니까?"

"그렇다고 자네가 할 수 있는 일도 없지 않은가? 기도하는 일이야 여기서든 서울에서든 다르지 않네."

"그야 그렇지만요."

"필녀는 죽지 않아. 그러니 염려 말래도."

이모가 그렇게 거듭 권하니 영태는 마지못해 일주일 째 되는 날 백운사를 떠났다. 그러나 영태가 떠난 그 날 부터 필녀는 심한 열기로 앓는 소리를 내더니 갑자기 까무룩 혼수상태에 빠지고 말았다. 호흡도 약해지고 어떨 때는 살아 있는 것 같지가 않았다.

"그래. 저승까지 가게 되겠지. 하지만 돌아온다. 너는 돌아오게 되어 있어. 저승에서 받아주지 않아. 암, 그렇고 말고. 받아주지 않는다니까?"

이모인 법안스님은 자신을 위안하듯, 흔들리는 신념을 불안해 하듯 그렇게 중얼거렸다. 그녀는 안절부절 하면서도 묵주를 헤아리며 부처님께 빌고, 관세음 보살님께 빌고 천지신명에게 빌고, 그렇게 빌기를 거듭했다. 어느 순간 필녀의 호흡이 뚝 끊겼다. 맥박도 뛰지 않았다. 법안스님의 심장이 후두둑 뛰었다.

"안돼. 안되고 말고. 너는 죽을 수 없어."

법안스님은 입술을 악다물었다. 입술에서 핏물이 배어 나왔다.

"못된 인연의 업보를 더 이상 잇게 하지는 않을 거야. 그렇고 말고. 절대로 안 될 일이야."

법안스님의 얼굴이 새까맣게 질리면서 눈에는 불같은 분노가 치밀었다. 영진리 마을의 채머리 무당의 얼굴이 떠올랐다. 송골댁 이라고 했던가? 한 때는 영험하다고 소문이 났었다고 하지만, 그녀가 철이 들었을 때는 이미 치매 걸린 노파였다. 빗지 않은 머리칼이 온통 산발되어 흩어지고, 눈에는 눈꼽이 더덕더덕이고, 무엇이라고 중얼중얼 쉴새 없이 누군가를 저주했다. 법안의 어린 눈에는 동화책에서나 읽던 마귀할멈 그대로였다. 또는 여름날 공동묘지에서 얼찐대던 도깨비불과 더불어 사는 귀신 할미였다. 그런 미친 무당년의 업보를 언제까지 감당하랴. 너는 죽지 않아. 죽지 못해. 법안스님은 자신의 분노가 바로 그녀를 지켜준 어머니의 분노와 동일한 것임을 처음에는 깨닫지 못했다.

법안은 상사병에 걸려 죽은 무당 아들의 혼령에 시달려야 했다. 발복이라고 했던가? 무당 아들의 죽음은 그녀가 태어나기 전의 일이다. 그녀의 어머니가 처녀 때의 일이 아닌가? 그럼에도 무당 아들의 혼령은 수시로 그녀의 몸에 실리는 것이다.

비가 부슬부슬 내리는 날, 또는 머리가 아프고 어깨가 무지근하게 짓눌리는 날, 뒤숭숭한 꿈처럼 사내는 다가왔다. 남들은 가위눌리는 증상이라고 했다. 사내는 누운 그녀의 몸뚱이에 자신의 몸을 포개었다. 상사병으로 여위어서 살점이 하나도 없었다. 그래서 생선가시 같은 뼈마디가 그녀의 살갗을 찢었다. 몸뚱이가 얼음짱 같았다. 그래서 온 몸에 얼음이 박혔다. 입에서는 시체 썩는 냄새가 났다.

가위눌림 현상은 아주 자주 찾아왔다. 저녁 무렵이면 그런 징조가 마음 속으로 먼저 전달되었다. 어딘가 몸이 좋지 않아. 그런 느낌이면 이미 예감했던 것처럼 사내가 다가왔다. 썩는 냄새를 풍기며 벗은 알몸으로 그녀의 몸에 실리는 것이다. 싫은 느낌으로 진저리가 쳐졌다. 온 몸에 으스스 소름이 돋았다. 그런 악몽을 면해 보려고 수면제를 먹기도 하고, 찬 물을 뒤집어쓰기도 했다. 어떨 때는 집을 뛰쳐나와 끝없이 걷기도 했다. 어떻게든 면해 보려고 했지만 발복이란 사내의 끈질김을 당해 낼 수 없었다.

견딜 수 없었다. 하루 이틀의 일이 아니고 어떤 때는 매일이었다. 사내는 부패한 시체처럼 썩는 냄새를 풍기며 그녀의 살을 파고들었다. 뼈를 갉았다. 그녀의 몸을 짓누르며 악취를 풍겼다. 더 이상 견딜 수 없었다. 그런 고통을 겪으며 평생을 살아야 한다는 것은 너무나 끔찍한 일이었다. 그래서 죽으려고 했다. 한 번은 약을 먹었고 한 번은 팔뚝의 동맥을 칼로 잘랐다. 그래서 두 번이나 저승길을 다녀 온 것이다.

그녀의 어머니인 영진댁은 후일 말했다. 억장이 무너지는 것 같았다. 무당년의 아들놈이 상사병에 걸려 죽은 것은 제탓이 아니냐. 그런데 무당년의 저주로 영진댁은 결혼 후 몇 번이나 사산하고, 생떼같은 남편 잃고, 딸 하나는 벙어리 되고, 그나마 성한 딸년마저 잡아가려고 하니 악에 받치지 않을 수 없었단다.

"절대로 죽지 못해. 암, 죽게 내버려두지 않을 거야."

영진댁은 거의 실성한 사람 같았다고 한다. 죽은 딸의 시체를 껴안고 눈물을 비오듯 쏟았다고 한다. 분노로 눈에서 펄펄 불길이 일었다고 한다. 처음엔 아무도 가까이 하지 못했지만 죽은 시체를 언제까지 그대로 둘 수 없다고 여겨서 이웃들이 그녀를 달랬다. 이미 죽은 것을 어쩌겠느냐고. 시체를 3일씩이나 끼고 있어서 되겠느냐고. 친척들이 그녀의 품에서 죽은 시체를 떼어내려고 했단다. 그러자 영진댁은 숨겨놓은 부엌칼을 꺼내들고 가까이 오는 사람을 찌르려고 했단다. 내 품에서 내 자식을 절대로 떼 놓지 못한다고.

그렇게 3일째나 되었는데, 죽은 줄 알았던 딸애의 얼굴에 핏기가 돌아오자 모두들 놀랐다고 한다. 3일 동안이나 죽었던 사람이 살아나다니. 예수의 부활은 성경에나 있는 말이다. 하느님의 아들에게나 있는 특별한 경우가 아닌가? 그런데 죽었던 사람이 살아난 것이다. 염라대왕마저도 영진댁의 분노를 외면할 수 없었던 모양이다. 어머니의 사랑을, 집념을 존중해야 했던 것이다. 사람의 마음이 하늘이다. 하늘까지 맺힌 소망을 어찌 거스를 수 있으랴.

법안스님은 그런 어머니의 심정으로 까맣게 죽어 있는 조카를 지키려고 했다. 너는 죽을 수 없어. 못된 인연의 업보를 더 이상 잇게 할 수 없어. 너는 반드시 살아난다. 스님은 이미 제정신이 아니었다. 그것은 스님으로서 평생 받들어 온 부처님에 대한 신뢰였고, 어떻게 보면 내 것을 잃지 않겠다는 인간적인 탐욕에 의한 독기와도 같았다. 어떤 면에서 종교적 신념과 극대화된 인간적 욕망은 어느 순간 매우 유사한 형태로 일치되는 것인지도 모른다. 그런 고투 속에 이틀이 지난 저녁 무렵, 법안스님은 갑자기 푸-하고 긴 한숨을 쉬었다. 그래 살아났어. 이제 저승 다리를 건너 다시 돌아오는군. 법안스님의 머릿속에 저승다리를 건너 돌아오는 조카의 모습이 보였다. 필녀가 시퍼런 강물에 걸쳐진 외나무다리를 건너고 있었다. 강물의 소용돌이가 너무 거세고 세차서 필녀의 눈에 두려움이 그득했다. 현깃증이 일었다. 그렇게 흔들리다가 아차 발을 헛딛고 떨어지는 순간 그녀는 이승으로 돌아올 것이다.

그러고 보니 필녀의 얼굴에도 핏기가 돌기 시작했다. 그러다 어느 순간 갑자기 의식이 돌아온 모양이다.

"이모. 나 죽은 거야?"

필녀가 눈을 떠서 한 첫말이었다.

"이제 살아났구나."

법안스님은 길게 한숨을 쉬었다. 얼마나 초조했던 시간이던가? 저러다 정말 죽기라도 하면 어쩌랴. 설혹 마음에 신념이 있더라도 세상사가 어디 다 뜻대로 되던가? 그리고 정작 하늘의 큰 뜻이 어디에 있는 것인지. 미물 같은 중생이 어찌 헤아리랴. 온갖 번민 속에 이틀간이나 눈 한 번 붙여 보지 못했다. 그러나 어쨌든 지금은 살아났다. 그래서 한결 마음의 여유를 지니며 물었다.

"그래. 저승이 어떻든?"

저승을 다녀 온 사람이라야 자신에게 부여된 삶의 참뜻을 깨닫게 된다. 내가 왜 사는가? 삶에 있어서 부여 된 내 임무는 무엇인가? 고뇌의 실체는 무엇이던가? 목숨을 걸었던 만큼 그 어떤 의미가 찾아져야 한다. 그러나 법안스님의 질문에 대해서 필녀는 선뜻 대답하지 못했다. 의식을 잃었던 동안의 단편적인 기억들이 정리되지 않았다. 꿈속을 헤맨 것도 같고, 깊은 어둠의 강물 속에 질식

해 있었던 것도 같고. 그러자 법안은 그녀의 기억을 반추시키듯 이야기를 이어갔다.

"우선 동굴을 지났겠지. 캄캄한 동굴 말이다. 동굴이 끝나고, 그래 강물이 앞을 막았을 거야. 좁은 나무다리가 나오고, 아니면 사공이 배를 태워 주었겠지."

법안스님은 필녀와 저승길을 함께 다녀오기라도 한 듯이 그렇게 서두를 열었다. 사실 그런 기억은 젊은 시절 법안스님 자신의 체험이기도 했다. 그녀는 몸에 실리는 무당 아들의 혼령을 견딜 수 없어 한 번은 약을 먹었고, 한 번은 팔뚝의 동맥을 끊었다. 그래서 두 번이나 저승길을 다녀 온 것이다.

저승 다녀 온 기억이 한 번은 너무나 선명했다. 바다였던 것 같다. 바다가 양쪽으로 갈라지며 길이 생겼다. 그 갈라진 길을 걸었는데, 양옆으로 높다랗게 물의 벽이 만들어졌다. 모세가 홍해를 건넜을 때 그런 풍경이었을까? 물의 벽 사이로 아름다운 물고기들이 헤엄을 쳤다. 바닷물 속에도 꽃이 피어서 물고기는 마치 새나 나비 같은 느낌이었다.

한참 가다보니 한옥이 보이고 큰 대문이 있는 집이 나타났다. 대문에 다가서자 옛날 옷을 입은 문지기가 왜 왔느냐고 물었다. 소원이 있어 왔다고 하니까 문안으로 들어가라고 손짓했다. 대문을 들어서니 마당에 과일나무가 즐비한데 사과, 복숭아가 주렁주렁 매달려 있었다. 뜰에는 전에 전혀 본 적이 없는 아름다운 꽃들이 만개했는데, 꽃밭과 과일나무 사이로 맑은 물이 흘렀다. 그리고 아름다운 새들이 특이한 음색의 휘파람 소리를 내며 날아다녔다.

다른 쪽을 보니 형형색색의 아름다운 옷을 입은 선녀들이 미소 짓고 이야기를 나누고 있었다. 문을 들어서자 옥좌에 높으신 어른이 앉아 있었는데, 이분이 염라대왕이구나 하는 생각이 문득 들었다. 염라대왕 옆에는 비서로 보이는 사람이 치부책을 펼치며 무엇 하러 왔느냐고 물었다. 소원이 있어 왔다고 말하니. 그냥 웃으며 아직 그런 것을 물을 때가 안 됐으니 돌아가라고 했다. 그렇지 않다고, 들어달라고, 너무 괴롭다고, 미친 무당의 아들이 온 몸을 짓누른다고, 뼈가 시리고 온 몸에 얼음이 박힌다고. 그렇게 떼를 썼던 것 같은데 그는 그저 빙그레 웃기만 할 뿐이었다.

법안스님이 저승길의 실마리를 풀어가자 필녀의 기억도 어렴풋이 살아나는 듯 싶었다.

시퍼런 강물이었어. 통나무로 된 외나무다리가 있었고, 외나무다리를 건너자 컴컴한 굴속으로 이어졌어. 굴이 지나자 갑자기 환해지고 길도 넓어졌는데, 길의 양옆으로 전에 보지 못했던 아름다운 꽃과 과일이 열려 있었던 것도 같고. 필녀는 그렇게 기억을 더듬었다. 길옆으로 꽃나무가 즐비한데, 만발한 꽃들 사이로 벌들이 붕붕대고, 나비가 떼를 지어 날아들고, 맑은 시냇물이 흐르고, 물 속에 형형색색의 물고기들이 헤엄쳐 다니고.

길을 따라 한참을 가니 큰집이 한 채 있고, 집 앞에는 연못이 있고, 분수대에서 물이 뿜어져 올랐다. 그 연못 앞에 긴 수염의 할아버지가 있었다. 이렇게 생각을 정리하니 이모의 경우와 너무나 유사했다. 그래서 이게 내 진짜 기억인가? 아니면 이모의 암시를 받아 떠올려진 것인가를 구별 할 수가 없었다. 긴 수염 할아버지와의 대화도 유사했다.

"너 왜 왔느냐?" "모르겠어요." "넌 아직 때가 안됐는데 어서 돌아가거라" "하지만 길도 모르는데요." "강아지 한 마리 줄게. 그 강아지를 따라 가거라." 그런 대화를 한 것도 같다. 할아버지가 안겨준 검은 강아지를 안고 한참을 걸었는데 어느 만큼에서 강아지가 갑자기 발버둥치는 바람에 품에서 놓치고 말았다. 강아지를 잡으려고 급히 뛰었다. 강아지는 돌아올 때 건넜던 외나무다리를 건너고 있었다. 그러다 다리의 중간쯤에서 풍덩 물속으로 떨어졌다. 그 때 '내 강아지' 하고 소리치다가 깬 것도 같고. 필녀는 횡설수설 늘어놓다가 정색하고 물었다.

"이모, 그런 게 진짜 저승 경험일까? 아니면 꿈일까?"

"누군들 알겠니. 그러나 저승 경험은 매우 닮은 데가 있다. 동굴을 지난다든지, 강물을 건넌다든지, 또는 꽃이 만발하고 잘 익은 과일이 주렁주렁 매달린 정원을 지난다든지. 그리고 어질고 너그러워 보이는 노인을 만난다든지. 그러면서 꿈이라고 할 수 없는 특별한 경우를 겪는 수도 있단다."

법안스님은 자신의 경험만으로는 부족하다고 여겨서 관정법사의 이야기를 들려주었다.

"관정법사는 6년 5개월 동안이나 저승을 다녀온 분이다. 그분이 한국에 오셔서 설법하시는 기회가 있어서 직접 가서 만나 보았다. 현재 그분은 북미 불교회 회장을 역임하시고 미국에서 선교활동을 하시는 분이다. 거짓말하실 분이 아니거든."

관정대법사는 중국 복건성 사람이다. 7세 때 출가했고, 15세에 허운 노화상을 스승으로 삼고, 17세 때 광동성 남화사에서 구족계를 받고 강서성 운고산에서 허운 노화상의 정법 안장을 계승하여 제 49대 전법 제자가 되었다. 1969년 음력 10월 25일, 복건성 덕화면 미륵동에서 좌선할 때 홀연히 관음보살의 이끌림을 받아서 그 자취가 사라져 서방정토 구품 연화경을 참관했는데, 그 기간이 하루가 지난 것처럼 느껴졌다고 한다. 하지만 인간 세상에 돌아와 보니 1973년 4월 8일이었다고 한다. 6년 5개월이나 저승에 가 있은 것이다. 그 기간에 법사가 행방불명이 되어 모든 절의 승속이 찾아다녔으나 아무도 소식을 알지 못했다. 관정대법사는 저승을 다녀오신 후에 자신의 체험을 기록하여 〈극락세계 유람기〉라는 책을 펴내기도 했다.

"그분의 말씀에 의하면 좌선 중에 어떤 사람이 그를 일으켜 이끄는 대로 따라 갔는데 술취한 것 같이 황홀한 기분이었다고 한다."

산의 정상에 이르렀는데, 주변의 돌은 은은한 빛을 내고 있었고 눈앞에 일찍이 본적이 없는 큰절이 나타나는데, 매우 웅장하고 화려했다. 대문 위에 금으로 쓴 큰 액자가 걸려 있었는데 예전에 보지 못하던 글자였다. 주위엔 신선한 꽃향기가 가슴까지 시원하게 하고, 구슬 모양의 꽃잎에서 은은한 빛이 나오고 있었다. 누각 안으로 들어가자 거기에는 여러 가지 수정 거울이 있었다.

"이 거울은 인간이 지닌 본성의 청정함과 망상이 있는가 없는가를 비춘다." 안내를 맡은 관음보살의 설명이다. 그가 아미타불 앞으로 나아가 3배를 드리고 가르침을 청하자. "중생의 불성佛性은 한 가지로 평등하다. 의식이 전도되어 환幻으로써 진眞을 삼아서 인과응보로 6도에 출몰하는데, 윤회를 끊지 않으면 고통이 만가지다. 내 48대원願으로 중생을 제도하니, 남녀노소가 신信, 행行, 원願으로 일심불란하면 이것이 정토선淨土善이다."
하시고는 특히 강조해서 말씀하시기를 "모든 종교는 서로 돕고 서로 장려하며 비방하지 말라. '너는 그르고 나는 옳다' '너는 낮고 나는 높다.' 라는 것은 비방이니 서로 멸하게 할 뿐이다. 모름지기 서로 돕고 서로 사랑하며 부처님의 바른 가르침을 잇거라. 이것이 너의 할 일이다."라고 하셨다.

"그분이 미국에 가서 선교하시게 된 것도 모든 종교가 하나라는 부처님 말씀을 실천하시기에 미국이라는 나라가 가장 적당할 것이라고 생각하셨단다. 현재 미국이 세계의 중심이 아니냐? 문화든, 경제든, 국력이든, 그러니 미국에 가서 포교하면 전 세계에 퍼질 것이라고 믿은 것이지. 그런 그 분의 노력이 인정을 받아 지금 세계 종교 통합 운동이 벌어지고 있다는 말도 들리고 있다. 인간을 구원한다는 종교의 근본 뜻은 어느 종교나 마찬가지다. 그러나 환경과 경우에 따라서 그 방법이 조금씩 다르다는 것이지.

이 조금씩 다른 방법 때문에 종교인들이 상대편을 허물하고, 증오하고, 심지어 전쟁까지 벌인대서야. 종교의 참뜻과는 거리가 멀다고 할 밖에."

법안스님은 그렇게 말하며 깊은 명상에 잠기는 것이다.

법안스님은 모든 종교가 하나라는 관정법사의 설법에 동의했다. 세계엔 다양한 종교가 많지만, 그 모두가 창조주를 섬기는 것이고, 지역에 따라, 시대에 따라, 사회에 따라, 관습에 따라 믿는 방법은 다르지만 추구하는 목표는 같다는 것이다. 종교가 추구하는 목표는 인류가 서로 사랑하고 돕고 자비를 베풀고, 그리하여 함께 더불어 잘 사는 세상을 만드는 일이다. 말하자면 하늘의 낙원을 지상에서 회복하는 것이다. 아담시대 낙원을 지구상에 회복하는 일이 가능하다고 보는 것이다. 낙원의 상실은 인간의 못된 탐욕으로 말미암은 것이다. 마음을 바로잡으면 세상이 바뀌고 낙원도 회복된다. 여기에 무슨 종교적 차이가 있을 것인가? 이런 뚜렷한 목표를 두고 방법론적 차이 때문에 여러 종교들은 서로 대립하고 반목한다. 더구나 이런 차이 때문에 생긴 반목이 종교간의 투쟁이 되고 세상의 재앙이 된다면 얼마나 황당한 일인가? 그런 것이 우리의 현실이라면 종교통합을 외치는 양식 있는 종교인들의 주장에 수긍이 가기도 하는 것이다. 법안스님은 확신을 가지고 주장했다.

"이모의 그런 확신은 어디서 오는 걸까? 난 교인들의 신념이 믿어지지 않아? 신이 정말 우리에게 모습을 보여주는 것도 아니고, 진리의 말씀을 속삭여주는 것도 아니고, 그렇다고 기적이 늘 일어나는 것도 아니고, 그러니 허황되게 느껴질 밖에."

"그렇기도 하겠지. 하지만 세상엔 상식적으로 믿어지지 않는 일이 일어나고 있고, 그리고 더러는 특이한 신앙적 체험을 하게된단다. 남들은 믿지 못해도 직접 겪은 본인이야 믿지 않을 수 없지. 들어 보렴."

한번은 왼쪽 팔뚝이 근질근질하더니 통증이 오면서 조금씩 부풀어 오르더라. 이상한 일도 있다 싶었지. 벌레에게 물린 일도 없고, 뚜렷한 이유도 없이 그런 거야. 점점 커지는 게 보통 종기와도 달라. 이게 뭘까? 그러는 동안 근질거림이 조금도 멈추지 않아. 뭐 그런 느낌 있지. 지렁이가 기어가는 느낌. 혈관 속에서 또는 피부의 표피 안쪽에서 벌레들이 스물거리며 기어드는 거야. 어느 순간 문득 깨달아지더라. 아, 내 몸 속의 기생충이 이리로 모여드는구나. 전에 배앓이를 자주했거든. 횟배를 앓던 기억 말야. 하지만 절간 생활을 하면서 병원 갈 일도 없고, 웬만큼 아파도 그냥 참다 보면 병이 나았지. 그러니 학교를 졸업한 이후로 한번도 기생충 검사를 해 본 일이 없어. 그래서 내 몸 속에 마음껏 기생하고 살던 벌레들이 모여드는 게야. 그런 확신이 들더라고. 그래서 염력으로 빌었지. 기왕 그렇다면 모두 한 곳으로 모여라. 모두 한 곳으로. 그러니 혹이 더 빨리 크는 거야. 나중에는 주먹만 해지더라. 그래서 잘 아는 의사를 찾아가 말했지. 이 혹 속에 기생충이 우글거릴 테니 혹을 떼어 달라고. 처음엔 의사가 웃더라. 엑스레이로 찍어라도 본 다음에 알아보자고. 그럴 필요가 없다고 했지. 그냥 뚝 떼어 내면 된다고. 그 결과가 어땠는지 아니? 의사가 기절할 듯 놀라더라. 혹 속에 온갖 벌레들이 다 모였어.

법안스님은 팔뚝을 걷어 보여주었다.

"보아라. 이 팔뚝의 상처가 아직 그냥 남아 있지. 혹을 떼어 낸 자리다. 거짓말 할 내가 아니란 것을 네가 안다 해도 믿기가 쉽지 않을 게야. 세상엔 이런 일들이 일어나고 있단다. 한 가지 더 들려주련?"

그 의사의 고모님이 폐암에 걸려 죽게 되었단다. 이미 암덩어리가 폐에 골고루 퍼져서 수술도 못하게 된 것이지. 그런데 조카인 의사로부터 내 혹 이야기를 들었던 모양이야. 마지막으로 절간에 들러서 기도나 해야겠다고. 착실한 불교신자야. 돈은 엄청 많고. 우리 지역에선 제일 갑부라고 소문이 났지. 팔자 좋은 노인이었어. 아들 조카가 의사고 변호사고 뭐 그런 말하자면 출세한 집안이야. 그런들 무엇 할 거냐. 목숨이 중요하지.

매일 아침 나와 똑 같이 염불하고, 좌선하고, 정성을 다 기울였다. 그러니 암 말기의 환자가 얼마나 힘들겠니. 하지만 부처님 은덕으로 병 치료가 가능하다는 내 말에 그 힘든 몸으로 목욕재계하고 기도를 계속했지. 정성이 너무 지극하니 나도 감동 받지 않을 수 없더라. 그래서 나도 그분의 심정이 되어서 백일기도며 삼천 배며 온갖 정성을 다했다.

그러던 어느 날, 새벽 참선에 들어 있는데, 가슴이 환히 밝아지는 게야. 촛불을 켠 듯이 말이다. 빙그레 미소짓는 관음보살의 현신을 체험했단다. 오대산은 문수보살의 현신처고 이곳은 관음보살의 현신처다. 저기 저 작은 금부처가 바로 관음보살이다. 우물 속에서 나온 신라 때의 부처야. 네 아비가 찾아 준거란다. 그 관음보살의 현신이야. 네 정성이 지극하니 환자의 병인들 낫지 않을까? 그런 느낌을 받았다고 생각하면서 깜짝 잠이 깨었는데, 옆을 돌아보니 기도하던 보살님이 쓰러져 있겠지. 피를 한 말이나 쏟은 것 같애.

나는 보살님이 틀림없이 살아날 것이란 확신을 가졌다. 하지만 만일 그렇지 못하다면, 그런 의구심은 또 늘 따라다니기 마련이다. 급히 보살의 집에다 전화를 했어. 연락을 받고 온 집안사람들이 다 몰려 왔어. 어머니가 자식들 말 듣지 않고 절간에 와서 기도하다가 죽게 되었다고. 암 환자인데 절간이 당키나 한 일이냐고. 그들은 절간에 와서도 티격태격이야. 큰 딸이 맏아들을 몰아세우고 작은 며느리가 큰며느리를 몰아세우고 시누이가 올캐를 몰아세우고, 혼절한 부모님을 제대로 모실 생각은 않고 책임을 전가하기에만 급급한 거야.

"보살님은 돌아가신 게 아닙니다. 관음보살의 도움으로 살아나셨습니다."

내가 그렇게 말해도 그들이 듣기나 하니. 그들은 미리 준비한 구급차에 보살님을 싣고 곧바로 장례식장엘 들어간 모양이더라.

그런데, 시신을 냉동고에 보관하는 문제로 수속을 밟는 중에 보살님이 부스스 눈을 뜬 게야. 얼마나 놀랐겠니? 가족들이 서울 큰 병원으로 다시 옮겨서 정밀 진단을 받았단다. 그런데 폐에 가득했던 암 종기가 모두 사라지고 없는 거라. 분명 엑스레이에 뚜렷이 남아 있던 그 종기들이 어디로 갔단 말인가?

　과학적으로는 도저히 설명이 되지 않는 거지. 환자의 임상을 맡았던 의사들이 대거 나를 방문했다. 내가 관음보살의 큰 은덕이라고 했지. 그들은 내 말을 귓등으로 듣고 영험하다는 관음보살 청동불상만 뚫어지게 쳐다보더라. 하지만 내가 가리킨 것은 불당의 큰 청동불상이 아니라 그 불상 발밑의 작은 손바닥만한 녹슨 부처를 가리킨 것이란다. 그것이 순금 불상이고 신라 때의 것이어서 세상에 알려지면 국보가 된다는 것도 그들은 알지 못하지. 그게 국보급이란 건 어떻게 알았느냐고? 이곳 군청에 가 보아라. 그곳에 한송사 우물에서 발견된 금불상이 국보로 지정되어 보관되고 있다. 우리 절의 것과 쌍둥이란다. 신라 때의 백운사와 고려 때의 한송사가 어떤 인연으로 얽힌 것인지는 모르지만 두 금불상 모두가 우물 속에서 발견되었다는 것은 참으로 신기한 인연이 아니냐?

　그 보살님 어떻게 되었느냐고? 살아났지. 의사들은 의학적으로는 도무지 설명이 되지 않는단다. 그러면서 과학적으로 추정을 했단다. 폐에 번졌던 암의 종기들이 서로 세력을 넓히다가 서로 부딪쳐 함께 죽은 거라고. 암근육끼리 서로 싸우다 자멸한 것이란

다. 그러나 그런 것은 임상 결과로 나온 예가 없고, 황당한 설명이
고, 실제로 어떤 과학자도 믿지 않는 일이란다. 너무나 불가사의
한 일이 아니냐? 하지만 부처님의 큰 은혜는 하늘같아서 필요하다
면 그런 기적을 언제든지 베풀 수 있는 게다.

"세상엔 과학적으로 설명되지 않는 일이 너무나 많다. '산은 산
이요 물은 물이로다.'라는 법어를 발표해서 세상에 널리 알려진
성철스님 말이다. 그분이 돌아가셨을 때 사리가 많이 나왔다고
떠들썩하지 않았니? 사람들은 사리란 게 담석의 종류가 아니겠느
냐고 생각하기도 했지. 그래서 어떤 과학자가 사리를 과학적으로
분석해 본적이 있다는구나."

그 과학자는 사리 한 과를 구해서 철판에 놓고 수십 톤 되는
프레스로 압착을 했는데 담석처럼 쉽게 부서지는 게 아니라 놀랍
게도 깨지기는커녕 철판에 눌린 자국이 남더란다. 지구상에 가장
단단한 다이아몬드도 삼 천도 이상 열을 가하면 탄산가스로 기체
화되는데 사리는 타지도 않고 녹지도 않았다. 비중을 알아보려고
물컵에 떨어뜨리니 처음엔 내려놓은 기운에 서서히 내려앉는 듯
하더니 다시 떠올라 물컵 정 중앙에 멈추더란다. 게다가 현미경으
로 확인하니 지구상 원소 단위에는 없는 새로운 물질이었다. 우리
몸에서 키워 낸 물질의 신비함이 이와 같다. 현대 과학으로는 도
저히 해독되지 않는 사리의 신비로움을 생각할 때 우리 주변의
많은 일들이 사실은 신의 섭리가 작용한다고 보아야 하지 않겠니?

"너는 모르겠지만, 너도 이틀 동안 숨이 완전히 끊어졌었다. 맥

박도 멈추고. 의사가 진찰했으면 죽었다고 했겠지. 하지만 내 눈엔 죽지 않았어. 저승길을 헤매고 있었지. 왜 부처님이 네 목숨을 다시 살렸을까? 네가 이승에서 해야 할 몫이 있어서라고 해야 한다. 그게 뭔지는 모르지만."

법안스님의 안광이 빛을 뿜었다. 종교적 신념으로 뭉쳐진 덩어리였다. 미물 같은 인간이 과학을 내세우며 안다고 하는 지식이란 우주의 광막한 신비에 비하면 그저 머리털 정도의 하찮은 것이 아니겠는가?

필녀는 자신이 살아서 이승에서 해야 할 일이 무엇인가를 때때로 생각하는 버릇이 생겼다. 한번도 전에 그런 생각을 해 본 것 같지 않았다. 어떻게 돈을 벌까? 불구 자식을 어떻게 남보다 번듯하게 키울까? 집도 남보다 못지않게. 모두 남의 경우와 비교했다. 남편과 십일조 관계로 아웅다웅 싸울 때도 돈이 없어 남에게 조롱거리가 되면 어쩌나. 악착 같이 벌어야지. 개처럼 벌어 정승같이 쓰라고 하지 않았나. 실체가 없는 하느님께 십일조가 다 뭔가? 그런 생각뿐이었다.

그런데 절간에서 이모와 함께 있으면서 또 저승길 다녀오고 부터 생각이 조금씩 바뀌는 것이다. 그래서 자신도 이모처럼 비구니가 되어 이 절간에 함께 있고 싶다는 생각도 문득 들었다.

"이모. 나도 비구니가 되어서 이 절간에 이모와 함께 있으면 안 될까? 그동안 벌어 둔 돈도 제법 되거든. 절간을 번듯하게 새로 지을 수 있을 거야."

법안스님이 웃었다.

"고맙다. 이 절터를 찾아 준 사람도 네 아버지고 이만큼 터를 닦고 삼간초옥이나마 절간 모습을 갖추어 준 것도 네 부몬데 너까지 도와주겠다니 말이다. 하지만 네겐 네 일이 따로 있을 것이다. 사람에겐 모두 자기에게 맞는 임무가 있기 마련이야. 그리고 이 절간 초라한 것 너무 마음 쓰지 마라. 사실 웬만큼 지으려면 벌써 지었지. 하지만 나는 그럴 수 없었지. 내게 특별한 꿈이 있어서다."

그 꿈이란 게, 희망사항인 경우도 있는데, 내 경우엔 희망사항이면서도 진짜 꿈이란다. 내가 두 번이나 자살하려고 했다가 살아난 후에 이상한 꿈을 꾸기 시작했다. 바다가에 있는 절벽 동굴을 지나면 나지막한 산의 구릉지로 나오는데, 거기에 아담한 황금빛 절간이 있었다. 단정한 모습의 비구니가 목탁을 두들기고 있는 모습이기도 하고. 법단에는 황금빛 아기 부처님이 밝은 미소를 보이는. 그런 모습이었지. 눈을 들어 보면 다섯 봉우리가 산뜻하고 푸른 청청한 소나무들이 눈에 보이네. 그윽한 솔바람 소리에 솔방울 구르고. 언덕에 서면 멀리 바다가 보이네. 우리 집에서 보이는 바다 그대로야.

때로는 석양녘에 노을빛이 찬란하고. 그리 크진 않지만 더 없이 마음이 편안한 곳. 황금빛 절간은 원통보전이고 그 양옆으로 두 채의 요사채가 있는데 부모 없는 아이들과 자식 없는 노인들이 함께 어울리는 모습이 너무 행복해 보였단다. 그러다 어느 순간 그 절간은 쑥덤불 무성한 폐허로 변하는데 그 때는 눈물이 비오듯 쏟기는 게야. 그리고 결심하는 게야. 반드시 무너진 절간을 다시 세우겠다고. 한 번도 아니고 여러 번 되풀이 꿈꾸게 되니 그게 내가 할 일이란 것을 알게 되더구나. 그런 어느 날 네 아빠가 이 절터를 찾아내자 내 임무는 더욱 확실해지더구나.

"하지만 이 절간은 예전 그대로고 달라진 게 없잖아."

"그러게 말이다. 전에 돈 있는 신도들이 있어서 내 꿈 이야기를 듣고 절간 건축을 제의해 왔지만 그들이 내는 보시가 내 꿈과는 거리가 멀어서 지금껏 사양했단다. 그런데 얼마 전에 시청에서 태풍 피해 조사가 나왔겠지. 이 지방엔 2년이나 계속해서 태풍 '루사'와 '매미'가 지나가면서 피해를 보지 않은 곳이 없단다. 마침 피해조사를 나온 분이 시청 건설국장인데 착실한 불교신자야. 정부가 태풍 피해를 보상하기 위해, 길도 새로 내고, 개울의 축대도 새로 쌓고, 허물어진 집도 새로 지어주니 이 기회에 이 절간도 예전 신라 때 모습으로 복원해 보면 어떠냐고 제의해 왔다. 이 절간에 대해 고증할 자료도 없고 해서 내가 꿈에 본 절간의 모습을 말해 주었더니 나라에서 주는 보상금으로는 많이 부족할 것이지만 자기가 모금에 앞장을 서겠단다. 조상 대대로 불교신자인데 재산도 제법 있어서 죽기 전에 보람 있는 일을 해 보고 싶다는 게야. 그래서 뒤늦게 내 꿈이 이루어지나 보다고 생각중이다. 이 절간을 번성케하여 꿈에서처럼 부모 없는 고아들에게 희망을 주고 의지 없는 노인들에게 평안을 준다면 살아난 보람을 조금은 이룰 것이 아니냐?"

법안스님은 작지만 아담하고 황금색 단청이 찬란한 절간을 떠올렸다. 예전 신라 때의 절간이 그런 모습이었는지는 알 길이 없지만 꿈에서 본 그대로 절간을 중창하고 싶었다. 그리하여 부모 없는 고아들과 의지 없는 노인들이 함께 지내며 부처님의 자비를 실천하는 도량이 된다면, 송골댁 무당의 업보며, 그 아들 발복의 한이며, 그리고 그로 인해 겪은 집안의 업보들도 보갚음이 된다면, 한으로 맺어진 매듭을 풀게 되는 것이 아닌가?

"듣고 보니 그러네. 이모. 나도 내가 경영하는 제과점이 엄청나게 잘 되거든. 내가 건강해지면 이모의 절간 중창에 보시할 수 있을 거야. 같이 장사하는 사람들 중에는 불교신자가 많고…."

"그래. 고맙다. 때로는 그게 욕심이지 싶었지만 한 번 복원하고 다시 짓는다는 게 워낙 어려운 일이라 처음부터 제대로 짓겠다고 지금껏 미루어 왔는데, 여기저기 도움 되는 사람들이 나서니 지금 쯤 절간 중창을 시작해 보아야 할 것도 같다."

법안스님의 얼굴이 연꽃처럼 환히 피어나고 있었다. 그윽한 눈매에는 오랜 수련으로 단련된 자비의 마음이 깃들여 있는 것 같았다. 부처님에게 귀의하여 세상을 한 마음으로 포용하는 듯한 넓은 마음이 느껴지는 것도 같았다. 부처님의 자비하심은 달빛이 온 세상을 비추는 것과도 같고 한량없는 사랑은 파도가 끝없이 밀려 오는 것과도 같다지 않은가? 그런 마음씨 때문인지 석양에 바라보이는 이모의 얼굴은 너무나 편안하고 아름다웠다. 관음보살의 모

306

습이 어디 따로 있을까?

"이모의 모습을 보니 세상 남자들이 불쌍하다는 생각이 드네. 이런 아름다운 분을 그냥 비구니로 늙게 하다니."

법안스님이 웃었다.

"모든 것은 생각하기에 달렸다. 그게 부처님의 가르침이란다. 마음 한 번 갖기에 따라서 우주도 나의 것이요, 내 자신 부처가 되느니. 그래서 심즉불心卽佛이란 말이 있고, 일체중생 실유불성一切衆生悉有佛性이란 말도 있다. 모두의 마음속에 부처님이 계신다는 말이지. 사람의 마음뿐이랴. 우주만사 일체유심조一切唯心造란 말도 있느니. 우주만물이 내 마음 하나에 달려 있다는 것인데, 결혼을 제일 중요하게 생각하는 중생의 마음에는 비구니의 생활이 불쌍해 보이기도 하지만 출가자의 입장에서는 결혼이 불행의 핵심일 수도 있는 것이야. 그러니 네 생각도 옳고 내 생각도 옳으니라."

법안은 덧붙여 말했다.

"산색문수안山色文殊眼 수성관음이水聲觀音耳 처처보리로處處菩提路 두두공덕림頭頭功德林 이란 말이 있다. 산을 제대로 보는 지혜로운 눈과 물소리를 제대로 깨달을 수 있는 자비로운 귀, 길마다 진리로 넘치고 사람마다 공덕의 숲이 되는 정도의 수양을 쌓게 되면 사사불공事事佛供이요 처처불상處處佛像이다. 일마다 부처님께 불공을 드리는 일이요 곳곳마다 부처님을 만나게 된다. 하긴 네게 무슨 말로 이런 진리를 깨닫게 하랴. 산은 산이요 물은 물이다山是山, 水是水라는 성철스님의 법어는 아주 단순한 것 같아도 제대로 깨달으려면 한 세상 다시 살아도 힘들 터인데."

그렇게 말하면서 법안스님은 게송 하나를 읊었다.

만일 불성佛性을 보고자 하거든 /
마음이 바로 불성인 줄을 알고
만일 삼도三途를 면하려 하거든 /
마음이 바로 삼도인 줄을 알라.
정진精進이 바로 석가모니요 /
곧은 마음이 바로 아미타불이며
밝은 마음이 바로 문수사리요 /
원만한 행동이 바로 보현보살이며
희사(喜捨)가 바로 대세지보살이니라.
성내는 마음이 바로 지옥이요 /
탐하는 마음이 바로 아귀餓鬼이며
어리석은 마음이 바로 축생이요 /
음욕과 살생 또한 그러하니라.

(서산대사의 계송 중에서)

필녀가 절간에서 몸을 추스르는 동안 뜻밖의 사건이 있었다. 어머니의 기일을 맞아 묘지에 가니 웬 꽃바구니가 놓여 있었던 것이다.

"이상한 일이다. 네가 아니고 내가 아닌 이상 누가 언니의 기일에 맞추어 꽃을 보내랴."

"전에도 없었던 일인가?"

"그래 처음 있는 일이다. 절간이 바로 지척인데 적어도 내게 귀띔이라도 했어야지."

그렇게 말하던 순간 두 사람은 동시에 서로의 얼굴을 보았다. 어머니의 기일에 꽃을 보낼 수 있는 사람, 흰 국화송이를 한 아름도 넘게 정성껏 보낼 수 있는 사람. 동생 필수밖에 더 있는가?

"필수가 보냈갑다."

이모는 그렇게 말했다.

"제가 다녀가면서 이모도 외면하고, 그렇게 떠나가다니. 사람의 도리가 아니지."

법안은 못내 섭섭한 표정이다.

"이모. 본인이 직접 들르지 못하고 인편으로 보낸 건지도 모르지."

"이 산중에 어머니의 묘소가 있는 줄을 어찌 알까? 인편이라도 먼저 내게 와서 물어야지."

이모의 말에도 일리가 있었다. 두 사람은 꽃바구니를 이리저리 뜯어보며 별의 별 생각을 해 보지만 알 길이 없다. 궁금증을 견디다 못해 두 사람은 읍내의 꽃집을 들르기로 했다. 꽃집은 인근 읍내에는 서너 군데 밖에 되지 않았다.

꽃바구니를 들고 꽃집들을 기웃거리는 중에 한 아가씨가 아는 척을 한다.

"저기 천주교 신부님이 주문한 건데요."

아가씨는 꽃집 바로 맞은편 천주교당을 손짓해 보였다.

"돈은 문제 삼지 말고 가장 보기 좋게 만들어 달라고 하셨어요."

두 사람은 서둘러 천주교당을 찾았다. 젊은 신부였다.

"이 꽃바구니가 어찌 된 거지요?"

"아, 그거요. 바오로 신부라고. 백령도에서 선교를 하고 있는 선배 신부님의 부탁이 있어서요. 아무에게도 알리지 말고 꽃을 보내 달라고 하셨지요."

"묘소는 어찌 알고요."

"마을에 가서 수소문했지요. 몇 년 전에 부모님 소식을 수소문해 달라고 한 적이 있었지요. 그분이 독일 유학 때지요. 그래서 영진의 바우재를 찾았었는데 부모님은 돌아가셨더군요. 이번에는 기일에 맞추어 꽃을 보내 달라는 부탁이었어요. 장실에서 구멍가게 하시는 분이 고모님이라고 하데요. 그분이 대충 묘소의 위치를 알려주었고요."

법안스님이 조금 노여운 목소리로 말했다.

"제 놈이 직접 오지 않고. 기일에 꽃이나 보내는 못 된 놈."

그러자 신부는 딱하다는 듯이 말했다.

"사실은 그 선배님은 줄곧 외국에만 있었거든요. 바디칸은 물론 독일에도 유학했지요. 그리고 아프리카의 르완다에서 포교활

310

동도 하구요. 독일로 이민 가겠다는 것을 대부되시는 추기경님이 야단치셔서 한국으로 돌아오긴 했지만 도통 남 앞에 나서지를 않아요. 은둔자처럼 행동한다니까요. 그래서 제가 존경하는 셈이지만요."

그 말을 듣자 필녀의 눈에 눈물이 왈칵 쏟졌다. 그 자신 서울에 살면서도 고향엘 한 번도 내려오지 않았던 것이다. 동생의 마음을 어찌 모르랴. 처음엔 그저 고향이 싫어서. 그리고 불구의 부모가 싫어서, 나중에는 그것이 죄가 되어서, 평생 찾지 못한 죄가 너무나 커서. 그렇게 엄두를 못내고 세월만 보냈던 것이다.

"이렇게 가족이 계신 줄 알았으면 미리 귀띔할 것을. 선배는 아무 흔적을 남기지 말고 그냥 꽃바구니만 보내 달라고 부탁했거든요. 저는 그냥 그 말대로 따랐지요."

신부는 아직 영문을 몰라 어리둥절한 모양이었다.

"백령도의 어느 성당이던가요?"

필녀가 물었다.

"거긴 성당이 하나밖에 없어요. 아주 오래 된 성당이지요. 천주교가 중국에서 전파될 때 그곳을 거쳐 왔으니까 아주 유서 깊은 성당입니다. 북한과 접전지역이라 선뜻 가기를 내켜하지 않지만 바오로 신부님은 으레 남이 안가는 곳만을 골라 가는 분이지요. 오래 유학한 분이라 성경 지식이 깊어서 서울 본당에서 해야 할 일이 많은데도 고집을 꺾지 않아요. 추기경님이 만류하셔도 듣지 않는 분이지요. 황소고집이라 아무도 못 말려요."

그 말에 이모의 눈에도 눈물이 어렸다.

"제 아비의 황소고집을 그대로 이어 받았구먼, 그게 뭐 좋은 거라고."

필녀는 동생이 살아 있는 것만으로도 너무나 기뻤다. 평생 보지 못할 혈육이라고 생각했는데 아무튼 살아 있지 않은가? 그리고 한국 안에 있는 것이다.

필녀가 아직 성하지 않는 몸임에도 서둘러 백령도로 떠나겠다고 하니 법안스님도 따라 나섰다.

"그래. 나도 가자. 출가하고 나서 절간을 떠난 일이 거의 없다. 더구나 섬은 처음이다. 이번 기회에 나도 세상 구경 좀 하자."

그렇게 해서 두 사람은 길을 떠났다. 백령도 가는 배편은 인천의 연안부두에 있었다. 안개가 짙게 끼어서 배가 쉽게 떠나지 못했다. 백령도 바닷길은 늘 그렇다는 것이다. 오후가 되어 안개가 조금 걷혔다. 그래서 출항은 했지만 바다는 여전히 짙은 운무에 가려 있어서 옆에 있는 사람의 윤곽마저도 흐릿했다. 연평도로 떠나는 쾌속정은 그런 안개속을 열심히 달렸다. 필녀와 법안스님은 선실로 들어갈 마음이 없어 배의 선창에 우두커니 서서 그저 안개뿐인 바다를 바라보았다.

만감이 교차했다. 죽은 줄 알고 있었던 동생을 만나려는 필녀의 심정이나 죽은 어머니를 대신하여 조카를 만나려는 법안스님의 심정은 무엇이라 형언할 수 없이 설렐 뿐이다. 그 심정은 막막한 안개속 바다의 풍경이나 다를 바가 없었다. 그렇게 두어 시간이나 지났을까? 회색 수녀복의 젊은 여자가 그들 앞에 나타났다. 필녀가 반겨서 물었다.

"백령도로 가는가 보지요?"

"그렇습니다."

"그곳 성당소속인가요?"

"아니요. 누군가를 만나려고요."

수녀는 그녀들처럼 난간에 몸을 의지한 채 막막한 안개속 바다를 바라보았다. 수녀의 얼굴은 매우 수척해 있었다. 법안스님이 말을 걸었다.

"나도 젊어서 출가했지만 수녀님도 그런가 보네요."

수녀는 그제야 옆의 여자가 비구니 스님인 것을 깨달은 모양이었다.

"스님이시군요."

수녀가 한숨을 쉬었다.

"출가하면 마음의 번뇌가 줄 것으로 생각했는데 별로 달라지지 않네요."

"마음 가질 탓이지요. 장소가 문제겠어요?"

"모두들 그렇게 말하네요. 하지만 그게 쉬워야지요."

"그래요. 그러니 종교란 마음을 닦는 가르침이지요. 흔히들 사람 안에 부처님이 계시고, 하느님이 계신다고 하지"

법안스님의 말을 다소곳이 듣고 있던 수녀가 물었다.

"스님은 젊은 시절에 좋아하던 남자분이 없었나요?"

"글쎄. 없다고는 못하겠지만 깊이 고뇌할 정도는 아니었고…. 보아하니 수녀님은 좋아하는 남자분 때문에 번뇌에 빠진 듯한데."

수녀는 한참 뜸을 들이다가 한숨처럼 말했다.

"그런 분이 계셨지요. 그런데 신부님이시라…. 저는 그분 가까이 있고 싶어서 수녀도 되었는데, 그분은 제게서 달아나려고 외국으로만 떠도시지요. 바디칸에서 신학박사를 받고 독일에서 철학박사를 받으셨지요. 어쩌다 한국으로 오면 아무도 모르는 외딴 오지 섬에서 선교활동 하시다가 또 훌쩍 떠나시네요. 얼마 전에야 그분이 백령도에 계시다는 소문을 듣고 서둘러 찾아가는 길입니다만."

수녀의 얼굴이 짙은 안개에 채워지듯 뿌옇게 흐려졌다.

필녀가 수녀 몰래 법안스님의 옆구리를 찌르며 속삭였다.

"이모, 필수가 저 수녀와 결혼하면 어떨까?"

법안이 묵주를 헤아리며 대답했다.

"모든 부처가 세상에 나오지 않았고 /
또한 열반에 들지도 않았네
나고 죽는 것이 본래 없으니 /
찼다가 빈 것이 한 바퀴 달이로세"

"무슨 뜻이지?"

"원각 스님이 남기신 말씀인데 죽음이라든지 사랑이라든지가 모두 마음 속 환상이라는 말이지. 수녀님의 한이 필수의 업으로 쌓이지 않았으면 좋겠다. 관세음보살."

이모의 말은 미모로 태어나서 업의 늪에 빠진 외할머니의 먼 과거를 되살리게 했다. 무당 외아들 발복의 한이 이번에는 수녀의 한으로 윤회되지 않기를 바라는 마음이라고 할까?

쾌속정은 안개 속을 빠른 속도로 내달렸다. (*)